Erfolgreich in der Gastronomie

Dr. Bernd Fischl/Michael Fischer

ISBN 978-3-8006-3953-3

Wilhelmstraße 9, 80801 München
Satz: Fotosatz H. Buck, Kumhausen
Druck und Bindung: Nomos Verlagsgesellschaft
In den Lissen 12, 76547 Sinzheim
Umschlaggestaltung: Ralph Zimmermann, Bureau Parapluie

Gedruckt auf säurefreiem, alterungsbeständigem Papier
(hergestellt aus chlorfrei gebleichtem Zellstoff)

Erfolgreich in der Gastronomie

Dr. Bernd Fischl/Michael Fischer

Verlag Franz Vahlen München

So orientieren Sie sich im Buch

Folgende Elemente erleichtern Ihnen die Orientierung in diesem Buch:

In den grauen Kästen mit dem CD-Icon finden Sie Verweise auf Arbeitsblätter, die Ihnen auf Ihrer CD-ROM zur Verfügung stehen.

Die mit der Lupe gekennzeichneten Kästen enthalten Erläuterungen und Beispiele, die das Geschriebene illustrieren.

Hinweise mit dem Merke-Icon gibt konkrete Tipps zum Nachschlagen und Erarbeiten.

Zudem finden Sie im Buch eine Vielzahl wertvoller Erläuterungen, die wichtige Aspekte kurz zusammenfassen.

Inhalt

Vorwort

TV-Sendungen rund um die Rettung von Gastronomiebetrieben erzielen derzeit hohe Einschaltquoten. Der Zuschauer schüttelt manchmal verständnislos den Kopf darüber, mit wie viel Naivität sich manche in der Gastronomie selbstständig machen. Es scheint an allem zu fehlen: an Kenntnissen darüber, wie man ein schmackhaftes Gericht auf den Teller zaubert, wie man die Küche und die Mitarbeiter organisiert, an betriebswirtschaftlichen Grundlagen, an einem Gespür dafür, wie man das Ambiente ansprechend gestaltet und an bestimmten persönlichen Eigenschaften, die einen guten Gastwirt ausmachen.

Keine Frage: sich in der Gastronomie selbstständig zu machen, ist bestimmt nicht einfach – und manchmal kommen die jungen Gastronomen zu ihrem Betrieb wie die Jungfrau zum Kind, wenn sie eine Gastwirtschaft zum Beispiel plötzlich von den Eltern übernehmen müssen, weil der Vater schwer erkrankt ist.

Damit Sie nicht in eine der zahlreichen Fallen geraten, die sich bei der Eröffnung oder Übernahme eines Gastronomiebetriebes auftun, soll Ihnen dieses Buch Hilfestellungen geben und Sie gründlich vorbereiten und begleiten, denn: Intensive Vorbereitung ist essenzieller Bestandteil vor, während und nach der Gründung Ihres Unternehmens. Selbst nachdem sich ein Unternehmen in der Gastronomie etabliert hat, sollte ein kontinuierlicher Planungs- und Optimierungsprozess beibehalten werden – damit die selbst gesteckten Ziele auch erreicht werden.

Wir möchten uns an dieser Stelle bei allen unseren Gesprächspartnern ausdrücklich bedanken: Um die entsprechenden Gegebenheiten in der vorliegenden Art und Weise darstellen zu können, bedurfte es einer umfangreichen Zahl an formellen und informellen Gesprächen und Kontakten. Diese haben direkt oder indirekt zu diesem Buch beigetragen.

Besonderer Dank geht hierbei an Frau Viola Haßauer für die umfangreiche und qualitativ hochwertige Unterstützung, das Korrektorat der Arbeit, die zahlreichen Hinweise sowie die sprachliche und orthografische Gestaltung des Buches.

Ein weiterer Dank gilt Frau Rita Achatz für die wichtigen fachlichen Hinweise und Erkenntnisse, vor allem im steuerlichen Teil.

Ohne die Unterstützung und den Einsatz von Frau Achatz und Frau Haßauer wäre das Buch nicht in vorliegender Qualität entstanden.

Abschließend möchten wir uns noch beim Vahlen/Beck-Verlag und insbesondere bei Herrn Kilian bedanken, der uns bei der Erstellung des Werkes alle erdenklichen Freiheiten ließ und so eine Realisierung in der vorliegenden Weise ermöglichte.

Wir bitten die Leser der vorliegenden Publikation, uns jede Form von konstruktiver Anregung, die zur Verbesserung des Buches beitragen könnte, zukommen zu lassen. Außerdem stehen Ihnen die Autoren für sonstige Fragen und Themen zur Verfügung. Unter der E-Mail-Adresse **fischl@first-value.de** versuchen die Autoren, ein zeitnahes Feedback auf entsprechende Anregungen und Anfragen zu geben.

München, im März 2012

Michael Fischer
Dr. Bernd Fischl

Abbildungsverzeichnis

Abkürzungsverzeichnis

AG	Aktiengesellschaft
BAFA	Bundesamt für Wirtschaft und Ausfuhrkontrolle
BGB	Bürgerliches Gesetzbuch
BVK	Bundesverband Deutscher Kapitalbeteiligungsgesellschaften
GastG	Gaststättengesetz
Gast-VO	Gaststättenverordnung
CB	Corporate Behaviour
CC	Corporate Communication
CD	Corporate Design
GewO	Gewerbeordnung
CI	Corporate Identity
GbR	Gesellschaft bürgerlichen Rechts
GmbH	Gesellschaft mit beschränkter Haftung
GuV	Gewinn-und-Verlust-Rechnung
GWG	Geringwertige Wirtschaftsgüter
HACCP	Hazard Analysis and Critical Control Points
HWK	Handwerkskammer
IfB	Institut für freie Berufe
IHK	Industrie- und Handelskammer
IT	Informations- und Kommunikationstechnologie
KfW	Kreditanstalt für Wiederaufbau
KG	Kommanditgesellschaft
KGaA	Kommanditgesellschaft auf Aktien
KMU	Kleine und mittlere Unternehmen
MBG	Mittelständische Beteiligungsgesellschaft
OHG	Offene Handelsgesellschaft
PartG	Partnerschaftsgesellschaft
ROE	Return of Equity
ROI	Return of Investment
SGB III	Sozialgesetzbuch Drittes Buch
USP	Unique Selling Proposition (= Alleinstellungsmerkmal)
USt	Umsatzsteuer
VC	Venture Capital
WTO	World Trade Organisation

Überlegungen vor der Selbstständigkeit

Warum selbstständig? – Gefühl oder Verstand?

Sie kennen die Situation: Sie arbeiten in der Gastronomie, tagein, tagaus, Überstunden werden überhaupt nicht oder nur selten bezahlt und unter dem Strich verdient Ihr Chef das große Geld. Sie denken sich, was der kann, kann ich auch und irgendwie „schmeiße" ich den Laden hier ja sowieso im Alleingang.

Unabhängig sein, sich von niemandem mehr herumkommandieren lassen, frei sein und dabei noch reich werden, das sind die Merkmale eines Unternehmers – und eben auch eines Gastwirts.

Diese Denkweise sollten Sie direkt und ohne Umwege in das Reich der Mythen verweisen, denn dies entspricht in über 98 % der Fälle nicht der Wahrheit. Wenn Sie als Angestellter nach getaner Arbeit nach Hause gehen, fängt die Arbeit beim Gastwirt erst an: Abrechnung, Überweisungen, Personaleinsatzplanung, Einkauf etc. sind nur einige Tätigkeiten, mit denen Sie sich als Selbstständiger permanent auseinandersetzen müssen.

Bitte ziehen Sie aus den ersten beiden Absätzen keine falschen Schlüsse: Niemand will Ihnen Ihre Idee und Ihre Selbstständigkeit ausreden, allerdings sei darauf hingewiesen, dass der Weg in die erfolgreiche Selbstständigkeit hart und steinig ist.

Erfolgreich und unabhängig?

Jeder Mensch, der ein eigenes Unternehmen gründet, ein Restaurant oder eine Kneipe aufmacht oder sich intensiv mit dem Thema Selbstständigkeit beschäftigt, hat auf den ersten Blick ein und dasselbe Ziel: erfolgreich und unabhängig sein, mit einem guten bis sehr gutem Einkommen. Die Erfahrung zeigt aber, dass Erfolg subjektiv ist. Es hängt immer von der jeweiligen Person ab, was und welche Kriterien als Erfolgsmaßstab gelten. So kann es sein, dass Sie Ihren Erfolg darüber definieren, endlich Entscheidungen so treffen zu können, wie Sie das für richtig halten. Ihr Arbeitskollege hingegen hat beim Thema Erfolg als Erstes das Thema Einkommen im Kopf, ein Dritter will einfach nur frei von Restriktionen sein und sein Leben selbst aktiv gestalten können. Und auch wenn Sie für sich definiert haben, was Erfolg ist, bleibt immer noch ein Punkt: Erfolg ist relativ. Relativ im Auge des Betrachters.

Selbstständigkeit als Lebenseinstellung

Selbstständig zu sein ist eher eine Lebenseinstellung als eine reine Berufswahl und hängt in großem Maße vom Charakter und Willen des Unternehmers ab, seine Arbeit unabhängig und frei zu gestalten. Für viele steht Selbstständigkeit und Reichtum auf einer Stufe, sie vergessen jedoch, dass beides sich erst realisieren lässt, wenn Entschlusskraft, fachliche Qualifikation und kaufmännische Kenntnisse sowie viele andere Aspekte zusammentreffen. Und wie immer im Leben muss das Glück auch ein wenig unterstützend zur Seite stehen.

Können Sie gut mit Menschen – Gästen und Mitarbeitern – umgehen? Sind Sie ein begnadeter Koch oder haben Sie ein neues Vertriebskonzept in der Gastronomie entwickelt? Dann haben Sie gute Chancen, sich am Gesamtmarkt der Gastronomie durchzusetzen. Denken Sie in Ruhe und möglichst ohne Emotionen über eine Selbstständigkeit nach.

Vorteile der Selbstständigkeit

Wenn Sie den Schritt in die Selbstständigkeit wagen wollen, müssen Sie wissen, worauf Sie sich einlassen. Die Selbstständigkeit bringt eine Menge Vorteile mit sich, birgt aber auch viele Nachteile und Risiken. Zunächst die Vorzüge:

- Selbstverwirklichung
- Unabhängigkeit
- Entscheidungsfreiheit
- Sein eigener Chef sein
- Chance, viel Geld zu verdienen
- Anerkennung in der Gesellschaft
- Hobby zum Beruf machen
- Persönliche Freiheit nutzen
- Hohe Motivation
- Flexible Arbeitszeiten
- Auswahl der Mitarbeiter
- Freie Standortwahl

Nachteile der Selbstständigkeit

Die Kehrseite der Medaille sollte aber auch mit in das gedankliche Kalkül einbezogen werden:

- Finanzielles Risiko, regelmäßiges Einkommen ist nicht garantiert
- Hohe Arbeitsbelastung
- soziale Absicherung muss selbstständig gestaltet werden (Krankenversicherung, Altersvorsorge)
- Urlaub nur unbezahlt und unregelmäßig
- Bei Krankheit und Urlaub keine Einnahmen
- Um rechtliche Belange selbst kümmern
- Kämpfen um jeden Gast
- Private Entbehrungen

Die Liste ließe sich beliebig erweitern und soll nur einen kurzen Überblick über mögliche Chancen und Risiken einer Selbstständigkeit darstellen.

Entscheiden Sie rational

Entscheidungen, sich selbstständig zu machen, sollten zu 80 % auf rationaler Basis und zu 20 % auf emotionaler Basis getroffen werden. Emotionen lassen sich zwar nicht ganz verdrängen, denn Leidenschaft, Hingabe und Leidensfähigkeit gehören nun einmal zum Unternehmertum dazu. Jedoch gibt es einige „Hard Facts", die ausschließlich rational behandelt werden müssen. Hierzu zählen neben den Fragen zur Liquidität und des einschätzbaren Risikos auch die Standortwahl, das Marketing, die Analyse des Kunden und die Personalfrage. Diese Punkte werden im späteren Verlauf des Buches ausführlich beschrieben.

Kritische Fragen

Am Anfang müssen Sie sich kritisch fragen, ob Sie bereit sind,

- überdurchschnittlich viel zu arbeiten,
- dabei – zumindest am Anfang – mit wenig Einkommen auszukommen und
- mit eiserner Disziplin Ihren Weg zu verfolgen.

Können Sie diese Fragen mit Ja beantworten, haben Sie die erste Stufe zur Selbstständigkeit erreicht.

Um Ihnen die Antwort auf die Frage zu erleichtern, ob Sie die notwendigen unternehmerischen Voraussetzungen mitbringen oder ob Sie eher der Typ „Angestellter" sind, sollten Sie den Selbst-Check im folgenden Kapitel nutzen. Er vermittelt Ihnen weitere Erkenntnisse und durch die Punktauswertung realistische Empfehlungen für Ihre Entscheidung.

Sind Sie zum Unternehmer geeignet? – Der Selbst-Check

Mittelpunkt und Kern jeder Unternehmensgründung in der Gastronomie ist der Gastwirt selbst. Er steht an erster Stelle, um ihn dreht sich alles, er trifft sämtliche Entscheidungen und verantwortet alle Fehler. Er ist Ansprechpartner für Banken, Anteilseigner, Gäste und Mitarbeiter und hat vom Einkauf bis zum Vertrieb alles im Griff.

Viele Existenzgründer kommen mit der sich daraus ergebenden Verantwortung nicht zurecht und wissen nicht genau, ob sie den Anforderungen gewachsen sind. Angst macht sich breit: „Bin ich in der Lage, selbstständig und ohne Hilfe ein Restaurant/eine Kneipe zu leiten?"

Mut, Entschlossenheit, Leidensfähigkeit

Angst und Selbstzweifel sind keine guten Ratgeber. Mut, Entschlossenheit und Leidensfähigkeit, gerade wenn es einmal nicht so gut läuft, sind wichtige Komponenten, die unmittelbar zur Selbstständigkeit gehören. Wenn Sie als Gastwirt einen Mitarbeiter einstellen wollen, werden Sie sicherlich beim Bewerbungsgespräch sehr genau prüfen, ob der Kandidat der richtige für Sie ist und ob er den anstehenden Aufgaben gewachsen ist. Sie werden Lebensläufe lesen, fachliche Fragen stellen und nach eingehender Prüfung eine Entscheidung treffen. Außerdem bauen Sie im Arbeitsvertrag noch eine zusätzliche Sicherung ein, indem Sie mit dem neuen Mitarbeiter eine Probezeit vereinbaren, in der andere Kündigungsfristen gelten.

Sie selbst befinden sich jetzt in einer ähnlichen Situation, lediglich die Frage lautet anders: „Erfülle ich die notwendigen persönlichen und fachlichen Voraussetzungen, um der Aufgabe gewachsen zu sein?"

Selbst- und Fremdeinschätzung

Die unten aufgeführten 30 Fragen und das anschließende Auswertungsschema sollen Ihnen helfen, eine Antwort auf die Frage zu finden, ob Sie die geforderten Unternehmereigenschaften mitbringen, um sich in der Gastronomie selbstständig zu machen. Wichtigste Voraussetzung: Seien Sie absolut ehrlich bei der Beantwortung der Fragen! Falls Sie mogeln, betrügen Sie sich selbst und verzerren logischerweise das Ergebnis. Vielleicht lassen Sie eine Ihnen nahestehende Person, die Sie persönlich sehr gut kennt, auch einmal die Fragen lesen und hören sich ihre Einschätzung über Sie in Ruhe an. Ergeben sich hierbei sehr viele Übereinstimmungen, untermauert dies Ihre persönliche Einschätzung. Wenn nicht, müssen Sie sich noch einmal ernsthaft mit dem Thema Selbstständigkeit auseinandersetzen und eventuell externe Unterstützung (z. B. in Form eines Gründercoachs) zurate ziehen.

Die folgenden Fragen unterteilen sich in persönliche und fachliche Fragen und sind nach einem einfachen Schema aufgebaut. Sie haben die Wahl zwischen den drei Antwortmöglichkeiten a), b) und c). Hinter jeder Antwort verstecken sich Punkte, deren Summe in der anschließenden Auswertung erste konkrete Hinweise auf Ihre Eignung als Gastwirt liefern. Die Punkteauswertung finden Sie im Anschluss an die Fragen – bitte erst dann lesen. Sollte Ihnen keine Antwort zusagen, wählen Sie bitte trotzdem die treffendste aus.

Persönliche Komponenten:

1. Sind Sie bereit, wöchentlich – und das womöglich über einen Zeitraum von ein paar Jahren – zwischen 60 und 70 Stunden zu arbeiten?
   a) Ja, ich arbeite bereits jetzt viel.
   b) Ja, eine längere Zeit schon, aber nicht über Jahre.
   c) Eigentlich wollte ich weniger als 60 Stunden in der Woche arbeiten.
2. Sind Sie bereit, in den nächsten drei bis fünf Jahren auf Urlaub mit der Familie zu verzichten?
   a) Ja, Urlaub kenne ich nicht.
   b) Ja, eine längere Zeit schon, aber nicht über Jahre.
   c) Einmal im Jahr muss Urlaub mit der Familie möglich sein.
3. Steht Ihre Familie hinter der Idee und ist sie sich bewusst, welche Entbehrungen in den ersten Jahren auf sie zukommt?
   a) Ja, voll und ganz.
   b) Ja, meine Familie hat mir die Unterstützung für die nächsten zwei Jahre zugesagt.
   c) Familie und Beruf kann ich in Einklang bringen, da ich mir meine Zeit selbst einteile.

4. Arbeitet Ihre Familie im Betrieb mit?
   a) Ja, die ganze Familie, den ganzen Tag.
   b) Ja, aber nur Teilzeit.
   c) Nein, mein(e) Mann/Frau arbeitet in einer ganz anderen Branche.
5. Hat Ihr/e Partner/in ein eigenes Einkommen, mit dem Sie in der Anfangsphase „über die Runden kommen"?
   a) Ja, die Existenz ist gesichert.
   b) Ja, aber nur befristet für einen gewissen Zeitraum.
   c) Nein.
6. Haben Sie Kinder im Alter zwischen einem und 18 Jahren zu versorgen?
   a) Ja, meine Kinder sind im Alter von einem bis zwölf Jahren.
   b) Ja, meine Kinder sind im Alter von 13 bis 18 Jahren.
   c) Nein.
7. Müssen Sie die Finanzierung komplett über Banken oder andere Kreditinstitute laufen lassen (komplette Fremdfinanzierung)?
   a) Der Eigenanteil liegt unter 20 % der Gesamtinvestition.
   b) Der Eigenanteil liegt zwischen 21 % und 70 %.
   c) Der Eigenanteil liegt über 70 %.
8. Können Sie in der ersten Zeit ganz ohne Einkommen auskommen?
   a) Ja, ich bin in den ersten zwölf Monaten finanziell unabhängig.
   b) Ja, innerhalb der ersten sechs Monate brauche ich kein Geld.
   c) Nein, ich benötige ein Einkommen aus meiner Selbstständigkeit.
9. Sind Sie finanziell abgesichert, falls Ihr Gastronomiebetrieb sich nicht erfolgreich behaupten kann?
   a) Nein.
   b) Nein, das Risiko ist aber überschaubar.
   c) Ja.
10. Waren Sie in den letzten Jahren über einen längeren Zeitraum krank?
    a) Nein, ich war in den letzten Jahren kerngesund.
    b) Ich hatte keine gravierenden Erkrankungen.
    c) Ja, ich habe eine längere Krankheit hinter mir, bin aber wieder fit.
11. Gehören Sie zu einer Risikogruppe (Übergewicht, Raucher)?
    a) Ja.
    b) Ja, aber Übergewicht, Alkohol und Rauchen halten sich in Grenzen.
    c) Nein.
12. Reagieren Sie bei Stress ruhig oder emotional?
    a) Ich bin die Ruhe selbst, auch wenn es richtig stressig wird.
    b) Ab und zu reagiere ich emotional, in der Regel bin ich aber eher ruhig.
    c) Bei zu hohem Stress werde ich aufbrausend, aber ich versuche, mich zu kontrollieren.
13. Glauben Sie, dass Sie als Gastwirt noch ruhig schlafen können, wenn Sie mit finanziellen Problemen und zu wenig Gästen zu kämpfen haben?
    a) Nein, das würde mich permanent beschäftigen.

b) Vielleicht hätte ich ein paar unruhige Nächte.

c) Ich schlafe auch in solchen Phasen sehr ruhig.

14. Gehen Sie Probleme an und versuchen Sie, die Ursachen zu beseitigen?

    a) Ja, Probleme werden immer umgehend gelöst.

    b) Zuerst überlege ich ein paar Tage und dann gehe ich die Probleme an.

    c) In der Ruhe liegt die Kraft, Aussitzen bringt mehr, als Unruhe zu produzieren.

15. Wie sieht Ihre persönliche Lebensplanung in den nächsten zehn bis 15 Jahren aus?

    a) In den nächsten zehn bis 15 Jahren zählt nur die Selbstständigkeit, auch danach steht die Selbstständigkeit im Vordergrund.

    b) In zehn bis 15 Jahren will ich kürzer treten und weniger arbeiten.

    c) In zehn bis 15 Jahren will ich nicht mehr arbeiten. Bis dahin muss sich die Selbstständigkeit für mich und meine Familie ausgezahlt haben.

16. Sind Sie bereit, täglich neue Dinge zu lernen und Ratschläge anzunehmen?

    a) Ja, man lernt nie aus.

    b) Ja schon, aber ich bleibe meiner Linie treu.

    c) Nein, ich verlasse mich nur auf mich selbst und meine eigene Philosophie.

17. Haben Sie Freunde und Bekannte, die Ihnen beim Aufbau Ihrer Selbstständigkeit behilflich sind?

    a) Ja, einige meiner Freunde und Bekannten haben mir versprochen zu helfen.

    b) Wenn ich meine Freunde und Bekannten brauche, rufe ich sie an – sie werden mir dann helfen, da bin ich mir sicher.

    c) Nein, ich brauche niemanden.

18. Wohnen Sie in der unmittelbaren Umgebung Ihres Gastronomiebetriebes?

    a) Ja, ca. zehn Minuten entfernt.

    b) Ich brauche zwischen 15 und 45 Minuten bis zur Arbeit.

    c) Nein, ich fahre mehr als eine dreiviertel Stunde, aber das macht auch nichts, so bekomme ich morgens und abends den Kopf frei.

19. Sind Sie kontaktfreudig und können Sie gut mit Menschen umgehen?

    a) Ich arbeite mehr im Hintergrund und organisiere lieber.

    b) Ja, es gehört leider dazu, mit Gästen umzugehen. Ich mache es nicht gerne, aber ich beherrsche den Umgang mit den Kunden.

    c) Ja, bei mir fühlen sich die Menschen wohl und ich spreche gerne Gäste an.

20. Was bedeutet für Sie „Teamfähigkeit"?

    a) Teamfähigkeit bedeutet für mich, dass das Team gemeinsam meine Entscheidungen umsetzt, da ich die Verantwortung trage. Meinungen der Mitarbeiter nehme ich ernst.

    b) Jeder hilft jedem, jedes Teammitglied kann selbst entscheiden.

    c) Entscheidungen werden im Team abgestimmt und die Mehrheit entscheidet.

Fachliche Komponenten:

1. Kommen Sie aus dem Bereich der Gastronomie?

    a) Ja.

    b) Ich habe öfter im Bereich Gastronomie gejobbt.

    c) Nein.

2. In welchem Umfang konnten Sie bereits Verkaufserfahrung sammeln?
   a) Ich verfüge über jahrelange Verkaufserfahrung.
   b) Ich kenne mich im Verkauf aus, da ich dort bereits gearbeitet habe.
   c) Ich arbeite in einem anderen Bereich, kann mir aber vorstellen, dass ich den Verkauf meistern kann.
3. Haben Sie schon einmal Mitarbeiter geführt?
   a) Nein.
   b) Ja, aber das ist schon etwas länger her.
   c) Ja.
4. Besitzen Sie Kenntnisse im Bereich des erfolgreichen Einkaufs?
   a) Nein.
   b) Ich war mehrmals dabei, als im Unternehmen eingekauft wurde.
   c) Ich komme aus dem Bereich Einkauf.
5. Haben Sie im Beruf eigenständig Ziele formuliert, gesetzt und diese selbstständig erreicht?
   a) Ja.
   b) Ziele wurden mir vorgegeben, umgesetzt habe ich sie alleine.
   c) So genau hat es mit Zielen niemand genommen. Wenn, dann wurden diese immer vom Vorgesetzten vorgegeben und auch umgesetzt.
6. Verfügen Sie über eine entsprechende Berufsausbildung oder Weiterbildung in der Gastronomie?
   a) Ich komme aus der Gastronomie und habe dort gelernt.
   b) Ich bin Quereinsteiger mit einer „Learning by Doing"-Ausbildung.
   c) Nein.
7. Besitzen Sie betriebswirtschaftliche und kaufmännische Kenntnisse?
   a) Ja, ich habe eine kaufmännische Ausbildung.
   b) Teilweise, ich habe eine Weiterbildung im Bereich Bürokauffrau/Bürokaufmann gemacht.
   c) Nein.
8. Haben Sie schon einmal einen Gastronomiebetrieb geleitet (ganz oder teilweise)?
   a) Ja.
   b) Als Stellvertreter.
   c) Nein.
9. Können Sie aus fachlicher Sicht die Aufgaben Ihrer Mitarbeiter beurteilen?
   a) Ja, immer.
   b) Nur im Bereich Service.
   c) Nur im Bereich Küche.
10. Sind Sie ein Freund von Kontrolle?
    a) Kontrolle gehört dazu, auch wenn es dem Mitarbeiter nicht recht ist.
    b) Ich muss nicht alles kontrollieren, nur das Wichtigste.
    c) Im Team kontrolliert das Team die Aufgaben der Mitarbeiter.

Auswertung des Selbst-Checks

Persönliche Komponenten

1a	3 Punkte	2a	3 Punkte	3a	3 Punkte
1b	2 Punkte	2b	2 Punkte	3b	2 Punkte
1c	1 Punkt	2c	1 Punkt	3c	1 Punkt
4a	3 Punkte	5a	3 Punkte	6a	1 Punkt
4b	2 Punkte	5b	2 Punkte	6b	2 Punkte
4c	1 Punkt	5c	1 Punkt	6c	3 Punkte
7a	1 Punkt	8a	1 Punkt	9a	1 Punkt
7b	2 Punkte	8b	2 Punkte	9b	2 Punkte
7c	3 Punkte	8c	3 Punkte	9c	3 Punkte
10a	3 Punkte	11a	1 Punkt	12a	3 Punkte
10b	2 Punkte	11b	2 Punkte	12b	2 Punkte
10c	1 Punkt	11c	3 Punkte	12c	1 Punkt
13a	1 Punkt	14a	3 Punkte	15a	3 Punkte
13b	2 Punkte	14b	2 Punkte	15b	2 Punkte
13c	3 Punkte	14c	1 Punkt	15c	1 Punkt
16a	3 Punkte	17a	3 Punkte	18a	3 Punkte
16b	2 Punkte	17b	2 Punkte	18b	2 Punkte
16c	1 Punkt	17c	1 Punkt	18c	1 Punkt
19a	1 Punkt	20a	3 Punkte		
19b	2 Punkte	20b	2 Punkte		
19c	3 Punkte	20c	1 Punkt		

Fachliche Komponenten

1a	3 Punkte	2a	3 Punkte	3a	1 Punkt
1b	2 Punkte	2b	2 Punkte	3b	2 Punkte
1c	1 Punkt	2c	1 Punkt	3c	3 Punkte
4a	1 Punkt	5a	3 Punkte	6a	3 Punkte
4b	2 Punkte	5b	2 Punkte	6b	2 Punkte
4c	3 Punkte	5c	1 Punkt	6c	1 Punkt
7a	3 Punkte	8a	3 Punkte	9a	3 Punkte
7b	2 Punkte	8b	2 Punkte	9b	2 Punkte
7c	1 Punkt	8c	1 Punkt	9c	1 Punkt
10a	3 Punkte				
10b	2 Punkte				
10c	1 Punkt				

75 bis 90 Punkte:

Sie sind der absolute Unternehmertyp – packen Sie es an! Sie schätzen die anfallenden Risiken richtig ein und sind sich darüber im Klaren, dass private Entbehrungen dazugehören.

60 bis 74 Punkte:

Selbstständigkeit ist für Sie kein Problem, Sie finden sich als Unternehmer wieder, haben aber einige offene Fragen und verspüren bei manchem Gedanken etwas Unsicherheit. Gehen Sie konsequent an alle unternehmerischen Fragen mit Umsicht und Selbstbewusstsein heran, dann werden Sie Erfolg haben.

44 bis 59 Punkte

Selbstzweifel und Unsicherheit machen sich breit und viele Fragen bleiben für Sie unbeantwortet. Lassen Sie sich mit der Frage der Selbstständigkeit Zeit und prüfen Sie Ihr Vorhaben noch einmal im Detail. Ziehen Sie externe Berater hinzu und reden Sie mit Menschen, die den Schritt in die Selbstständigkeit gewagt haben.

Unter 44 Punkte

Sie sind eher der „Angestellten-Typ" und scheuen das Risiko und die Ungewissheit. Selbstständigkeit hat für Sie nicht oberste Priorität. Auf private Annehmlichkeiten wollen Sie nicht verzichten.

Eigenschaften eines Gastwirts – worauf kommt es an?

Ein eigenes Unternehmen, eine eigene Gaststätte, Kneipe oder ein Café aufzubauen bedeutet in der Regel vollen persönlichen Einsatz. Jedoch ist das eigene Engagement nur in Kombination mit verschiedensten Unternehmereigenschaften zielführend.

Mehrheitlich wird von Insidern die Anschauung vertreten, dass ein gutes Gründerteam aus einer zweitklassigen Idee ein erfolgreiches Unternehmen aufbauen kann, dass dies umgekehrt allerdings nicht funktioniert. Dabei spielen unterschiedliche Eigenschaften eine Rolle, die ein Gründer idealerweise mitbringen sollte. Hierzu zählen u. a. Disziplin, Kreativität, Entscheidungskompetenz, Flexibilität, Risikobereitschaft, Führungskompetenz und ein Gefühl für Bedürfnisse potenzieller Kunden.[1] Diese An-

[1] Vgl. Koo, Roland: Venture Capital – Eine systemische Betrachtung von Unternehmer und Risikokapitalgeber; In: Stadler, Winfried (Hrsg.): Venture Capital

forderungen werden nicht von jedem erfüllt, besonders nicht von solchen Personen mit einer etwas nervösen Konstitution.[2]

Bei der Akquisition von Kapital haben sich Gründer mit unterschiedlichen Arten von Investoren auseinanderzusetzen. Diese verlangen i. d. R. einen adäquaten Businessplan, dem sie die notwendigen Informationen entnehmen können. Für Kapitalgeber steht dabei der Gründer als Person mit all seinen Stärken und Schwächen meist an erster Stelle.

Folgende ausgewählte Eigenschaften sollten sie mitbringen:

- Risikobereitschaft
- Durchsetzungsvermögen
- Selbstbewusstsein und Selbstwertgefühl
- Leidensfähigkeit
- Fachliche Kompetenz
- Kommunikations- und Informationsaffinität
- Führungsqualitäten
- Verkaufssteuerung

Hier ein Blick auf die einzelnen Merkmale:

Risikobereitschaft

Sind Sie ein Risikotyp und wenn ja, welcher? Jedes Unternehmen ist mit bestimmten Risiken konfrontiert. Diese Risiken können allerdings durch Kontrolle minimiert oder ausgeschlossen werden. Die Frage, die sich in diesem Zusammenhang stellt, lautet: Welches Risiko sind Sie bereit einzugehen?

Es gibt einerseits Gründer, die mit einer sehr hohen Risikobereitschaft ihren Weg in die Selbstständigkeit wählen und sich allen Widrigkeiten stellen – auch wenn das bedeutet, mit Bausch und Bogen unterzugehen. Andererseits steckt der Markt voller Existenzgründer, die versuchen, mit relativ geringem Risiko zum Erfolg zu kommen, sich bei Zweifeln aber schnell zurückziehen und Schadensbegrenzung betreiben. Beide Vari-

---

und Private Equity; Fachverlag Deutscher Wirtschaftsdienst, Köln, 2000; S. 201. Vgl. Dowling, Michael; Drumm, Hans Jürgen (Hrsg.): Gründungsmanagement – Vom erfolgreichen Unternehmensstart zu dauerhaftem Wachstum; Springer Verlag, Berlin, 2002; S. 13. Vgl. Flamholtz, Eric: Von der Gründer-Firma zum Profi-Unternehmen; Verlag Rentrop Wirtschaft, Bonn, 1994; S. 93. Vgl. Allen, David: Strategisches Finanzmanagement; Wirtschaftsverlage Ueberreuther, 1996; S. 11. Vgl.: Hallweger, Matthias: Made in Germany; In: FINANCE, Ausgabe 05/2007, Sonderbeilage: Investieren in Private Equity; S. 5. Vgl. Stern, Thomas; Jaberg, Helmut: Erfolgreiches Innovationsmanagement; Gabler Verlag, 1. Auflage, 01/2003; S. 45.

[2] Lang, Jack: The High-Tech Entrepreneur's Handbook – How to start and run a High-Tech company; Pearson Education Limited, Great Britain, 2002; S. 7.

anten sind möglich, doch wie so oft scheint der Mittelweg der beste zu sein. Sie brauchen zwar eine gesunde Risikobereitschaft, dürfen aber auch nicht „alles auf eine Karte setzen", um nicht als hoffnungslos verschuldeter Existenzgründer Ihr weiteres Leben gestalten zu müssen.

Sie allein tragen das Risiko

Seien Sie sich aber darüber im Klaren, dass Sie und niemand sonst das Risiko trägt. Sie können niemanden für Ihren Erfolg oder Misserfolg verantwortlich machen. Als Existenzgründer im Bereich Gastronomie lastet das Risiko auf Ihren Schultern und Sie müssen – in aller Regel – die Herausforderung selbst und alleine „stemmen".

Durchsetzungsvermögen und Entscheidungsfähigkeit

Eine weitere wichtige Unternehmereigenschaft liegt in der Fähigkeit, sich gegenüber Mitarbeitern, Lieferanten, Beratern etc. durchzusetzen, und in der Gabe, zum richtigen Zeitpunkt relevante Entscheidungen zu treffen. Hierbei stellt sich nicht nur die Frage, gegenüber wem, sondern vor allem wie Sie sich durchsetzen. Dies bedeutet nicht nur, die eigene Position zu verteidigen, sondern auch die Ziele, die Sie sich gesteckt haben, im täglichen operativen Geschäft umzusetzen.

Mit Argumenten überzeugen

Als Gastwirt und Inhaber Ihres Gastronomiebetriebes sitzen Sie meistens „am längeren Hebel" und können sich aufgrund Ihrer Funktion gegenüber Ihren Mitarbeitern durchsetzen. „Argumentieren mit aussagekräftigen Inhalten" sollte in Ihrem Unternehmen eine wichtige Rolle spielen. Überzeugen, Führen und Durchsetzen mithilfe von Argumenten ist für alle Beteiligten die beste Variante. Ihre Mitarbeiter werden Ihre Entscheidungen anerkennen, wenn sie einen Sinn in Ihrem Handeln sehen. Natürlich lässt sich ein Gastronomiebetrieb nicht leiten, indem Sie permanent mit Ihren Mitarbeitern diskutieren und deren Meinung in Ihre Entscheidung mit einfließen lassen. Trotzdem sollten Sie des Öfteren die Meinung anderer zurate ziehen. Manchmal müssen jedoch Entscheidungen über die Köpfe der Mitarbeiter hinweg getroffen werden, gerade wenn es darum geht, schnell zu entscheiden, oder wenn es um die Geschäftsstrategie geht. Solche Entscheidungen sind aber nicht allzu oft an der Tagesordnung.

Entscheidungen nicht hinausschieben

Denken Sie bitte bei aller Belastung immer daran, Entscheidungen auch tatsächlich zu treffen. In manchen Situationen ist es wichtiger, zügig Stellung zu beziehen – auch wenn Sie sich später vielleicht korrigieren müssen. Das bewusste Nichttreffen einer Entscheidung ist natürlich auch eine Entscheidung. Führen Sie sich einmal folgende Situation vor Augen:

Ein Mitarbeiter kommt zum Chef: „Sollen wir nicht lieber 15 Kartons Servietten bestellen als nur acht Kartons? Kommt uns das nicht auf Dauer billiger?"

Chef: „Hm … weiß ich nicht. Muss ich erst ausrechnen. Das machen wir später."

In den folgenden Tagen äußert sich der Chef nicht zu dem Problem.

Derselbe Mitarbeiter versucht es noch einmal beim Chef: „Können wir das Salatbuffet vielleicht an einem anderen Ort platzieren, damit sich die Gehwege verkürzen?

Chef: „Weiß ich jetzt noch nicht, muss ich mir später erst anschauen."

Der Mitarbeiter bekommt wieder keine Rückmeldung.

Würden Sie, wenn Sie Ihr Mitarbeiter wären, wieder zu Ihnen kommen und um eine Entscheidung bitten? Wohl eher nicht! Somit leiden die Produktivität des Unternehmens und Ihre persönliche Autorität in einem nicht unerheblichen Maße. Ihre Mitarbeiter werden den Gang zu Ihnen vermeiden, da sie wissen bzw. vermuten, dass Sie wieder keine Entscheidung treffen werden. So werden Probleme verschoben und eventuell wichtige Dinge nicht entschieden, die unmittelbar Einfluss auf Ihre Gäste haben könnten.

Auch bei Lieferanten durchsetzen

Ihr Durchsetzungsvermögen sollte sich aber nicht nur auf Ihre Mitarbeiter beschränken. Sie brauchen es auch bei Lieferanten, Vermietern, Beratern oder anderen Institutionen. Nicht jeder gut gemeinte Ratschlag bringt Ihren Betrieb weiter. Sonderangebote von Lieferanten, nach dem Motto „Da müssen Sie zuschlagen, weil Sie sparen ..." dürfen Sie nur dann annehmen, wenn sie aus Ihrer Sicht notwendig und sinnvoll sind. Auch hier gilt, dass „Führen durch Argumente" sinnvoller ist als „Führen aufgrund von hierarchischen Strukturen".

Der moderne Unternehmer von heute zeichnet sich einerseits durch die Fähigkeit aus, sozial unabhängig, hart gegen sich und andere, unempfindlich und stark zu sein. Andererseits haben aber auch Einfühlungsvermögen, Kompromissbereitschaft, Wille zur Kooperation sowie Eigen- und Mitarbeitermotivation eine nicht unwesentliche Bedeutung.

Selbstbewusstsein und Selbstwertgefühl

Selbstvertrauen führt zum Erfolg

Risikobereitschaft mit der Überzeugung, es zu schaffen, auf der einen sowie Durchsetzungsvermögen und Entscheidungsfähigkeit auf der anderen Seite sind ohne ein gesundes Maß an Selbstvertrauen nicht möglich. Nur wer sich der Herausforderung stellt und davon überzeugt ist, erfolgreich zu sein, wird es letztlich auch sein. Jedoch kann überzogenes Selbstwertgefühl auch in die falsche Richtung führen. Der Grat zwischen einer gesunden Portion Selbstbewusstsein und Arroganz, gepaart mit Überheblichkeit, ist sehr schmal. Behandeln Sie alle Kunden gleich und lassen Sie all Ihren Gästen die gleiche Aufmerksamkeit und denselben Service zuteilwerden.

Selbstbewusstsein ist unabdingbare Voraussetzungen, um einen Gastronomiebetrieb erfolgreich zu leiten. Fragen Sie sich, inwieweit Sie diese Gabe besitzen, um die auf Sie zukommenden Aufgaben zu meistern.

Leidensfähigkeit

Trotz perfekter Vorbereitung und akribischer Planung werden die Dinge nie so laufen, wie Sie es erwarten bzw. sich erhoffen. Es wird zu Unwägbarkeiten kommen, die Ihren Tagesablauf beeinflussen. Greifbare Erfolge rücken plötzlich in weite Ferne, zugesagte und abgesprochene Aktivitäten lösen sich in Luft auf und mit Enthusiasmus geplante und durchgeführte Werbemaßnahmen verpuffen.

Lassen Sie sich davon nicht aus der Ruhe bringen, auch wenn es Ihnen in dieser Situation verständlicherweise schwerfällt. Misserfolge gehören genauso zum Leben eines Gastwirts wie Erfolge. Natürlich sind Sie sich dessen bewusst und kalkulieren diese Situationen auch mit ein. Wenn die Misserfolge jedoch überhandnehmen, wird Ihr Nervenkostüm auf eine harte Probe gestellt. Auch dann heißt es: kühlen Kopf bewahren und weiterarbeiten, auch wenn es schwerfällt. Diese Leidensfähigkeit müssen Sie besitzen, um gestärkt aus der Krise hervorzugehen.

Sie sind nicht allein

Über so etwas zu schreiben ist sehr einfach. Sie werden sich vielleicht jetzt denken, dass Sie schon wissen, was auf Sie zukommt, und damit rechnen, dass nicht alles so läuft wie geplant. Tritt die Situation dann aber in der Realität des täglichen Geschäfts ein, sieht die Sache völlig anders aus: Existenzängste werden Sie plagen und Selbstzweifel halten in Ihre Gedanken Einzug. Denken Sie immer daran, dass Sie in solchen Situationen nicht der Einzige sind, dem so etwas passiert. Es hat schon Tausende vor Ihnen und es wird auch noch Tausende Gastwirte nach Ihnen geben, denen Gleiches widerfährt. Deshalb sind Sie sich darüber im Klaren, dass Leidensfähigkeit zu den unternehmerischen Eigenschaften gehört. Glauben Sie weiter an Ihre Idee und arbeiten Sie hart an Ihrem Erfolg – Sie werden sehen, „auf Regen folgt Sonne“ und die Geschäfte werden wieder besser.

Fachliche Kompetenz

Voraussetzung für Erfolg

Voraussetzung einer erfolgreichen und langfristigen Unternehmertätigkeit ist die fachliche Kompetenz. Gerade in der Gastronomie aber wird der fachlichen Kompetenz zu wenig Bedeutung beigemessen. „Einfach mal ne Pizza machen“ oder „Currywurst mit Pommes kann doch jeder“ sind die fatalsten Aussagen in diesem Bereich. Würden Sie einem Handwerker, der sich mal schnell zum Finanzexperten erklärt hat, Ihr Geld anvertrauen oder würden Sie sich von einem ehemaligen Banker, der gerade seine medizinische Ader entdeckt hat, operieren lassen? Wohl eher nicht. Genauso verhält es sich in der Gastronomie – Gäste und Kunden verlangen neben einem angemessenen Preis auch eine gute Qualität der angebotenen Speisen. Ein schlechtes Image oder eine schlechte Mundpropaganda sind für die Entwicklung eines neu gegründeten Gastronomiebetriebes nicht förderlich.

Deshalb ist die fachliche Kompetenz die Grundvoraussetzung für einen florierenden Gastronomiebetrieb. Verfügen Sie über genug Berufserfahrung oder sollten Sie erst noch ein paar Jahre Praxiserfahrungen sammeln, bevor Sie den Sprung in die Selbstständigkeit wagen? Gehen Sie auch mit dieser Frage eigenverantwortlich und ehrlich um. Vielleicht ziehen Sie die Meinung eines Experten oder Branchenkenners hinzu.

Kommunikations- und Informationsaffinität

Nicht selten liegen Defizite im Unternehmen in der unzureichenden Kommunikation und Information begründet. So viel Informationen wie nötig und so wenig wie möglich, ist eine diskussionsfähige These im Bereich Mitarbeiterinformation. So werden den Mitarbeitern alle für sie relevanten Informationen zur Verfügung gestellt und gleichzeitig eine Überfrachtung mit Information vermieden. Außerdem werden sich die Mitarbeiter über für sie unwesentliche Informationen keine Gedanken machen und können ihre Arbeitskraft dem Unternehmen uneingeschränkt zur Verfügung stellen.

Gut informierte Mitarbeiter

Ohne Zweifel sind gut informierte Mitarbeiter für eine funktionierende Kundenorientierung wichtig, da sie, in den Augen des Kunden, das Unternehmen repräsentieren und gerade im Bereich Gastronomie der erste Ansprechpartner sind. So können beispielsweise Fragen der Gäste zu Gerichten oder sonstigen individuellen Wünschen jederzeit beantwortet werden. Ihre Mitarbeiter machen einen kompetenten Eindruck und so verfestigt sich der beim Kunden entstandene positive Eindruck von Ihrem Unternehmen. Liegen jedoch Informations- und Kommunikationsdefizite vor, kann genau der entgegengesetzte Effekt eintreten. Je eigenverantwortlicher ein Mitarbeiter arbeitet bzw. arbeiten muss, desto mehr Informationen benötigt er.

Führungsqualitäten

Mit Beginn Ihrer Selbstständigkeit und der Zusammenarbeit mit Mitarbeitern übernehmen Sie als Gastwirt automatisch die Rolle der Führungskraft. Haben Sie bereits Mitarbeiter geführt, können Sie auf Ihren Erfahrungsschatz zurückgreifen. Sind Sie in diesem Bereich Neuling, sollten Sie sich mit einigen grundlegenden Führungseigenschaften auseinandersetzen:

Zielorientierung

- Zielorientierung: Geben Sie klare und eindeutige Ziele vor. Ziele müssen nach dem **SMART**-Prinzip aufgestellt werden. Die SMART-Regel wird im Kapitel „Ziele nach der SMART-Regel“ genauer beschrieben.

Lob und Kritik

- Lob und Kritik: Fast alle Führungskräfte stellen im täglichen Umgang mit den Mitarbeitern eher das Negative als das Positive in den Vordergrund. In der Regel machen die Mitarbeiter mindestens 98 %

ihrer Arbeit korrekt und gut, aber die 2 % Fehler werden ihm von der Führungskraft täglich vorgehalten.
Denken Sie einmal über den Leitspruch „Nur wer lobt, darf auch kritisieren" nach. Lob empfinden die meisten Menschen als positiv und als Anerkennung ihrer Leistung. Lob macht stolz und zufrieden und motiviert die einzelnen Mitarbeiter, wenn es authentisch und nachvollziehbar ist.

- Vorbildfunktion: Als Gastronom besitzen Sie eine enorme Vorbildfunktion: Sie werden in Ihrer Verhaltensweise von den Mitarbeitern genau beäugt und in vieler Hinsicht nachgeahmt. Sind Sie als Chef immer der Erste oder zumindest immer pünktlich, werden die Mitarbeiter in der Regel ebenfalls pünktlich und genau sein. Nehmen Sie es mit der Pünktlichkeit und der Genauigkeit nicht allzu ernst, werden Ihre Mitarbeiter Ihnen ebenfalls – im negativen Sinne nacheifern.
Ihre Art der Kundenorientierung wird von Ihren Mitarbeitern übernommen, Ihre vorgelebte Freundlichkeit und Hilfsbereitschaft wird sich auf die Mitarbeiter übertragen, Ihr strukturiertes und organisiertes Arbeiten wird von Ihren Mitarbeitern kopiert. Gegenteiliges Verhalten wirkt sich kontraproduktiv auf Ihren Gastronomiebetrieb aus.

Vorbildfunktion

- Kontrolle: Obwohl sie von vielen vernachlässigt und belächelt wird, bildet Kontrolle die Grundlage einer erfolgreichen unternehmensorientierten Führung. Ohne Kontrolle werden Sie mittel- bis langfristig keinen Erfolg haben. Kontrollieren Sie Ihre Mitarbeiter, überzeugen Sie sich, dass Ihre Anweisungen auch so umgesetzt werden, wie Sie sich das vorgestellt haben. Verwechseln Sie Kontrolle nicht mit (negativ besetzten) Überwachungsmechanismen. Sie müssen sich darüber im Klaren sein, dass Erfolg und Struktur in der Gastronomie ohne Kontrolle nicht erreichbar sind. Delegation von Kompetenz und Verantwortung mit anschließender Kontrolle sind Kernkompetenzen einer erfolgreichen Führungskraft. Lassen Sie Ihren Mitarbeitern den Freiraum, innerhalb abgesteckter Aufgabenbereiche selbst zu entscheiden. Delegieren Sie Aufgaben und Tätigkeiten mit entsprechender Kompetenz. Kontrollieren Sie regelmäßig, ob sich das in Ihre Mitarbeiter gesteckte Vertrauen auch auszahlt. Unterlassen Sie die regelmäßigen Kontrollen, werden sich Automatismen bilden, die sehr schwer zu korrigieren sind.
Fragen Sie sich selbst, ob Sie immer Ihre volle Leistung abgerufen haben, wenn Ihr Vorgesetzter Sie nicht regelmäßig kontrolliert hat. Wenn Sie ehrlich sind, müssen Sie zugeben, dass es auch mal einige Situationen gab, in denen Sie vielleicht etwas weniger intensiv gearbeitet haben, wenn Sie wussten, dass Sie nicht kontrolliert wurden. Gerade im Bereich der Gastronomie, wo Detailarbeit – wie Sauberkeit und Ordnung – eine übergeordnete Rolle spielt, ist Kontrolle unabdingbar.

Kontrolle

Verkaufssteuerung

Was genau steckt hinter dem Begriff „Verkaufssteuerung“? Wie steuert man den Verkauf? Welche Aufgaben fallen für Sie und Ihre Mitarbeiter an? Warum zählt die Durchsetzung der Verkaufssteuerung zu den Unternehmereigenschaften?

„Verkaufssteuerung“ heißt nichts anderes, als vor, während und nach der Öffnung des Gastronomiebetriebes permanent Verkaufsbereitschaft herzustellen. Die Umsetzung und Kontrolle der Einhaltung der Verkaufssteuerung obliegt Ihnen als Unternehmer persönlich. Sie dient dazu, gewisse Standards in Ihrem Gastronomiebetrieb einzuführen, umzusetzen und beizubehalten.

Pre-Sales

Verkaufssteuerung vor Eröffnung

- Sauberkeit der Räumlichkeiten: Gastraum, WC-Anlage, Küche, Lager etc. checken
- Sauberkeit und Verfügbarkeit von Besteck, Tellern und Servietten überprüfen
- Sauberkeit der Stühle und Tische sowie Stuhl- und Tischordnung prüfen
- Sind alle benötigten Lebensmittel und Getränke vorrätig?
- Befindet sich die Tischdekoration in einem einwandfreien Zustand?
- Sauberkeit und Attraktivität der Speisekarten kontrollieren
- Funktionieren alle technischen Einrichtungen, wie Musikanlage, Licht etc.?
- …

At-Sales

Verkaufssteuerung während der Öffnungszeiten

- Werden alle Gäste freundlich begrüßt?
- Sind alle Gäste bedient worden?
- Verfügen alle Gäste über Getränke?
- Haben kleine Kinder ein Spielzeug bekommen?
- Haben Ihre Gäste Ihre Mahlzeit beendet und ist der Gast bereit, dass Sie den Tisch abräumen?
- Möchten Gäste die Karte für ein eventuelles Dessert?
- Möchten Gäste bezahlen?
- Werden alle Gäste freundlich verabschiedet?
- Als Gastwirt müssen Sie sich im Gastraum sehen lassen und mit Ihren Gästen reden.
- …

After-Sales

Verkaufssteuerung nach den Öffnungszeiten (Vorbereitung für morgen)

- Laufen die Vorbereitungen für den nächsten Tag?

- Was ist gut, was ist schlecht gelaufen? – Kurze Besprechung mit den Mitarbeitern
- Steht die Personaleinsatzplanung für die nächsten Tage?
- Stimmt die Kasse?
- Sind die Küche und der Verkaufsraum sauber?
- …

Unternehmensorganisation – was passt zu Ihrem Unternehmen?

Wichtig bei einer Gründung ist ein Überblick über die angestrebte Unternehmensorganisation. Dabei stellt vor allem die Unternehmensgröße einen entscheidenden Faktor dar. Sobald Sie auf Mitarbeiter angewiesen sind – Ihren Gastronomiebetrieb also nicht alleine führen –, stehen Sie vor dem Problem, diese in eine Unternehmensstruktur einzugliedern, um einen bestmöglichen Arbeitsablauf zu gewährleisten. Sie müssen sich also mit der Koordination der Abläufe, der Kompetenzverteilung und der Organisationsstruktur auseinandersetzten.

Ablaufkoordination

Eine Koordination der Prozesse im Unternehmen ist vor allem dann angebracht, wenn die zur Verfügung stehenden Ressourcen begrenzt sind und kein zufälliges Ergebnis angestrebt wird. In der Theorie gibt es eine Vielzahl unterschiedlicher Möglichkeiten, die Koordination der Abläufe zu gestalten. Oft findet man in der Praxis jedoch keine klare Abgrenzung der unterschiedlichen Stile. Dabei werden die einzelnen theoretischen Möglichkeiten meistens vermischt oder ergänzt.

Am häufigsten stößt man in der Praxis sicherlich auf Elemente der Koordination durch persönliche Weisung. Hierarchische Koordination

> Sie sind der Chef und Inhaber des Gastronomiebetriebes und bestimmen alles vom Wareneinkauf bis zur Personalplanung.

Diese hierarchische Koordination ist durch vertikalen Kommunikationsfluss geprägt. Die Weisungen eines Vorgesetzten sind durch Sanktionen (bei Missachten z. B. Abmahnung) gestützt.

Um die Abläufe in Ihrem Gastronomiebetrieb hierarchisch auszurichten, müssen Sie Bereiche (Küche, Service) und Instanzen (Personalverantwortlicher, Abteilungsleiter) bilden sowie Verantwortungsbereiche festlegen. Dadurch können Sie sich auf Planungs- und Führungsaufgaben konzentrieren und rasch auf anfallende Probleme reagieren. Dadurch ist jedoch nur eine vergleichsweise einfache Vorausplanung möglich und Ihnen entgehen Problemlösungspotenziale der Gruppe. Auch wird sich eine

Überlastung der Instanzen negativ auf die Abläufe in Ihrem Unternehmen auswirken.

> Ihr Restaurantleiter muss 20 Leute koordinieren und anweisen. Auf Dauer ist er mit dieser Aufgabe überfordert und gibt falsche Anweisungen. Ihre Gäste beschweren sich immer wieder über den schlechten Ablauf und den langsamen Service.

Koordination durch Selbstabstimmung

Eine weitere Möglichkeit der Gestaltung Ihrer Abläufe stellt die Koordination durch Selbstabstimmung dar. Dabei werden nicht wie bei der hierarchischen Koordination die Abläufe von höher gestellten Instanzen kontrolliert, sondern mithilfe der Selbstabstimmung der Individuen wird eine Koordinationsentscheidung in der Gruppe getroffen.

> Ihr Stammgast, Herr Maier, möchte seinen Geburtstag in Ihrem Restaurant feiern. Die Mitarbeiter treffen sich in einem Meeting, um zu besprechen, wie der Ablauf am besten organisiert werden kann. Einige in der Gruppe machen Vorschläge und gemeinsam werden die Verantwortlichkeiten festgelegt. Die Mitarbeiter stellen einen strikten Zeitplan auf, damit das Servieren der Speisen und Getränke den von Herrn Maier geplanten Ablauf der Geburtstagsfeier nicht stört.

Diese Form der Ablaufgestaltung bietet sich vor allem für kleinere Unternehmen und kleinere Gastronomiebetriebe an. Je größer die Gruppe ist, die eine Entscheidung treffen muss, desto schwieriger wird es, einen Konsens zu finden. Ein weiteres Problem entsteht, wenn die Gruppe gar nicht zu einer Übereinkunft kommt. Dadurch wird Ihr Gastronomiebetrieb handlungsunfähig und im schlimmsten Fall entsteht Ihnen ein finanzieller Schaden. Da diese Form der Ablaufkoordination auch besondere Anforderungen an die Qualifikation der Mitarbeiter stellt, könnte sich auch die Auswahl der Mitarbeiter als durchaus schwierig erweisen. Von Vorteil ist jedoch, dass diese Form der Koordination die Entscheidungsinstanzen entlastet und eine Reduktion der Ablaufwege nach sich zieht. Zusätzlich können Sie das Problemlösungspotenzial der Gruppe nutzen und in der Regel sind Ihre Mitarbeiter durch die Beteiligung am Entscheidungsprozess motivierter.[3]

Koordination durch Programme

Eine letzte Möglichkeit ist die Koordination durch Programme.

> Sie weisen Ihre Mitarbeiter an, am Abend (nachdem alle Gäste gegangen sind) zuerst die Tischdecken zu entfernen, dann die Stühle hochzustellen und am Schluss den Boden zu säubern. Nach einiger Zeit wird dies für Ihre Mitarbeiter zu Routine und sie werden diese Aufgaben ohne großen Koordinationsaufwand erledigen.

Die Koordination durch Programme ist eine besonders geeignete Methode, Abläufe zu koordinieren, die regelmäßig wiederkehren und die

[3] Vgl. Scherm, Ewald; Pietsch, Gotthard: Organisation: Theorie, Gestaltung, Wandel, Oldenbourg Verlag, München, 2007, S. 209–210.

sich kaum verändern. Bei dieser Methode werden Tätigkeiten auf Basis festgelegter Verfahrensrichtlinien durchgeführt. Routineaufgaben können so ohne großen Koordinationsaufwand abgewickelt werden. Zusätzlich kommt es auch bei dieser Methode zu einer Entlastung vorgesetzter Instanzen. Durch die Standardisierung der Prozesse verringern sich außerdem Unsicherheiten bei der Abwicklung von Arbeitsprozessen. Probleme entstehen jedoch bei Abläufen, die neuartig sind oder flexible Lösungen verlangen. Auch besteht die Gefahr der Bürokratisierung.[4]

Kompetenz

Verfügungskompetenz

Auch bei der Verteilung der Kompetenzen kann man zwischen unterschiedlichen Arten wählen. Beispielsweise kann man einzelne Mitarbeiter mit Zugriffsrechten auf bestimmte Informationen oder Materialien (z. B. Zugriff auf das Bonieren der Tische in der Kasse) ausstatten. Dadurch erlangt der betreffende Mitarbeiter die sog. Verfügungskompetenz.

Entscheidungskompetenz

Hat ein Mitarbeiter „Entscheidungskompetenz“, darf er in festgelegten Bereichen selbstständig Entscheidungen treffen.

> Ihre Köche bekommen von Ihnen ein bestimmtes finanzielles Budget. Sie dürfen selbst entscheiden, welche Lebensmittel sie davon einkaufen und bei welchem Lieferanten.

Zusätzlich wird noch zwischen Anordnungskompetenz (jemandem Aufgaben zuteilen können) und Mitsprachekompetenz (Recht zum Mitwirken bei der Entscheidungsfindung) unterschieden. Jede Delegation (Weitergabe von Entscheidungskompetenzen) birgt jedoch auch Risiken für Sie als Gastwirt. Besonders die in der Principal-Agency-Theorie angesprochene Informationsasymmetrie spielt hierbei eine entscheidende Rolle. Sie (Principal) sind nicht in der Lage, die Arbeitsweise Ihres Angestellten (Agent) lückenlos zu überwachen. Deshalb verfügt Ihr Mitarbeiter, was den Arbeitsvorgang angeht, in der Regel über mehr Informationen als Sie. Unterstellt man nun, dass alle Menschen nach dem → **Eigennutztheorem** arbeiten, wird der Angestellte sein Plus an Informationen so nutzen, dass er und nicht Sie bzw. Ihr Gastronomiebetrieb den größten Nutzen daraus zieht.

> Dazu ein Beispiel aus der umgekehrten Perspektive: Ein Gastronom beschäftigt ausländische Mitarbeiter, denen er weniger als den Mindestlohn zahlt. Die Mitarbeiter kennen ihre Rechte nicht, der Gastronom weist sie – eigennützig – nicht darauf hin. Die Mitarbeiter bekommen zu wenig Geld und der Gastronom profitiert von seiner Eigennützigkeit.

[4] Vgl. Groll, Marcus: Koordination im Supply Chain Management. Die Rolle von Macht und Vertrauen, Gabler Verlag, Wiesbaden, 1. Auflage, 2004, S. 60.

Eigennutztheorem

- Jedes Individuum hat das Ziel, seinen eigenen Nutzen zu maximieren.
- Bei der Nutzenmaximierung werden moralische Gesichtspunkte jedoch nicht vom Individuum berücksichtigt.

Organisationsstruktur

Auch bei der Strukturierung Ihres Gastronomiebetriebes haben Sie unterschiedliche Möglichkeiten:

Funktional-organisation

Eine Variante stellt die Funktionalorganisation dar. Die Funktionalorganisation wird bevorzugt bei Unternehmen verwendet, die über ein homogenes Leistungsspektrum verfügen. Dabei werden Einheiten gebildet, die alle Entscheidungskompetenzen im Rahmen einer betriebswirtschaftlichen Funktion im Leistungserstellungsprozess vereinen. Zum Beispiel werden im Unternehmen Abteilungen für Marketing/Vertrieb, Personal, und Beschaffung gebildet.

Für die Gastronomie bedeutet das: Der Einkauf kümmert sich ausschließlich um die Ausstattung und die Lebensmittel, der Vertrieb um die Gewinnung von Gästen und die Werbung über Flyer und Anzeigen in einschlägigen Gastronomiefachzeitschriften.

Sparten-organisation

Alternativ können Sie Ihr Unternehmen nach der Spartenorganisation strukturieren. Hierbei werden auf der zweiten Hierarchieebene Entscheidungskompetenzen für bestimmte Produkt- oder Kundengruppen zusammengefasst. In diesem Fall bilden Sie nicht wie bei der Funktionalorganisation eine Abteilung mit der Bezeichnung „Marketing", sondern beispielsweise eine Abteilung mit der Bezeichnung „Service" oder „Küche". Besonders bei Unternehmen mit heterogenem Leistungsspektrum ist diese Form der Strukturierung eine beliebte Variante.

Matrix-organisation

Für junge Unternehmen mit einer geringen Mitarbeiterzahl und einem heterogenen Produkt-/Leistungsangebot bietet sich vor allem die Matrixorganisation an. Der Begriff „Matrixorganisation" wurde geprägt, um einen visuellen Eindruck von Organisationen zu vermitteln, die methodisch versuchen, die Form funktionaler und in Bereiche unterteilter Organisationsstrukturen miteinander zu kombinieren, wie Sie in Bürokratien mit einer Projektteam-Struktur zu finden sind. Die Funktionseinheiten entsprechen den Spalten der Matrix, die Teams den Zeilen."[5] Dabei wird die zweite Hierarchieebene nicht nur nach einem, sondern nach zwei unterschiedlichen Kriterien gebildet. Bildlich lässt sich die Matrixorganisation folgendermaßen darstellen:

[5] Morgan, Gareth: Bilder der Organisation; Klett-Cotta Verlag, Stuttgart, 1997; S. 77.

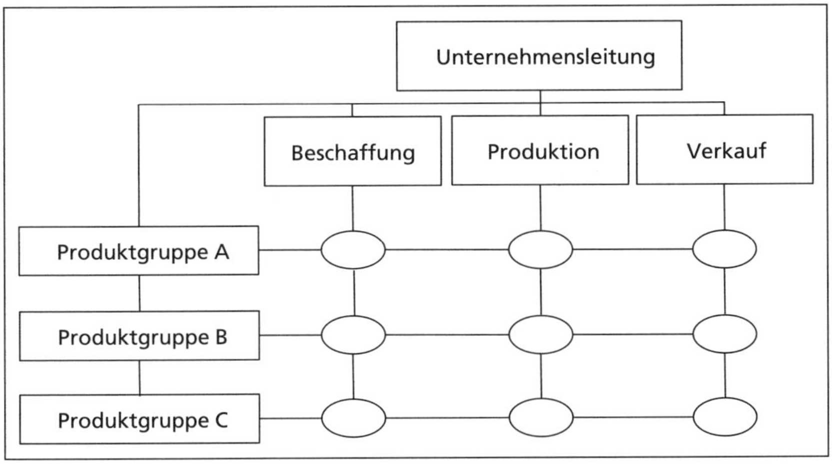

Abbildung 1: Die Matrixorganisation[6]

Die Matrixorganisation ist in der Gastronomie eher unüblich. Zur Vollständigkeit wurde sie jedoch aufgeführt.

Warum scheitern so viele?

Viele Neugründungen in der Gastronomie scheitern in den ersten Jahren. Kurios hierbei ist die Tatsache, dass das Scheitern oft nicht auf einer schlechten Dienstleistung des Unternehmens oder auf fehlerhaften Produkten basiert, sondern aufgrund anderer negativer Begleitumstände und individueller Fehler erfolgt. Viele Existenzgründer unterschätzen die Probleme, die sich aus den Rahmenbedingungen der Unternehmensgründung ergeben.

Im folgenden Kapitel wird eine Anzahl von Gründen genannt und erläutert, die dazu führen können, dass Ihr frisch eröffneter Gastronomiebetrieb bald wieder seine Türen schließen muss. Bereiten Sie sich darauf vor und vermeiden Sie diese Punkte bereits im Vorfeld.

Persönliches Umfeld

Familie einbeziehen

Für die meisten Menschen stellt die Familie den zentralen Mittelpunkt des Lebens dar oder ist zumindest ein wesentlicher Bestandteil der eigenen Lebensgestaltung. Gerade in solch entscheidenden und einschneidenden Situationen wie bei einer Existenzgründung muss das familiäre und private Umfeld in die Entscheidung mit einbezogen werden.

[6] Vgl. http://de.wikipedia.org/wiki/Matrixorganisation, abgerufen am 07.03.2012.

Partner muss gut informiert sein

Der Partner muss alle Risiken und Chancen der Existenzgründung kennen, er sollte sich der Belastungen der Selbstständigkeit und des Arbeitsumfangs bewusst sein. Themen wie der genaue Ablauf der Unternehmertätigkeit, die Frage nach alternativen Einkommen und „Was passiert, wenn der Fall der Fälle eintritt?“ (z. B. Insolvenz oder Krankheit) sollten ausgiebig besprochen und abgewogen werden. Als besonders problematisch erweist sich die Existenzgründung, wenn kleine Kinder da sind und organisatorische Rahmenbedingungen, wie Kindergarten oder Grundschule, in die Planungen mit einbezogen werden müssen.

Finanzierungsdefizite

Unterschätzung des Kapitalbedarfs

Der Kapitalbedarf wird bei vielen Neugründungen schlichtweg unterschätzt bzw. nicht durchdacht. Die Erstellung eines Businessplans und die Tragfähigkeitsprüfung durch einen Steuerberater, Gründungsberater oder Wirtschaftsprüfer sind unabdingbar. Die größten Probleme bei der Finanzierung entstehen durch die fehlende langfristige Planung. Finanzierungsbedarf besteht nicht nur am Anfang der Gründung, sondern begleitet Sie über einen sehr langen Zeitraum – und diesen Bedarf sollten Sie in langfristigen Mehrjahresplanungen berücksichtigen.

Überschätzung der Umsätze

Sehr viele Existenzgründer in der Gastronomie lassen sich bei der zukünftigen Umsatzplanung von Euphorie und Aufbruchsstimmung leiten und tendieren dazu, die erreichbaren Umsätze zu überschätzen. Dies bewirkt bei einer Finanzierung eine Art „Kettenreaktion“, da plötzlich solide Finanzierungsstrukturen nicht mehr greifen und möglicherweise eine Nachfinanzierung erfolgen muss. Dies wiederum kann zu einer Verminderung des Cashflows (d. h. Liquiditätszuflusses) führen und damit zur Zahlungsunfähigkeit Ihres Gastronomiebetriebes.

Fehlende Marktanalyse

Unternehmensgründungen in der Gastronomie sind meist zum Scheitern verurteilt, wenn die Wettbewerbssituation nicht ausreichend analysiert wurde. Hierbei geht es nicht nur darum, wo welcher Wettbewerber liegt und was die Konkurrenten bieten, sondern auch um die vom Wettbewerb gewählten und umgesetzten Marketingstrategien. In einem späteren Kapitel werden der Markt und der Wettbewerb ausführlich beschrieben, weswegen hier nur die unzureichende Information über die Markt- und Wettbewerbssituationen als Grund möglichen Scheiterns genannt wird.

Falsche Standortwahl

In der heutigen schnelllebigen Zeit werden die Kunden mit Reizen überflutet und können die Vielzahl der vorhandenen Angebote nicht mehr verarbeiten. Somit fällt es den Kunden sehr schwer, auf interessante Gastronomie- und Restaurantbetriebe aufmerksam zu werden, wenn der Standort abseits viel befahrener Straßen und Wege liegt. Natürlich sind Standorte außerhalb der Ballungszentren deutlich günstiger zu erwerben oder zu mieten als z. B. im Stadtzentrum. Andererseits sind Sie mit Ihrem Gastronomiebetrieb von einer guten Logistik abhängig.

Alle Faktoren einbeziehen

Wägen Sie ab, ob ein Standort in guter Lage die höhere Miete wert ist oder ob es für Sie und Ihren Gastronomiebetrieb effizienter ist, einen finanziell günstigeren Standort zu wählen. Wie viel Umsatz müssten Sie bei höherer Miete erzielen, damit sich der teurere Standort rechnet? Die Umstände müssen von Fall zu Fall detailliert analysiert werden. Falsche Standortentscheidungen führen oft zum Scheitern von Gastronomiebetrieben.

Kaufmännische Mängel

Betriebswirtschaftliche Kenntnisse unabdingbar

Wissen Sie, welche Elemente die Kosten- und Leistungsrechnung enthält und warum die Zuordnung von Kosten auf Kostenstellen so wichtig ist? Können Sie mit dem Begriff „Abschreibung" etwas anfangen? Warum gilt die eiserne Regel „keine Buchung ohne Beleg"? – Dies alles sind Fragen, die nur einen kleinen Bruchteil der kaufmännischen Grundkenntnisse zur Führung eines Betriebes darstellen. Kaufmännische Grundbegriffe zu verstehen und anwenden zu können gehört zur Führung eines gastronomischen Betriebes ebenso dazu wie die (gute) Qualität der angebotenen Produkte und Dienstleistungen. Sie sind die Basis für die erfolgreiche Kalkulation der Verkaufspreise und ermöglichen im Zusammenhang mit anderen betriebswirtschaftlichen Kennzahlen das Verständnis Ihrer monatlichen BWAs (betriebswirtschaftliche Auswertungen).

Ohne entsprechende kaufmännische Kenntnisse werden Sie die Zusammenhänge und auch manche notwendigen Zwänge, denen man bei der erfolgreichen Leitung eines Gastronomiebetriebes ausgesetzt ist, nur schwer verstehen können. Manche Insolvenz ließe sich vermeiden, wenn betriebswirtschaftliche Grundkenntnisse vorhanden wären und in die Entscheidungen der Unternehmensgründer einfließen würden.

Weiterbildungsmöglichkeiten

Mittlerweile werden genügend Weiterbildungsmöglichkeiten in Teil- oder Vollzeit angeboten, mit deren Hilfe Sie sich eventuell fehlende betriebswirtschaftliche Kenntnisse aneignen können. Fragen Sie einfach bei der für Sie zuständigen IHK nach – man wird Ihnen dort gerne weiterhelfen.

Fehlerhafte Prognosen und falsche Planungen

Viele Jungunternehmer und Existenzgründer schätzen die Leistungsfähigkeit des eigenen Gastronomiebetriebes falsch ein oder ändern bestehende Planungen, ohne den Kostenbereich mit einzubeziehen. Neben den vom täglichen Geschäft abhängigen variablen Kosten werden die

Fixkosten (Miete, Nebenkosten etc.) oft unterschätzt. Die Miete für ein Restaurant ist am Monatsende fällig, egal ob Sie zehn oder eintausend Gäste begrüßen durften. Somit kann die falsche Einschätzung der Umsätze (Leistung) fatale Folgen haben – und sie ist meistens der Auslöser für die wirtschaftliche Schieflage des Gastronomiebetriebes.

Mit geringeren Umsätzen planen

Daher gilt die Devise: Lieber mit geringeren Umsätzen planen und die Kosten dementsprechend anpassen, als mit zu optimistischer Planung kaum veränderbare Fixkosten begleichen zu müssen. Hier gilt „Weniger ist mehr!". Ebenso verhält es sich mit getätigten Investitionen. Geld, das aufgrund von Fehleinschätzungen für überflüssige Investitionen ausgegeben wurde, ist unwiderruflich verloren. Der umgekehrte Fall, dass die Umsätze deutlich höher ausfallen als geplant stellt ein „Problem" dar, das sich schneller und einfacher lösen lässt.

Externe Einflussgrößen

Leider gibt es bei Unternehmensgründungen eine Reihe externer Faktoren, die der angehende Gastwirt nicht beeinflussen kann. Einige davon seien hier genannt:

- Änderungen im Kundenverhalten
- rückläufige Kaufkraft in der Zielgruppe
- logistische Veränderungen aufgrund von kommunalen Entscheidungen
- neuer Wettbewerber im unmittelbaren Einzugsgebiet
- neue gesetzliche Regelungen

Seien Sie vorbereitet

Niemand kann Krisen irgendwelcher Art vorhersagen. Selbst Banker, die sich tagtäglich mit Aktienkursen, Immobilien, Wechselkursen und der allgemeinen Weltwirtschaftssituation beschäftigen, können diese nicht vorhersehen. Die Kunst ist nicht, solche Entwicklungen vorherzusagen, sondern sich auf solche unvorhersehbaren Ereignisse, soweit möglich, einzustellen und vorzubereiten.

Kostenführerschaft

Eine immer wichtiger werdende Tatsache, um sich vor solchen externen Faktoren, zumindest teilweise, zu schützen, ist das Anstreben der Kostenführerschaft. Damit ist gemeint, dass ein Gastronom so manchen Sturm eher aushält, wenn die Kosten überschaubar und bezahlbar sind. Dem Thema „Kostenführerschaft" wird in diesem Buch ein besonderes Kapitel gewidmet.

Stellen Sie sich den externen Einflussgrößen und nutzen Sie das veränderte Kundenverhalten für sich, machen Sie daraus einen Trend. Treten Sie dem Wettbewerber gestärkt gegenüber und punkten Sie bei den Gästen durch Ihre Einzigartigkeit und Ihr Alleinstellungsmerkmal.

Körperliche und geistige Fitness

Von vielen unterschätzt, aber enorm wichtig ist die geistige und körperliche Fitness. Seien Sie bereit, immer etwas Neues hinzuzulernen, öffnen Sie sich neuen Themenfeldern, auch wenn Sie beispielsweise nicht der geborene Betriebswirt sein sollten. Setzen Sie sich mit den Dingen auseinander, die Ihnen vielleicht nicht so viel Freude bereiten und werden Sie in Ihrem Beruf zum „Allrounder".

Geistige Fitness

Unter „geistiger Fitness" wird im Gastronomiebereich die Fähigkeit verstanden, sich mit neuen Sachverhalten vertraut zu machen, veränderte Marktsituationen zu erkennen und sich geistigen Herausforderungen zu stellen: Was kann man noch zusätzlich für den Gast tun? Welche Aktionen lassen sich in der nächsten Zeit durchführen? Wie lässt sich das Personal besser einteilen? Wie können weitere Gäste gewonnen werden?

Sie sollten in der Lage sein, auch komplexe Bereiche im Zusammenhang mit Ihrer Tätigkeit als Gastwirt zu verstehen und zu analysieren, und daraus die für Sie notwendigen Schlüsse ableiten. Seien Sie offen für Neuerungen und begleiten Sie Veränderungen nicht nur, sondern steuern Sie diese aktiv mit. Ihre Herangehensweise an Neuerungen und Veränderungen sollte von Organisations- und Planungsstärke sowie von Durchsetzungsvermögen und Belastbarkeit geprägt sein. Merkmale eines Gastwirts sind außerdem Offenheit gegenüber seinen Gästen und Mitarbeitern, Ehrlichkeit und Zuverlässigkeit. Das alles ist nur mit einem gerüttelten Maß geistiger Fitness zu erreichen.

Gute körperliche Verfassung

Ebenso bedeutsam für den erfolgreichen Betrieb eines Restaurants, einer Kneipe oder eines Cafés ist die gute körperliche Verfassung. Sie prägt das Wohlbefinden eines Menschen in außergewöhnlicher Art und Weise. Aber was bedeutet „körperliche Fitness" eigentlich? Im Allgemeinen wird der Begriff „Fitness" auf den physiologischen Aspekt reduziert und als „gute körperliche Verfassung oder Leistungsfähigkeit" definiert.

Der Körper ist unser Energiespeicher, mit unserem Körper bewerkstelligen wir unseren beruflichen und persönlichen Alltag. Ohne körperliche Fitness werden wir den immer höheren beruflichen Belastungen nicht mehr gerecht. Die beste Geschäftsidee kann nicht in die Tat umgesetzt werden, wenn Sie sich überfordert fühlen, überlastet sind oder hektisch und nervös auf täglich anfallende Arbeiten reagieren. Stresssituationen und Belastungen werden leichter verarbeitet, wenn der „tägliche Wahnsinn" von einer guten körperlichen Fitness begleitet wird. Vielen Existenzgründern wird geraten, sich neben der stressigen und nervenaufreibenden Unternehmensgründung auch einen sportlichen Ausgleich zu suchen.

Im Bereich Gastronomie ist die Fitness wichtiger als in einem „Bürojob". Man sollte in der Lage sein, Kisten zu schleppen oder Tische zu heben.

Wenn man im Servicebereich tätig ist, sollte man bedenken, dass „gut zu Fuß" sein sollte, denn im Laufe des Tages fallen einige Kilometer an, die man zurücklegen muss.

Schon beim Kauf eines Gastronomieobjekts sollten solche Aspekte beachten werden: Wie weit sind die Wege vom Ort der Warenanlieferung bis zu den Kühlräumen? Wie weit ist es vom Kühlraum zur Küche? Gibt es einen Lift (z.B. wenn sich Kühlräume oder Warenlager im Keller befinden)? Wie weitläufig ist der Biergarten oder der Gastraum? Hier ist es wichtig, dass Sie Ihre persönliche Fitness realistisch einschätzen und Vor- und Nachteile genau abwägen.

Gesetzliche Richtlinien in der Gastronomie

§1 des Gaststättengesetzes legt eindeutig fest, wer ein Gaststättengewerbe ausübt. Zu den gesetzlichen Vorschriften für das Gastgewerbe gehören u.a.:

- Gewerbeordnung
- Gaststättengesetze auf Basis des spezifischen Landesrechts
- Gaststättenverordnung
- Lebensmittelhygieneverordnung Vorschriften über die Kennzeichnung der Zusatzstoffe in Lebensmitteln
- Geräte- und Produktsicherheitsgesetz
- Gaststättenbauverordnungen,
- Arbeitsstättenverordnung
- DIN-Normen für die Nutzung und den Betrieb von Schankanlagen
- Jugendschutzgesetz
- Vorschriften über die Kennzeichnung der Zusatzstoffe in Lebensmitteln
- Sperrzeitverordnungen (Ladenöffnungszeiten)
- Preisangabenverordnung
- HACCP (Hazard Analysis and Critical Control Points, dt. Gefahrenanalyse und kritische Kontrollpunkte)

Erlaubnispflichtiges Gewerbe

In Deutschland gilt für die Gründung und das Betreiben eines Gewerbes die Gewerbefreiheit. Jedoch reicht diese für die Existenzgründung im Gaststättengewerbe mit Alkoholausschank nicht aus. Beim Betreiben eines Gastronomiebetriebes handelt es sich um ein erlaubnispflichtiges Gewerbe. In Deutschland müssen neben der Gewerbeordnung (GewO) auch das Gaststättengesetz (GastG) und die Verordnung über den Betrieb von Gaststätten (Gast-VO) beachtet werden. Im Jahr 2005 wurde das Gaststättengesetz diesbezüglich geändert – somit greift die Gaststättenverordnung nur noch für Gaststätten mit Alkoholausschank.

Ohne Konzession geht nichts. Bevor Sie sich den Traum des eigenen Gastronomiebetriebes erfüllen können, benötigen Sie eine Konzession, eine sog. Erlaubnis. Diese Konzession müssen Sie bei den jeweiligen Institutionen (Ordnungsamt, Landratsamt) beantragen. Die Erlaubnis zum Betreiben einer Gaststätte wird sowohl für Ihren Betrieb als auch für Sie als Betreiber ausgestellt. Sollten Sie in die Situation kommen, einen bestehenden Betrieb zu übernehmen, so kann man Ihnen eine vorläufige Konzession erteilen, die eine Laufzeit von drei Monaten hat. Sollten Sie zum Zeitpunkt der Übernahme noch nicht alle notwendigen Unterlagen besitzen, können Sie in dieser Zeit die Gaststätte trotzdem führen. So wird der Einstieg bzw. das Fortbestehen des Betriebes gesichert. Konzession

Unterschätzen Sie nicht die hierbei anfallenden Kosten. Sie können, je nach Standort mehrere tausend Euro betragen. Kosten

Unterscheiden sollte man die Anmeldung eines Gewerbes und die Beantragung einer Konzession. Beides sind unterschiedliche Vorgänge und treffen vor allem bei Existenzgründern zusammen: die Gründung des Unternehmens und die – hoffentlich erfolgreiche – Eröffnung einer Gaststätte.

Nach § 14 Gewerbeordnung (GewO) müssen Gewerbetreibende eine Gewerbeanmeldung beim zuständigen Amt vornehmen. Dies kann, je nach Rechtsform, dazu führen, dass ein Handelsregistereintrag (Kapitalgesellschaft, OHG, KG etc.) zwingend notwendig wird. Diese Gewerbeanmeldung ist der Beantragung der Konzession beizulegen. Gewerbeanmeldung

Möchten Ausländer aus Nicht-EU-Staaten eine Existenzgründung im Gaststättengewerbe in Anspruch nehmen, sind weitere Zugangs- und Zulassungsbeschränkungen zu berücksichtigen. Hierüber beraten die zuständigen Ausländerämter. Bürger aus EU-Staaten genießen die gleichen Rechte und Pflichten bei der Beantragung der Konzession wie deutsche Bundesbürger.

Wird eine Erlaubnis erteilt, gilt diese für bestimmte Arten von Betrieben (Restaurant, Diskothek etc.) und für bestimmte festgelegte Regionen (Räume).

Um eine Konzession zu erhalten, sind folgende Punkte nachzuweisen: Konzession – Voraussetzungen

- die persönliche Zuverlässigkeit
- die fachliche Eignung
- die Eignung der Betriebsräume (objektbezogene Voraussetzungen)

Für die **persönliche Zuverlässigkeit** gelten folgende Nachweise: Persönliche Zuverlässigkeit

- polizeiliches Führungszeugnis (Einwohnermeldeamt)
- Auszug aus dem Gewerbezentralregister (Einwohnermeldeamt)
- Unbedenklichkeitsbescheinigung des Finanzamts (Bestätigung, dass keine Steuerschuld besteht)

Fachliche Eignung

Die **fachliche Eignung** enthält folgende Nachweispflicht:

- Nachweis über die Teilnahme an einer Schulung über Vorschriften des Lebensmittelrechts (IHK); sollte die eigene Berufsausbildung (Koch/Köchin, Küchenmeister/in, Restaurantfachmann/-frau etc.) bereits Inhalte zu lebensmittelrechtlichen Vorschriften enthalten, reicht der Nachweis der erfolgreich absolvierten Berufsausbildung voll und ganz aus.
- Bescheinigung über eine Belehrung nach dem Infektionsschutzgesetz (Gesundheitsamt), nicht älter als drei Monate

Objektbezogene Voraussetzungen

Objektbezogene Voraussetzungen werden wie folgt nachgewiesen:

- Miet-, Pacht- oder Kaufvertrag über die Gaststättenräumlichkeiten
- Nachweis der Eignung der Räumlichkeiten. Dies bedeutet, dass die Räumlichkeiten für die unterschiedlichen Gewerbeausprägungen (Hotel, Gaststätte etc.) entsprechend den Verordnungen auf Landesebene geeignet und nutzungsfähig sein müssen. Als Nachweis dienen Bauzeichnungen, Grundrisse der Räume inklusive Sanitärräume etc.
- Im unmittelbaren Außengelände des Gaststättenbetriebes haben nach der kommunalen Stellplatzsatzung ausreichend und vor allem gekennzeichnete Park- oder Stellplätze zur Verfügung zu stehen.
- Ebenso ist ein Namensschild (Firmenschild) mit Angabe des Familiennamens und mindestens einem ausgeschriebenen Vornamen (§ 15a Abs. 1 GewO) nachzuweisen.

Mit Eintreten der Förderalismusreform unterliegt das Gaststättenrecht den einzelnen Bundesländern: Es gibt also unterschiedliche Anforderungen zum Eröffnen und Betreiben einer Gaststätte, die im jeweiligen Landesgesetz festgeschrieben sind. Sollten die Bundesländer keine eigenen Gesetze erlassen haben, greift das bisher gültige Bundesgaststättengesetz.

Genehmigungsfrei

Es gibt allerdings auch Bereiche, für die keine Genehmigung zum Betreiben einer Gaststätte benötigt wird:

- Mietkoch in fremden Küchen von Privatpersonen
- Party-Service/Catering/Pizza-Heimservice (ausschließlich). Hier wird die zwingende Bedingung „Verzehr an Ort und Stelle" nicht erfüllt. Gleichwohl gelten aber die gesetzlichen Regelungen des Lebensmittel- und Hygienerechts und die Vorschriften der Lebensmittelüberwachung.
- Straßenverkauf in der Form, dass kein Verzehr an Ort und Stelle stattfindet und auch keine eigenen, angeschlossenen Räumlichkeiten existieren, in denen ein Verzehr der Speisen möglich ist

Außerdem wird keine Genehmigung zum Betreiben einer Gaststätte benötigt, wenn

- Vorschriften des Milchgesetzes eingehalten werden (Abgabe von Milch, Milcherzeugnissen und alkoholfreien Milchmischgetränken),

- Kostproben und Verkostungen unentgeltlich angeboten werden,
- in Getränkeautomaten alkoholfreie Getränke angeboten werden,
- Speisen und Getränke an die Mitarbeiter von Unternehmen abgegeben werden (Kantine),
- bei der Beförderung von Personen alkoholfreie Getränke und Speisen in Kraftfahrzeugen verabreicht werden,
- ohne Sitzgelegenheit in räumlicher Verbindung mit einem Ladengeschäft alkoholfreie Getränke oder Speisen angeboten werden und dies nur während der erlaubten Öffnungszeiten,
- nicht mehr als acht Gäste parallel beherbergt werden können (Größenverordnung, Beherbergungsbetrieb).

Im Folgenden werden weitere gesetzliche Richtlinien kurz dargestellt, um Ihnen einen Überblick über die wichtigsten rechtlichen Rahmenbedingungen zu geben.

Preisangabenverordnung – was kosten Speis und Trank?

Speisekarte und Preisliste am Eingang

Nach §7 der Preisangabenverordnung sind alle angebotenen Speisen und Getränke und ihre Preise in sog. Preislisten (Preisverzeichnissen) anzugeben. Diese Preisverzeichnisse – besser bekannt als Speisekarten – sind entweder auf den jeweiligen Tischen und Plätzen auszulegen oder dem Gast vor der Bestellung auszuhändigen. Auf Verlangen des Kunden sind diese Preisverzeichnisse auch beim Bezahlen der Rechnung vorzulegen. Bei Fast-Food-Restaurants oder Imbissgaststätten können die Preislisten auch an einer Wand angebracht werden, hierbei ist die sehr gute Lesbarkeit Voraussetzung. Verpflichtend für den stationären Restaurantbetrieb ist das Anbringen einer Preisliste am Eingang zur Gaststätte, also außerhalb des Restaurants.

Gesetzliche Auflagen

Weitere gesetzliche Ansprüche an den Gastronomiebetrieb:

- Sauberkeit des Gastraums
- Kennzeichnung der Fluchtwege
- Anbringen einer Jugendschutztafel
- Einhaltung der Lebensmittelhygiene in der Küche (unterschiedliche Kühlung bei unterschiedlichen Lebensmitteln, Handwaschbecken, Abfallentsorgung, Reinigungsnachweis (vgl. HACCP)
- Aufenthalts- und Pausenraum für das Personal
- Regelmäßige Unterweisung des Personals über Lebensmittelhygiene (dokumentiert und nachweisbar)

- Beschäftigungsanmeldung aller Arbeitnehmer (auch 400 €-Kräfte) bei den entsprechenden Versicherungsträgern
- Nachweis einer Arbeitserlaubnis bei ausländischen Mitarbeitern
- Getränkeschankanlagenverordnung (Reinigung). Bei einer Existenzgründung empfiehlt es sich, diesen Bereich einem Spezialisten zu übergeben, der die Schanktechnik plant, umsetzt und betreut.
- Mineral- und Tafelwasserverordnung (Art und Weise, wie Wasser ausgeschenkt werden muss und Berücksichtigung in der Speise- oder Getränkekarte).
- Hühnereiverordnung (ordnungsgemäße Lagerung und Verwendung)
- Hackfleischverordnung
- Eichordnung (Nutzung von Maßen beim Ausschank)

Ladenschluss

Unterschiedlich geregelt

Ein ziemlich uneinheitliches und verwirrendes Bild ergibt sich bezüglich des Themas Ladenschluss. Auch hier greift nach der Föderalismusreform von 2006 die Gesetzgebungskompetenz der Länder. Dies hat zur Konsequenz, dass es 16 unterschiedliche Regelungen geben kann. Die Freigabe der Ladenöffnungszeiten an Werk- und Feiertagen und der damit verbundenen Ausnahmeregelungen können den Verordnungen des jeweiligen Bundeslandes entnommen werden

Arbeitsstättenverordnung

Schutz der Arbeitnehmer

Neben den Gaststättenverordnungen, die in der Regel dem Schutz der Gäste dienen, werden bei der Arbeitsstättenverordnung die Arbeitnehmer in den Mittelpunkt gestellt. Die Arbeitsstättenverordnung beschreibt und legt fest, was der Arbeitgeber beim Einrichten und Betreiben von Arbeitsstätten in puncto Sicherheit und für den Schutz der Gesundheit seiner Arbeitnehmer zu beachten hat. Hierin werden u. a. Anforderungen an Arbeitsräume, Sozial- und Sanitärräume, Beleuchtung und Belüftung geregelt. Die Inhalte der Arbeitsstättenverordnung orientieren sich eher an Zielen als an konkreten Vorschriften, um den Betreibern etwas Spielraum bei der Umsetzung zu lassen, was jedoch nicht die zwingende Notwendigkeit der Einhaltung der Richtlinien außer Kraft setzt.

HACCP

Hygienische Sicherheit

Ein weiterer zentraler Punkt im Bereich der Hygienevorschriften ist HACCP. Unter „HACCP“ versteht man die Eigenverpflichtung, die Faktoren zu verhindern, die dazu führen, dass Menschen nach Genuss der Speisen und Getränke erkranken. HACCP stellt die Gesamtheit aller Maßnahmen dar, die der Verantwortliche im Lebensmittelbetrieb treffen muss, um die hygienische Sicherheit gewährleisten zu können.

Zu dieser Eigenkontrolle sind alle Gastronomiebetriebe verpflichtet. Zusätzlich haben sich die Richtlinien durch das EU-Hygienegesetz nochmals verschärft. Jeder Betrieb muss nun ein HACCP-Konzept dokumentieren und der Lebensmittelüberwachung dieses auf Verlangen vorzeigen. Insgesamt gibt es sieben Grundsätze, die sich in der HACCP-Verordnung niederschlagen.

Grundsätze von HACCP

- **Grundsatz 1:** Als Erstes wird eine Gefahrenanalyse (Hazard Analysis (HA)) durchgeführt, innerhalb derer die einzelnen Gefahrenherde dargestellt werden und eine allgemeine Einschätzung der Gefahrensituation abgegeben wird.
- **Grundsatz 2:** Nach der Gefahrenanalyse werden innerbetrieblich die kritischen Punkte (Critical Control Points (CCP)) festgelegt und beschrieben. Diese kritischen Punkte bedürfen der absoluten Aufmerksamkeit Ihrerseits, da Ihnen hier sowohl hygienetechnische als auch finanzielle Konsequenzen drohen.
- **Grundsatz 3:** Für die einzelnen kritischen Punkte werden Grenzwerte festgelegt, die unter keinen Umständen überschritten werden dürfen.
- **Grundsatz 4:** Zur Gewährleistung, dass die unter Grundsatz 3 festgelegten Grenzwerte nicht überschritten werden, muss ein Überwachungssystem eingeführt werden. Dieses System muss gepflegt und ständig aktualisiert werden.
- **Grundsatz 5:** Innerhalb des Überwachungssystems müssen Maßnahmen festgelegt werden, die sofort anzuwenden sind, wenn die Grenzwerte überschritten werden. Die Effizienz und Aktualität dieser Maßnahmen obliegt Ihnen.
- **Grundsatz 6:** Jetzt werden die Verfahren festgelegt, die bestätigen, dass das von Ihnen eingeführte System funktioniert.
- **Grundsatz 7:** Zum Schluss müssen alle Vorgänge und Aufzeichnungen lückenlos dokumentiert und auf Verlangen vorgezeigt werden.

Für die Kontrolle im eigenen Unternehmen ist der Unternehmensinhaber, also Sie als Gastronom, verantwortlich. Sie können diese Aufgabe – regelmäßige Kontrolle und schriftliche Dokumentation – unter Umständen an einen Mitarbeiter delegieren. Zum einen sollte dieser dazu qualifiziert sein, diese Aufgabe zuverlässig zu erledigen, zum anderen sollte dieser Verantwortungsbereich im Arbeitsvertrag enthalten sein.

Bei HACCP ist es besonders wichtig, den Ablauf der Kontrolle und die Critical Control Points detailliert zu dokumentieren. Je genauer und gewissenhafter ihre Dokumentation ist, desto weniger Probleme bekommen Sie bei einer Kontrolle durch die Überwachungsbehörden.

Kontrolle durch die Überwachungsbehörde

Die Überwachungsbehörde ist in den meisten Fällen das Gesundheitsamt oder die Lebensmittelüberwachung. Vorab überprüft diese, ob Ihre Dokumentation und die Verifikation des Überwachungssystems in Ordnung sind. Grundsätzlich sollten Sie ihr HACCP-Konzept von allgemeinen Hygienemaßnahmen in ihrem Betrieb so weit wie möglich abgrenzen.[7] Kooperieren Sie bei einer Kontrolle und legen Sie Ihr Konzept so transparent wie möglich dar! Die Überwachungsbehörde wird sich hauptsächlich auf die Critical Control Points konzentrieren. Bei einer Kontrolle werden vor allem stichprobenartige Temperaturkontrollen durchgeführt und Proben (z. B. Fleisch, Speiseeis) im Labor ausgewertet.

Unangekündigte Kontrollen

Kontrollen finden grundsätzlich unangekündigt statt – nur Nachkontrolltermine können angekündigt sein. Dabei werden die Betriebe eher zufällig oder nach einem Risikoansatz ausgewählt (z. B. negative Meldungen von Gästen an die Gesundheitsbehörde).

Nehmen Sie HACCP ernst, da Behörden hier oft unangekündigt kontrollieren und bei diesem Thema wenig Spaß verstehen.

Getränkeschankanlagenverordnung

SchankV außer Kraft

Da die rechtliche Grundlage – „Getränkeschankanlagenverordnung" (SchankV) – seit 30. Juni 2005 außer Kraft gesetzt worden ist, greifen nun die allgemeinen Hygiene lebensmittelrechtlichen Anforderungen. Vorher war vorgeschrieben, die Schankanlagen bzw. die Leitungen der Schankanlage alle zwei Wochen zu reinigen. Seit 2005 liegt es im Ermessen des Betreibers, wann die Reinigung erfolgt. Allerdings sollte er sich nach den Orientierungswerten für Reinigungsintervalle in der DIN 6650-6 richten. Darin wird z. B. festgelegt, dass die Bierschankanlage alle sieben Tage gereinigt werden sollte. Es sollte außerdem schriftlich dokumentiert werden, wann die Reinigung stattgefunden hat, wer sie durchgeführt hat und ob es Mängel gegeben hat.

Hygiene beginnt schon beim Bau

Ein sicheres Hygieneumfeld beginnt allerdings schon bei den Lagerräumen. Beim Bau eines neuen Gastronomiebetriebes sollte sichergestellt werden, dass beim Verlegen von Getränkeleitungen Leerrohre eingezogen werden und dass keine Leitungen gequetscht oder geknickt werden. So wird das Eindringen von Fremdkörpern unmöglich gemacht. Die Lagerräume müssen trocken gehalten werden, um eine mögliche Schimmelbildung zu vermeiden.

Geeigneter Platz für Schankanlage

Beim Anbringen der Schankanlage soll ein Platz gewählt werden, der nicht in der Nähe von Küchengeräten ist. Hier ein abschreckendes Beispiel:

---

[7] In Anlehnung an http://www.bfr.bund.de/cm/350/fragen_und_antworten_zum_hazard_analysis_and_critical_control_point__haccp__konzept.pdf, abgerufen am 01.05.2012

In einem Gastronomiebetrieb wurde die Schankanlage zwischen der Fritteuse und dem Getränkekühlschrank platziert. Problem dabei ist natürlich, dass Spritzer der Fritteuse ins Trinkglas gelangen und so Bakterien verbreitet werden können.[8]

Sie als Gastronom und Inhaber sind verantwortlich dafür, dass zum Wohle Ihres Gastes eine regelmäßige Reinigung stattfindet. Ein einmaliger Zwischenfall mit irgendwelchen Fremdkörpern in den Getränken und darauffolgender Erkrankung des Gastes kann zu einem unwiderruflichen Rufschaden führen.

Lieber öfters reinigen, um so das Risiko zu verringern!

Hackfleischverordnung

Dadurch, dass Hackfleisch durch den Fleischwolf gedreht wird, ist es durch die vielen Angriffspunkte empfindlicher gegenüber Bakterien als Fleisch „am Stück". Um das Risiko einer bakteriellen Verbreitung bzw. Infektion einzudämmen, gibt es die „Hackfleischverordnung", die im gemeinschaftlichen Lebensmittelhygienerecht zu finden ist. Dort wird nicht nur der Umgang mit Hackfleisch beschrieben, sondern auch mit Geschnetzeltem, Bratwürsten, bestimmten Rohwürsten und Brühwürsten und anderen rohen Fleischwaren, die eine große Angriffsfläche für Bakterien haben.

Nur am selben Tag verwendbar

Der wichtigste Punkt der Verordnung ist, dass das Gehackte nur am Herstellungstag in den Verkehr gebracht, also verkauft werden darf. Das heißt, sobald das rohe Fleisch durch den Fleischwolf gedreht wurde, beginnt die Frist. Eingefrorenes Fleisch (Lagerung bei –18 °C) hingegen darf bis zu sechs Monaten aufbewahrt werden. Hier sollten Sie darauf achten, dass der Kühlprozess nicht unterbrochen wird, um so eine einwandfreie Qualität ihrer Ware sicherzustellen. Rohes Hackfleisch muss bei einer Temperatur von + 4 °C bis 7 °C gelagert werden.

Fettabscheidung

Die Fettabscheidung trennt Öle und Fette vom Abwasser ab. Dieser Vorgang ist in Gastronomie und Hotellerie Pflicht.

Komplett- und Teilentsorgung

Man kann bei der Entsorgung zwischen einer Komplettentsorgung und einer Teilentsorgung wählen. Bei der Komplettentsorgung wird das angehäufte Fett von einem Tanklastzug in bestimmten Intervallen abgeholt. Bei der Teilentsorgung kann man die „Fettfässer" auch abholen lassen

[8] Vgl. http://www.brauer-bund.de/download/Archiv/PDF/ausschank/hygieneleitfaden.pdf, abgerufen am 01.05.2012

oder selbst entsorgen. Rechnen Sie vorher durch, welche Variante für Sie am kostengünstigsten ist.

Platzierung

Der Fettabscheider sollte an einem Ort platziert werden, an dem keine Speisen etc. gelagert oder sogar zubereitet werden. Die Größe der Behälter wird nach gewissen Nenngrößen, also nach Anfall des Schmutzwassers in Litern pro Sekunde, berechnet.

Wichtig für Sie als angehenden Gastronom ist, die Preise vorab zu vergleichen und sich von verschiedenen Anbietern ein Angebot erstellen zu lassen. Hier gibt es zwar keine großen Unterschiede, jedoch kann man auch hier Geld sparen.

Gesetze unbedingt einhalten

Die in diesem Kapitel aufgezeigten rechtlichen Rahmenbedingungen und Beschränkungen dienen vor allem dazu, Missbrauch im Bereich der Gastronomie zu vermeiden. Die in Deutschland vorhandenen Gesetze sind von jedem Existenzgründer zwingend einzuhalten. Eine stichprobenartige Kontrolle der Einhaltung wird von den Gesundheits- oder Gewerbeaufsichtsämtern in unregelmäßigen Abständen durchgeführt. Dieses Kapitel soll lediglich einen Einblick in die Vielfalt der gesetzlichen Regelungen ermöglichen. Zu Beginn der Existenzgründung empfiehlt es sich, sich fundierten rechtlichen Beistand zuzulegen, da Verstöße gegen bestehende Rechtsvorschriften nicht nur eine Menge Ärger, sondern auch erhebliche finanzielle Belastungen darstellen können.

Neben den rechtlichen Rahmenbedingungen hat die Wahl des Standorts heute eine noch größere Bedeutung als vor mehreren Jahren, da die innerbetriebliche Logistik und das Freizeitverhalten der Kunden sich enorm verändert haben. Der Gast möchte nach einem angenehmen Aufenthalt bei Ihnen vielleicht noch einen Kino- oder Theaterbesuch anhängen oder einfach noch in der Region (z. B. zum Bummeln) verweilen.

Die Standortwahl – entscheidend für Ihren Erfolg

Wesentlicher Erfolgsfaktor

Die erfolgreiche Standortwahl ist mehr als ein wesentlicher Erfolgsfaktor für Ihren Gastronomiebetrieb. In der Regel sind Sie mit Ihrem Betrieb nicht der einzige in der Region, somit müssen Sie mit verschärftem Wettbewerb oder mit Kunden bzw. Gästen rechnen, die nicht nur zu Ihnen kommen, sondern auch Ihre Konkurrenz besuchen. Der Fokus der strategischen Planung sollte auf der Standortfrage liegen. Ein falscher oder schlecht gewählter Standort führt oft zur Aufgabe des Betriebes – der Unternehmenserfolg hängt somit nicht unerheblich von der Qualität des Standorts ab.

Falls Sie sekundär gelagerten Gründen – wie z. B. privaten und familiären Gründen (Entfernung zum Wohnort, Verfügbarkeit der Schwiegereltern für die Betreuung der eigenen Kinder oder günstige Mietkonditionen des im verwandtschaftlichen Besitz befindlichen Gebäudes) – mehr Raum zugestehen, werden Sie die eigentliche Qualität und Rentabilität des Standorts erst mit Beginn der Geschäftstätigkeit feststellen. Oft ist dies der Nährboden für eine völlig fehlerhafte Einschätzung der Wettbewerbs- und Kundenorientierung.

Standortwahl schwer zu revidieren

Eine einmal getroffene Standortentscheidung ist sowohl aus finanziellen wie auch aus vertragsrechtlichen Gründen nur schwer bzw. überhaupt nicht mehr zu revidieren. Das kann vernichtenden Folgen für Ihren Gastronomiebetrieb haben – bis hin zum Verlust der beruflichen Existenz.

Eine strukturierte Vorgehensweise und eine detaillierte Analyse der Standortfaktoren sind für die erfolgreiche Entscheidung für oder gegen einen Standort unabdingbar.

Analyse der Standortfaktoren

Faktoren sammeln und gewichten

Eine strukturierte Analyse der Standortfaktoren trägt zur erfolgreichen Festlegung des eigenen Standorts bei. Oft werden hier die Grundlagen für Erfolg oder Misserfolg im Gastronomiebereich gelegt. Sie müssen hier die essenziellen Faktoren von den weniger wichtigen Faktoren trennen, gewichten und in einer Zielhierarchie zusammenstellen. Dies ist mit einem einfachen Punktbewertungsverfahren möglich. Dabei stellen Sie die einzelnen Standortfaktoren auf und gewichten sie nach ihrer Bedeutung für Ihr Unternehmen. Beispielsweise ist die Kundennähe wichtiger als die Anbindung an die Autobahn oder die Nähe zu Ihrem privaten Wohnort und möglicherweise ist die Nähe zu Wettbewerbern entscheidender als die Höhe der Mietzahlung.

Individueller Zielkatalog

Dies sind lediglich Beispiele, aus denen Sie einen individuellen Zielkatalog für Ihr Unternehmen zusammenstellen. Lassen Sie sich Zeit und stimmen Sie die Gewichtung der einzelnen Faktoren vielleicht mit einem Berater oder Geschäftspartner nochmals ab. Fehler werden bei dieser Frage nicht verziehen.

Beschaffungsorientierte Standortfaktoren

Lage/Miete

In der Gastronomie herrschen andere beschaffungsorientierte Standortfaktoren als im produzierenden Gewerbe. Insbesondere die Größe der zu erwerbenden Fläche (Pacht oder Kauf) spielt in der Gastronomie eine nicht zu unterschätzende Rolle. Oft vermischen sich Euphorie und Objektivität bei beschaffungsorientierten Fragen. Wer zum ersten Mal die Gasträume „sichtet“, denkt bereits an den bevorstehenden Erfolg und lässt sich oftmals blenden – klar erkennbare Mängel werden übersehen oder ignoriert. Gehen Sie objektiv und nüchtern an die Sache heran und wägen Sie die von Ihnen als wichtig gewerteten Standortfaktoren ab.

Vergleichen Sie die „Hard Facts“ mit anderen Anbietern – Sie kaufen ein Auto auch nicht beim erstbesten Angebot. Rechnen Sie die angebotene Fläche auf den Quadratmeterpreis herunter und vergleichen Sie Lage und Miethöhe kritisch miteinander. Ist es der Standort wert, eine höhere Miete zu bezahlen?

Konzessionsfähigkeit

Entscheidend ist auch die Konzessionsfähigkeit des Standorts. Dafür ist die Verfügbarkeit von sanitären Einrichtungen essenziell. Sind weitere Investitionen nötig, um die Konzession zu erhalten, muss geklärt werden, wer diese Kosten übernimmt und ob sie sich im Miet- oder Pachtvertrag widerspiegeln.

Raumverhältnisse

Man sollte sich immer überlegen, ob der angebotene Raum das Konzept unterstützt oder eher behindert. In welchem flächenmäßigen Verhältnis stehen Küche und Gastraum? Werden viele Sitzplätze benötigt, sollte man die Raumgröße der Küche analysieren, um nicht an Kapazitätsgrenzen zu stoßen. Sind eher weniger Sitzplätze angedacht, darf die Fläche der Küche nicht zu groß sein, da ansonsten Fläche, die bezahlt werden muss, brachliegt.

Gleiches gilt auch für die Einstellung des Vermieters zu Ihrem Konzept: Gefällt ihm Ihr Konzept, ist Ihnen seine Unterstützung sicher.

Räumliche Erweiterung möglich?

Oft wird die Option einer möglichen Erweiterung, bzw. der räumlichen Expansion nicht bedacht. Besteht, bei Umsatzsteigerung, die Möglichkeit, die Gastronomieräume zu erweitern? Lassen Sie diese Gedanken in Ihre Überlegungen mit einfließen. Dies gilt vor allem dann, wenn Sitzmöglichkeiten im Außenbereich geplant sind.

Weitere Fragen, die Sie im Kopf behalten sollten, sind:

- Ist die Parkplatzkapazität ausreichend und in der Miete enthalten oder müssen die Parkplätze gesondert bezahlt werden?
- Ist der Mietvertrag auf drei, fünf oder mehr Jahre abgeschlossen und besteht für Sie die Möglichkeit, ihn zu verlängern (Option)?
- Wie hoch sind die Nebenkosten und sind überhaupt die technischen Voraussetzungen gegeben, um einen Gastronomiebetrieb aufrechterhalten zu können? Notwendige technische Aspekte, wie beispielweise Wasser- und Starkstromanschlüsse müssen ebenso gegeben sein wie entsprechende Bodenbeläge und Vorrichtungen für Kühlsysteme.
- Kann eventuell bestehendes Inventar übernommen werden – und wenn ja zu welchem Preis?

Rechtliche Fragen

Außerdem müssen rechtliche Fragen in Bezug auf die beschaffungsorientierten Standortfaktoren geklärt werden, wie die baurechtliche Nutzung des Gastronomiebetriebes und die vollständige Erschließung des Standorts. Ist die Fassade sanierungsbedürftig oder steht sie sogar unter Denkmalschutz? Ist der Eingang ins Restaurant unmittelbar zu erkennen oder gibt es lediglich einen „versteckten“ Seiteneingang?

Auch der mögliche Verkauf über einen Schalter zur Straße (Take-away) ohne Aufenthalt im Restaurant kann unter beschaffungs- und absatzorientierter Sicht bei der Standortentscheidung berücksichtigt. Nutzen Sie alle Ihnen zur Verfügung stehenden Vertriebsmöglichkeiten!

Take-away integrieren?

Ein weiterer Aspekt aus dem beschaffungsorientierten Bereich sind die Be- und Anlieferungsmodalitäten vor Ort. Besteht die Möglichkeit, die benötigten Waren über einen anderen Eingang anliefern zu lassen oder müssen sämtliche Einkäufe durch den Verkaufs-/Gastraum transportiert werden? Leider wird diesen beschaffungsorientierten Standortfaktoren in der Praxis nicht genug Bedeutung beigemessen.

Anlieferungsmöglichkeiten

Absatzorientierte Standortfaktoren

Beachten Sie die absatzorientierten Standortfaktoren: Hier spielt die Musik, hier wird der Grundstein für den späteren unternehmerischen Erfolg gelegt.

Zuerst sollte die Kaufkraft der Region analysiert werden. Interessante Werte zu verschiedenen Kaufkraftkennzahlen erhalten Sie beispielsweise beim Statistischen Bundesamt in Wiesbaden.

Kaufkraft

Neben der Kaufkraft sind Faktoren wie Frequenz, Zielgruppenanalyse und Agglomeration für den Erfolg entscheidend. Liegt Ihr gastronomischer Betrieb in einer stark frequentierten Gegend und können Sie mit viel Laufkundschaft rechnen oder müssen Kunden den Weg per Auto, Bus oder Bahn zu Ihnen finden? Dies kann durchaus beabsichtigt sein, wenn Sie sich von ihren Wettbewerbern unterscheiden und bewusst „etwas außerhalb" angesiedelt sein wollen. In der Regel sind jedoch frequentierte Zonen innerhalb eines Stadtsystems vorteilhafter, da viele Kunden auf Ihr Restaurant aufmerksam werden.

Erreichbarkeit

Auf welche Kunden haben Sie sich spezialisiert? Welche Menschen möchten Sie mit Ihrem Restaurant erreichen? Ist die Lage für Ihre Zielgruppe ausgelegt? Es macht sicherlich keinen Sinn, ein Fastfood-Restaurant in einer schönen idyllischen, aber abgelegenen Region zu eröffnen, auch wenn die Mietpreise noch so verlockend niedrig sind. Sie müssen sich darüber im Klaren sein, welche Zielgruppe Sie hauptsächlich ansprechen und ob die Mehrheit der Menschen, die an Ihrem Gastronomiebetrieb vorbeilaufen, sich in dieser Zielgruppe wiederfinden.

Kundenkreis

Besteht ein Standortvorteil durch eine Ansammlung unterschiedlichster Unternehmen (Agglomeration), wie in einem Einkaufszentrum, oder handelt es sich um einen „Stand alone"-Standort? Je dichter die Fülle an interessanten Unternehmen an einem Standort, desto größer die Wahrscheinlichkeit gefüllter Gasträume und hoher Umsätze. Auf der anderen Seite bringen solche Standorte auch eine deutliche höhere Mietbelastung mit sich.

Agglomeration

Die Frage nach dem Absatz- und Ertragspotenzial Ihres Unternehmens fordert eine emotionslose, nüchterne Analyse der absatzorientierten

Standortfaktoren. Hierzu zählt auch der Wettbewerb, denn in den seltensten Fällen sind Sie der erste und einzige Anbieter Ihrer Produkte oder Dienstleistungen. Haben Sie überhaupt eine Chance, sich gegen den bestehenden Wettbewerb durchzusetzen?

Wettbewerbsorientierte Standortfaktoren

Lernen Sie die Konkurrenz kennen

Sie werden mit Sicherheit nicht mit offenen Armen empfangen, wenn Sie die gleichen Gerichte anbieten wie Ihre Konkurrenten. Lernen Sie Ihren Wettbewerb kennen, verinnerlichen Sie seine Erfolgsfaktoren und ermitteln Sie Schwachpunkte, die Ihnen helfen werden, sich am Markt zu etablieren. Gehen Sie vorher ein paar Mal bei Ihren stärksten Wettbewerbern essen und beobachten Sie die Ihnen zugänglichen Abläufe ganz genau. Verfügt der Wettbewerber über viele Stammkunden? Was sind die am häufigsten bestellten Gerichte? Erstellen Sie einen Fragenkatalog und nutzen Sie die Möglichkeiten des Benchmarkings.

Seien Sie selbstkritisch und realistisch, wenn an einem sehr interessanten Standort bereits mehrere Wettbewerber vertreten sind. Als Marktneuling haben Sie möglicherweise geringe Chancen, sich gegenüber den etablierten Gastronomen durchzusetzen.

Begegnen Sie Ihrem Wettbewerb mit Respekt, aber versinken Sie nicht in Ehrfurcht, seien Sie selbstbewusst und konzentrieren Sie sich auf Ihre Stärken. Verfügen Sie über einen USP (Unique Selling Proposition, was so viel wie „Alleinstellungsmerkmal" bedeutet) und haben Sie ausreichend Schwächen Ihrer Wettbewerber ausgemacht, stehen Ihre Chancen nicht schlecht, sich mittelfristig im Markt durchzusetzen.

Infrastrukturelle Standortfaktoren

Verkehrsanbindung

Infrastrukturelle Standortfaktoren gewinnen in der heutigen schnelllebigen Zeit immer mehr an Bedeutung. Anbindungen an das örtliche, regionale und überregionale Verkehrsnetz in mittelbarer oder unmittelbarer Umgebung sind ein wesentlicher Baustein infrastruktureller Standortpolitik. Günstige Verkehrsanbindungen erzeugen in der Regel Frequenz und sollten bei der Standortwahl beachtet werden. Infrastruktur ist aber mehr als nur Verkehr. Hierzu zählen auch Logistik, Kommunikation, Versorgung und die Abfallentsorgung – gerade Letztere sollte, auch aus Kostengründen, rechtzeitig geklärt werden.

Der gesamte Bereich der Kommunikation wächst von Monat zu Monat und von Jahr zu Jahr. Sind Breitbandanschlüsse vorhanden oder können sportliche Events mit entsprechender Technik live angeboten werden?

Einrichtungen in der Nähe

Oft unterschätzt wird die Nähe zu Bildungseinrichtungen oder Schulen. Durch Schüler und Studenten, vor allem im Bereich der Erwachsenenbildung (IHK, Kolping etc.), ergeben sich – hauptsächlich in den weniger frequentierten Mittags- und Nachmittagsstunden – neue Kundenpotenziale. Vergleichbare Strukturen findet man bei Freizeiteinrichtungen, Sportstätten, Museen und Kulturzentren (Kino, Theater).

Abgabeorientierte Faktoren

Zu den elementaren Kernpunkten einer funktionierenden Infrastruktur bei der Standortwahl gehören auch die abgabeorientierten Faktoren. Mit welchen steuerlichen Belastungen ist an diesem Standort zu rechnen oder ist der Hebesatz für die Gewerbesteuer in anderen Gemeinden geringer? Die Bevölkerungsdichte im Einzugsgebiet, das Wachstumspotenzial innerhalb der Zielgruppe und die Attraktivität des Stadtteils oder der Straße können eine Standortentscheidung positiv oder negativ beeinflussen.

Personenbezogene und mitarbeiterorientierte Standortfaktoren

Familiäre und persönliche Faktoren

Neben allen notwendigen wirtschaftlichen Komponenten müssen „menschliche" Faktoren bei der Standortwahl berücksichtigt. Passt die Region zu Ihnen und Ihrer Familie? Fühlen sich Ihr Partner und Ihre Kinder in der neuen Umgebung wohl? Wie sind die anstehenden Umstellungen zu meistern? Gerade der private Bereich sollte harmonisch und gut organisiert sein. Allein über die Frage der Betreuung der Kinder stolpern viele Existenzgründer in der Gastronomie. Was früher Eltern oder Schwiegereltern übernommen haben, bleibt neben dem operativen Geschäft nun an Ihnen hängen. Was tun, wenn Ferien sind oder wenn Sportvereine, in denen Ihre Kinder aktiv sind, eine gewisse Mobilität verlangen? Nur wer privat alle aufkommenden Probleme im Griff hat, kann auch beruflich voll durchstarten. Bedenken Sie dies bei der Suche nach dem optimalen Standort.

Verfügbarkeit möglicher Mitarbeiter

Auch die Suche nach den richtigen Mitarbeitern und die Verfügbarkeit von gutem und zuverlässigem Personal sollte bei der Standortentscheidung ins Kalkül gezogen werden. Welche Stundenlöhne werden in der Region gezahlt und herrscht ein Über- oder Unterangebot an verfügbaren Mitarbeitern? Besteht für die Mitarbeiter nach getaner Arbeit die Möglichkeit, mit öffentlichen Verkehrsmitteln wieder nach Hause zu kommen?

Anforderungen an den Standort

Anforderungsliste erstellen

Skizzieren Sie Ihre eigene Anforderungsliste, die mit einer Skalierung von unabdingbar bis hin zur Kompromissfähigkeit gekennzeichnet ist. Teilen Sie das Anforderungsprofil ihres Standorts in A-, B- und C-Bedingungen ein. Die A-Bedingungen müssen erfüllt sein und haben höchste Priorität, die B-Bedingungen sollten erfüllt sein und die C-Bedingungen können erfüllt werden, sind aber nicht zwingend.

In der folgenden Auflistung von 30 Standortanforderungen können Sie Ihre persönlich Einschätzung in A, B oder C vornehmen. Sie soll Ihnen helfen die unterschiedlichen Anforderungen zu klassifizieren (einfach ankreuzen).

✓ Hohe Miete	A	B	C
✓ Niedrige Miete	A	B	C
✓ Langfristiger Mietvertrag	A	B	C
✓ Kurzfristiger Mietvertrag	A	B	C
✓ Gebäudestruktur (alt/neu)	A	B	C
✓ Biergarten	A	B	C
✓ Take-away	A	B	C
✓ Gastraum ebenerdig	A	B	C
✓ Ecklage oder Hauptstraße	A	B	C
✓ Parkplätze	A	B	C
✓ Voll ausgestattete Küche	A	B	C
✓ Fußgängerzone	A	B	C
✓ Innerhalb eines Einkaufszentrums	A	B	C
✓ Große Außenfassade	A	B	C
✓ Brauereifreier Ausschank	A	B	C
✓ Hohe Verkehrsfrequenz	A	B	C
✓ Bus-/Bahnhofsnähe	A	B	C
✓ City-Lage	A	B	C
✓ 1a-Lage	A	B	C
✓ 1b-Lage	A	B	C
✓ Lauffrequenz	A	B	C
✓ Kaufkraft	A	B	C
✓ Niedriges Investitionsvolumen	A	B	C
✓ Agglomeration	A	B	C
✓ Private Gründe (z. B. die Familie steht hinter Ihnen)	A	B	C
✓ Gute Infrastruktur	A	B	C
✓ Wettbewerb	A	B	C
✓ Einschätzung der Zukunft	A	B	C
✓ Nähe zu Freizeit-, Schulungszentren	A	B	C
✓ Übernahme	A	B	C
✓ Neugründung	A	B	C

Offene Fragen der Standortwahl

Makler

Vielerorts ist es üblich, Makler in den Vermietungs- oder Kaufprozess mit einzubinden. Denken Sie immer daran, dass ein Makler von der Provision einer Vermietung oder eines Verkaufs lebt. Er wird Ihnen niemals die kritischen Elemente eines Ladenlokals preisgeben oder Ihnen gar von der Immobilie abraten. Deshalb müssen Sie sich bei der Besichtigung von Immobilien immer folgende Fragen stellen.

- Warum steht das Objekt leer?
- Wieso sind nicht bereits andere Interessenten auf das Gebäude aufmerksam geworden?
- Welche Art der Gastronomie hat hier vorher stattgefunden?
- Warum haben die bisherigen Mieter keinen Erfolg gehabt? Bei ständigem Mieterwechsel muss ein offensichtlicher Grund vorliegen.
- Gegebenenfalls: Warum ist der Preis der Kaltmiete relativ günstig? Welche zusätzlichen Kosten stehen an? Läuft das bisherige Geschäft eher schleppend und der Vermieter will mithilfe eines Maklers das Objekt reizvoller machen?

Finden Sie auf die offenen Fragen eigenständig Antworten. Lassen Sie sich das Warum und Weswegen deutlich und nachdrücklich erklären und stellen Sie selbst Nachforschungen an.

Fazit

Detaillierte Prüfung des Standorts

Wenn Sie eine Vorauswahl hinsichtlich des Standorts getroffen haben, prüfen Sie die Qualität dieses Standorts im Detail. Halten Sie sich selbst ein paar Stunden in der Umgebung des Standorts auf und machen Sie sich ein Bild von der näheren Umgebung. Schauen Sie sich das Umfeld des Standorts an und verschaffen Sie sich einen Überblick über die unmittelbaren Nachbarn. Vielleicht bringt ein Gespräch mit den Anwohnern und in den benachbarten Geschäften (nicht gerade beim Wettbewerber) weitere Erkenntnisse. Strukturieren Sie die Gespräche so, dass Ihre wahre Absicht nicht zum Vorschein kommt und Sie Ihr Vorhaben nicht preisgeben. Nur so lässt sich vermeiden, dass Sie beschönigte Antworten erhalten.

Lassen Sie sich von Dritten bei Ihrer Standortentscheidung nicht beeinflussen. Erst wenn Sie auf alle offenen Fragen eine plausible und logische Antwort gefunden haben, treffen Sie eine Entscheidung. Nur wenn die Vorteile die Nachteile deutlich übertreffen, ist eine Entscheidung für den Standort vertretbar. Stellen Sie sich am Schluss die alles entscheidenden Fragen: „Ist das wirklich der Standort, an dem ich mein Unternehmen zum Erfolg führen kann?“ und „Entspricht meine Wahl tatsächlich allen Anforderungen?“

Wie bereits oben erwähnt, eine falsche Standortentscheidung ist nur schwer umkehrbar.

Was ist ein Businessplan und können Sie von einem guten Businessplan profitieren?

In den vorhergehenden Kapiteln wurden wesentliche Fragestellungen beschrieben, mit denen sich jeder Unternehmensgründer – auch der Gastwirt – vor dem Eintritt in die Selbstständigkeit auseinandersetzen bzw. beschäftigen muss. Sind diese Fragen hinreichend geklärt, sollten die Ergebnisse in strukturierter Form schriftlich niedergelegt werden. Dies geschieht in der Regel in einem → **Businessplan.**

Businessplan

- Bei einem Businessplan handelt es sich um die schriftliche Dokumentation des gesamten unternehmerischen Konzepts.
- Ein Businessplan beinhaltet das Konzept, das wirtschaftliche Umfeld, die gesetzten Ziele sowie den notwendigen Mittelaufwand.
- Zusätzlich gibt der Businessplan Informationen über die/den Unternehmensgründer und zeigt mögliche Risiken auf.

Ein Businessplan ist ein schriftliches Dokument, das in detaillierter und strukturierter Form Ihr unternehmerisches Gesamtkonzept schildert. Er beinhaltet dabei nicht nur die Beschreibung des eigenen Konzepts, sondern gibt auch wesentliche Aspekte des wirtschaftlichen Umfelds, der gesetzten Ziele und des notwendigen Mittelaufwands wieder. Darüber hinaus werden auch Fragen der Eignung und Erfahrung des künftigen Gastwirts sowie mögliche Risiken der Unternehmensgründung dargestellt, um potenziellen Investoren ein realistisches und verständliches Bild der Erfolgsaussichten Ihrer Unternehmensgründung zu vermitteln.

Vorlage bei vielen Stellen notwendig

Ursprünglich wurden Businesspläne vor allem in den USA eingesetzt, um Kapital bei privaten Investoren und Venture Capitalists (Wagniskapitalgeber) einzuwerben, die sich mittels Eigenkapital als Miteigentümer am Risiko der Unternehmensgründung beteiligen. Mittlerweile stellen Businesspläne auch in Deutschland ein weitverbreitetes Kommunikationsinstrument zur Kapitaleinwerbung dar. Der Einsatz von Businessplänen ist dabei nicht nur auf die Vorlage bei potenziellen Eigenkapitalgebern beschränkt, sondern wird in der Regel auch von Banken im Rahmen der Kreditwürdigkeitsprüfung, von einem zugelassenen Gründungsberater oder auch einem fachkundigen Steuerberater oder Wirtschaftsprüfer und von öffentlichen Fördereinrichtungen eingefordert.

Struktur

Businesspläne weisen in der Regel immer die gleiche Struktur auf. Sie sollten bei der Erstellung Ihres Businessplanes nur in begründeten Ausnahmefällen von unten stehendem Gliederungsschema abweichen. Mit Businessplänen vertraute Leser werden sich auf diese Weise schnell in Ihrem Dokument zurechtfinden.

In der Regel enthält ein Businessplan folgende Abschnitte:

Gliederungspunkte eines Businessplans

I. Executive Summary – kurze Zusammenfassung aller folgenden Kapitel
II. Produktbeschreibung und Geschäftsmodell
III. Markt und Wettbewerb
IV. Marketing und Vertrieb
V. Produkt und Personal
VI. Finanzplanung
VII. Organisation und Gründer
VIII. Anhang

Wie Sie sehen, enthalten diese Punkte alle Informationen, die Ihr Geschäftsvorhaben charakterisieren.

Adressaten des Businessplans

Das Verfassen eines Businessplans ist kein Selbstzweck. Im Rahmen der Unternehmensgründung erfüllt ein Businessplan eine Reihe wichtiger verschiedener Aufgaben. Diese Aufgaben lassen sich je nach Adressatenkreis, der mit dem Businessplan angesprochen werden soll, in unternehmensinterne und -externe Aufgaben unterteilen. Abbildung 2 gibt einen kurzen Überblick darüber, welche unternehmensinternen und -externen Adressaten mit einem Businessplan angesprochen werden sollen, und welche Aufgaben damit verfolgt werden.

	Unternehmensintern	Unternehmensextern
Personen	Unternehmensgründer, Management	Investoren, Partner, Kunden
Ziele	Evaluierung, Transparenz, Kontrolle	überzeugen und verkaufen
Funktionen	Hilfsmittel zur Umsetzung der Unternehmensstrategie	Werbemittel, Visitenkarte
Update	kontinuierlich	je nach Einsatzzweck

Gründe:

Start-up, strukturelle Veränderungen, Expansion einer Firma, Fusion, Akquisition, ...

Abbildung 2: Übersicht über unternehmensinterne und unternehmensexterne Aufgaben eines Businessplans

Unternehmensintern

Zu den unternehmensinternen Adressaten eines Businessplans zählen vor allem der oder die Unternehmensgründer bzw. die Inhaber des Gastronomiebetriebs. Die schriftliche Fixierung der Gründungsidee (Konzept z. B. eines Schnellrestraunts) sowie die Ausarbeitung einer detaillierten Analyse der notwendigen Schritte, um die damit verbundenen Ziele zu erreichen, machen den Businessplan zu einem exzellenten Mittel der internen Unternehmensplanung. Zum einen müssen wesentliche Abläufe der täglichen Geschäftsabwicklung bereits vorab durchdacht und analysiert werden, bevor sie in den Businessplan aufgenommen werden. So muss etwa abgeschätzt werden, wie viele Mitarbeiter für die Gastronomie benötigt werden, wie der Ablauf der Tätigkeiten erfolgen soll und wie Kunden auf die Unternehmensgründung aufmerksam gemacht werden können. Zum anderen erfordert die Erstellung eines Businessplans eine zahlenbasierte Planung über Waren- und Geldströme, die im Rahmen des Unternehmenswachstums wesentliche Basis für Soll-Ist-Vergleiche ist. Der Businessplan wird somit bereits in der frühen Phase der Unternehmensentwicklung zu einem zentralen Controlling-Instrument. Er ermöglicht den Gründern, frühzeitig zu erkennen, ob sich wesentliche Abweichungen von der ursprünglichen Planung ergeben.

Unternehmensextern

Ein Businessplan richtet sich natürlich nicht nur an unternehmensinterne Adressaten, sondern auch an unternehmensexterne Leser. Insbesondere ist dabei an potenzielle Kapitalgeber zu denken, die zur Unternehmensgründung oder für das Unternehmenswachstum notwendige finanzielle Mittel zur Verfügung stellen können. Dies können sowohl Banken (in der Regel im Rahmen einer Fremdfinanzierung über Kredite) als auch sog. Venture Capital (VC) oder auch Risikokapital-Fonds (in der Regel im Rahmen einer Beteiligung am Eigenkapital des Unternehmens) sein – die letzteren Formen betreffen nur diejenigen die ein Großunternehmen aufbauen oder übernehmen. Für diese Zielgruppen ist der Businessplan aufgrund der fehlenden Historie bei Unternehmensneugründung oft die einzige verlässliche Informationsquelle, die Rückschlüsse über die Erfolgswahrscheinlichkeit zulässt.

Insofern ist der Businessplan neben seiner Funktion als Informationsträger auch eine Visitenkarte des künftigen Gastwirts. Externe Kapitalgeber bewerten nämlich in der Regel nicht nur die Gründungsidee (Konzept des Gastronomiebetriebes, z. B. Restaurant mit Kinderbetreuung), sondern auch die Gründerpersonen. Durch einen inhaltlich und formal gut ausgearbeiteten Businessplan können Sie sich somit in vorteilhaftem Licht gegenüber externen Kapitalgebern präsentieren.

Bevor Sie mit dem Planen und Schreiben beginnen

Verschiedene Detaillierungsgrade

Bevor Sie einen Businessplan erstellen, sollten Sie sich bewusst machen, dass es verschiedene Detaillierungsgrade von Businessplänen gibt. Wie detailliert ein Businessplan erstellt wird, hängt dabei in der Regel vom Reifegrad des Unternehmens ab. Zu unterscheiden sind

- der zusammenfassende Businessplan,
- der vollständige Businessplan und
- der sog. betriebsfähige Businessplan.

In der folgenden Abbildung 3 werden die wesentlichen Elemente der drei Varianten zusammengefasst und einander gegenübergestellt.

Zusammenfassender Businessplan	Vollständiger Businessplan	Betriebsfähiger Businessplan
• 10 bis 15 Seiten • prägnant, knapp im Stil • beinhaltet Schlüsselinformationen • weitere Details auslassen	• 30 bis 50 Seiten Beschreibung • 10 bis 30 Seiten weitere Dokumentation • vollständige Beschreibung von Schlüsselthemen • zahlreiche Details, trotzdem prägnant	• 100+ Seiten Beschreibung • vollständige, sehr ausführliche Beschreibung • umfangreiche quantitative Analyse
• Bankdarlehen wird gesucht • bekannter Partner • keine externe Kommunikation beabsichtigt • Lockmittel, um das Interesse von Investoren zu wecken • Geschwindigkeit ist von äußerster Wichtigkeit	• durch Komplexität des Unternehmens ist eine vollständige Beschreibung notwendig • erhebliche Finanzierungsmittel werden gesucht • mit großen Firmenpartnern arbeiten	• Bestehendes Unternehmen mit Historie, Produkten, Kunden und Mitarbeiterstamm • Im regulären internen Planungsprozess benutzt

Abbildung 3: Gegenüberstellung unterschiedlicher Businesspläne

Zusammenfassender Businessplan

Ein zusammenfassender Businessplan wird in der Regel das erste Dokument sein, das im Rahmen einer Unternehmensgründung verfasst wird. Auf ca. 10 bis 15 Seiten beinhaltet er nur die wesentlichen Informationen bzgl. des Gründers, der Gründungsidee, des Marktumfeldes sowie eine

Schätzung der zu erwartenden Unternehmensgewinne und des notwendigen Kapitalbedarfs. In der Regel wird diese verkürzte Form eines Businessplans vor der eigentlichen Gründung erstellt. In dieser frühen Phase des Vorhabens steht meist der Aufbau eines tragfähigen Geschäftskonzepts im Vordergrund. Der tatsächliche Markteintritt erfolgt erst in einer anschließenden Phase, weshalb eine detaillierte Planung meist schwierig ist. Der zusammenfassende Businessplan wird in der Regel zur Akquise von externem Kapital geringeren Umfangs eingesetzt.

Vollständiger Businessplan

Der sog. vollständige Businessplan ist die typische Form des Businessplans. Basierend auf dem zusammenfassenden Businessplan wird der vollständige Businessplan in der Regel erst zu einem fortgeschrittenen Stadium der Unternehmensgründung verfasst. Nach Ausarbeitung eines tragfähigen Geschäftskonzepts stehen meist umfassendere Informationen bzgl. anfallender Kosten in der Produktion, im täglichen Geschäftsbetrieb und auch über Absatzchancen der angedachten Produkte und Services zur Verfügung. Gleichzeitig erfordert ein anstehender Markteintritt meist den Auf- bzw. Ausbau des Geschäfts- und Produktionsbetriebes. Dies erfordert in der Regel Investitionen, die aus den Mitteln des Gründers nicht abgedeckt werden können. Da jedoch zum Markteintritt auch noch keine ausreichenden Erlöse durch den Absatz von Services bzw. Produkten zu erwarten sind, muss der resultierende (oft nicht unerhebliche) Kapitalbedarf, d. h. das betriebsnotwendige Finanzierungsvolumen aus externen Quellen gedeckt werden.

Information für Investoren

Der vollständige Businessplan dient deshalb der Information externer Investoren. Er sollte potenzielle Kapitalgeber in die Lage versetzen, sich ein realistisches Bild über die mit der Unternehmensgründung verbundenen Risiken und Erfolgschancen zu verschaffen. Aus diesem Grund ist es notwendig, alle relevanten Informationen über Ihr Vorhaben bzw. das Restaurant, die Kneipe oder das Café sowie existierende Konkurrenzunternehmen, das Marktumfeld, und geplantes Unternehmenswachstum realistisch darzustellen. Besonders wichtig ist es, Ihre Aussagen mit Zahlen zu untermauern. Potenzielle Investoren erwarten von einem ca. 30 bis 50 Seiten umfassenden vollständigen Businessplan, dass er detaillierte Angaben zu abgesetzten Mengen, erzielbaren Preisen und daraus resultierenden Umsatzerwartungen enthält sowie in Verbindung mit einer Kostenplanung die Ausgaben für Personal, Material und Miete für Ihre Gasträume. Daraus ergibt sich eine Prognose der zu erwartenden Gewinne – und somit eine Berechnungsgrundlage für das eingesetzte Kapital. Vervollständigt wird dies durch eine Planbilanz, die die Entwicklung der im gastronomischen Betrieb gebundenen Vermögensstände zusammenfasst.

Betriebsfähiger Businessplan

Ein betriebsfähiger Businessplan wird im Vergleich zu den beiden anderen Typen eher selten angefertigt. Er dient der Dokumentation der Abläufe in bestehenden Unternehmen oder einzelnen Geschäftseinheiten größerer Konzerne. Auf oft mehr als 100 Seiten enthält der betriebsfähige

Businessplan alle Informationen, die Außenstehende benötigen würden, um das Geschäft eigenständig weiterzuführen. Das beinhaltet im Vergleich zu den Informationen des vollständigen Businessplans deutlich detailliertere Angaben, die auch Kunden- und Zulieferverzeichnisse enthalten und interne Abläufe dokumentieren. Betriebsfähige Businesspläne werden in der Regel nicht zu externer Weitergabe verfasst. Sie dienen überwiegend der Dokumentation unternehmensinternen Wissens, um einen Wissensverlust durch Weggang von Schlüsselmitarbeitern zu vermeiden.

Wie Sie sicher bereits vermuten, soll Sie das vorliegende Buch darauf vorbereiten, zusammenfassende und vor allem vollständige Businesspläne zu erstellen. Betriebsfähige Businesspläne bleiben dabei weitgehend ausgeklammert. Das folgende Kapitel beschreibt dabei alle Punkte, die für einen Businessplan relevant sind. Schritt für Schritt wird dabei darauf eingegangen, welche Informationen für jeden Punkt wichtig sind und worauf Sie bei der Ausformulierung jeweils achten sollten.

Elemente eines Businessplans

Übersicht über einen Businessplan

Typische Struktur

Im Wirtschaftsleben hat sich eine typische Strukturierung von Businessplänen etabliert, von der im Regelfall nicht abgewichen wird. Der Hauptgrund liegt darin, dass ein Businessplan dem Leser einen schnellen Überblick über die wichtigsten Informationen des Unternehmens bzw. des Gründungsvorhabens vermitteln soll – der Leser aber in der Regel über wenig Zeit verfügt, den Businessplan zu studieren. Eine möglichst einheitliche Strukturierung des Businessplans soll den Leser in die Lage versetzen, sich schnell im Dokument zurechtzufinden. Insbesondere für Leser, die die eine große Zahl an Businessplänen lesen (müssen), ist es besonders hilfreich, wenn die Dokumente eine einheitliche Struktur aufweisen. Abbildung 4 zeigt auf, wie Businesspläne in der Regel strukturiert sind und welche Kernfragen ein Businessplan beantworten muss.

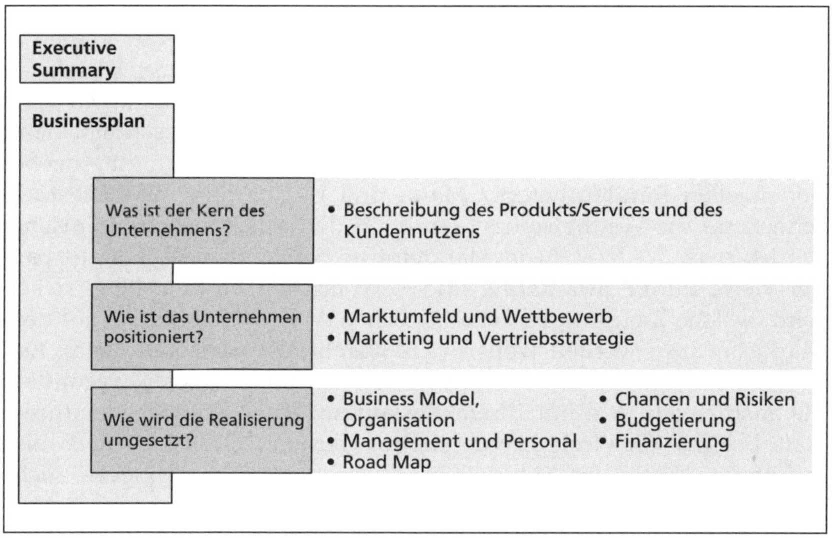

Abbildung 4: Grundstruktur eines Businessplans

Was ist der Kern des Unternehmens?

Kunden-nutzen

Nach der Lektüre des Businessplans muss dem Leser klar sein, welche Art von gastronomischem Betrieb (z. B. Gastwirtschaft oder Franchiseunternehmen) Sie aufbauen wollen. Dabei geht es weniger um die internen Abläufe im Gastronomiebetrieb, sondern um eine Beschreibung des vom Kunden wahrgenommenen Nutzens.

Wie ist das Unternehmen positioniert?

Zielgruppe festlegen

Jeder Businessplan muss auch darüber Auskunft geben, wie Ihr Unternehmen positioniert ist bzw. nach Gründung positioniert sein wird. Welche Kundengruppen wollen Sie ansprechen (z. B. Familien, Studenten, Gourmets, Geschäftskunden), wie wollen Sie von den Kunden wahrgenommen werden und mit welchen Konkurrenzprodukten bzw. Wettbewerbern müssen Sie rechnen?

Wie wird die Realisierung umgesetzt?

Geplante Unternehmensentwicklung

Von der Idee bis zur Etablierung eines laufenden Geschäftsbetriebes ist es oft ein langer Weg. Der Businessplan muss daher aufzeigen, inwieweit die an der Gründung beteiligten Personen in der Lage sind, diesen Weg erfolgreich zu meistern. Darüber hinaus muss auch dargelegt werden, in welchen Schritten die Unternehmensentwicklung ablaufen soll und in welchem Zeitrahmen dies zu schaffen ist.

Abbildung 5 enthält eine erste Übersicht über die typischen Elemente eines Businessplans, die die oben genannten Fragen aufgreifen und beantworten.

Struktur des Businessplans

Zu Beginn steht dabei – etwas außerhalb der Gesamtstruktur – eine Zusammenfassung oder Executive Summary, die die für den Adressaten wichtigsten Informationen auf maximal zwei Seiten enthält. Das erste richtige Kapitel des Businessplans „Produkt/Service" beschreibt dann einfach verständlich Ihr Vorhaben und den Mehrwert, den Ihr Angebot potenziellen Kunden liefert. „Markt und Wettbewerb" analysiert anschließend die Wettbewerbssituation, in der sich Ihr gastronomischer Betrieb befindet bzw. nach Markteintritt befinden wird. Darauf baut der vierte Punkt „Marketing und Vertrieb" auf, in dem beschrieben wird, welche Zielgruppen Sie ansprechen wollen und wie Sie auf dem Markt bekannt werden wollen (z.B. durch Postwurfsendungen). Erst im fünften Punkt „Businessmodell – System und Struktur" vermitteln Sie ausführlich, wie mit Ihrem Restaurant, Ihrer Kneipe oder Ihrem Café positive Gewinne erwirtschaftet werden, ob Sie beispielsweise auf hoch qualifizierte Mitarbeiter setzen oder für Sie der persönliche Kundenkontakt im Mittelpunkt steht. Der sechste Abschnitt widmet sich schließlich den Hauptpersonen der Unternehmensgründung und stellt die Qualifikationen der Gründer (und falls vorhanden auch die von Schlüsselangestellten) dar. Die letzten beiden Punkte des Businessplans enthalten die zeitliche Planung der Unternehmensentwicklung („Road Map") sowie eine Diskussion potenzieller Chancen und Risiken, die es dem Leser ermöglichen, die Bandbreite der positiven sowie negativen Abweichungen von Ihrer ursprünglichen Planung einschätzen zu können.

Der Businessplan wird dann durch die Finanzplanung (Gewinn-und-Verlust-Rechnung – kurz GuV – sowie Liquiditätsrechnung und unter

Abbildung 5: Grundlegende Elemente eines Businessplans

Umständen Planbilanzen) abgeschlossen. Soweit notwendig, können Sie Ihrem Businessplan Anlagen beifügen, auf die Sie im Text verweisen.

Struktur einhalten!

Man kann es nicht oft genug sagen: Wenn Sie für Ihr Gründungsvorhaben einen Businessplan erstellen, halten Sie sich an die erläuterte Struktur. Ein Abweichen von der typischen Struktur eines Businessplans wird schnell als unprofessionell eingestuft. Der Leser wird sich fragen, warum Ihr Businessplan nicht die übliche Struktur aufweist und Ihnen unter Umständen unterstellen, dass Sie nicht das notwendige Maß an Sorgfalt in die Erstellung des Dokuments gesteckt haben, das wünschenswert wäre. Eine solche Einschätzung mindert nicht nur Ihr Ansehen beim Geschäftspartner, sondern – was in der Regel maßgeblich sein dürfte – auch Ihre Erfolgsaussichten zur Einwerbung von Fremdkapital oder die Aussichten, neue Geschäftsbeziehungen (etwa mit einem wichtigen Neukunden oder einem Lieferanten, der Ihnen Zahlung auf Ziel einräumen soll) zu knüpfen. Vergessen Sie nicht, dass ein Businessplan auch immer eine Visitenkarte für Sie ist.

Die folgenden Kapitel stellen nun die wesentlichen Elemente und Gliederungspunkte eines Businessplans vor. Zusätzlich werden dabei wertvolle Tipps gegeben, welche Informationen darin enthalten sein sollen und wie sie am besten dargestellt werden.

Executive Summary – das Wesentliche auf wenigen Seiten!

Zweiseitige Zusammenfassung

Am Anfang eines Businessplans steht eine kurze Zusammenfassung der wesentlichen Aspekte Ihrer Geschäftsidee und des Realisierungsplans, die sog. → **Executive Summary**. Diese maximal zweiseitige Zusammenfassung dient dazu, das Interesse des Lesers zu wecken und ihn zum Weiterlesen zu animieren. Sie gibt einen kurzen Überblick über die wichtigsten Aspekte des folgenden Businessplans. Die Executive Summary ist dem Businessplan vorangestellt – oft kommt sie bereits vor dem Inhaltsverzeichnis.

Executive Summary

Sie sollten besonderes Augenmerk auf die Formulierung der *Executive Summary* legen. In der Regel entscheidet die Lektüre der *Executive Summary* darüber, ob Ihr Businessplan überhaupt einer genaueren Betrachtung unterzogen wird oder ob Ihr Vorhaben ohne Prüfung des Businessplans aussortiert wird. Die *Executive Summary* sollte daher

- die wesentlichen Informationen aus *jedem Kapitel* des folgenden Businessplans enthalten,
- sprachlich klar und einfach formuliert sein,
- kein Werbetext für Ihr Vorhaben sein, sondern die wesentlichen Informationen neutral darstellen,
- auch uninformierten Lesern ein unmittelbares Verständnis dafür geben, was der Kern Ihres Projekts ist,
- Angaben dazu machen, warum Sie sich an den Adressaten wenden.

Wichtigster Teil des Businessplans

Abbildung 6 gibt einen Überblick über die wesentlichen Ziele und Inhalte der Executive Summary. Bedenken Sie beim Verfassen, dass bereits oft die Executive Summary darüber entscheidet, ob ein potenzieller Kapitalgeber Ihren Businessplan schon vor dem Lesen des Hauptteils aussortiert oder ob er mit gesteigertem Interesse weiterliest. Widmen Sie der Executive Summary daher besondere Aufmerksamkeit. Die Executive Summary ist in der Regel der kürzeste Teil eines Businessplans. Gleichzeitig lehrt die Erfahrung jedoch, dass dies auch derjenige Teil ist, der für die Gründer eine der größten Herausforderungen darstellt. Auf maximal zwei Seiten müssen alle wichtigen Informationen zur Unternehmensgründung aufgegriffen werden.

Informationen verdichten

Es ist offensichtlich, dass dies ein hohes Maß an Informationsreduktion notwendig macht. Die Auswahl, welche Informationen letztendlich in die Zusammenfassung aufgenommen werden sollen, kann nur im Einzelfall entschieden werden. Eine Grundregel gibt es nicht. Auf jeden Fall muss aber sichergestellt werden, dass der Leser genügend Informationen über den Gastronomiebetrieb und den Kundennutzen, die Gründungspersonen und die geplante Realisierungsdauer erhält. Technische Details können in der Executive Summary weitestgehend vernachlässigt werden, da sie im folgenden Businessplan in hinreichender Detaillierung erörtert werden.

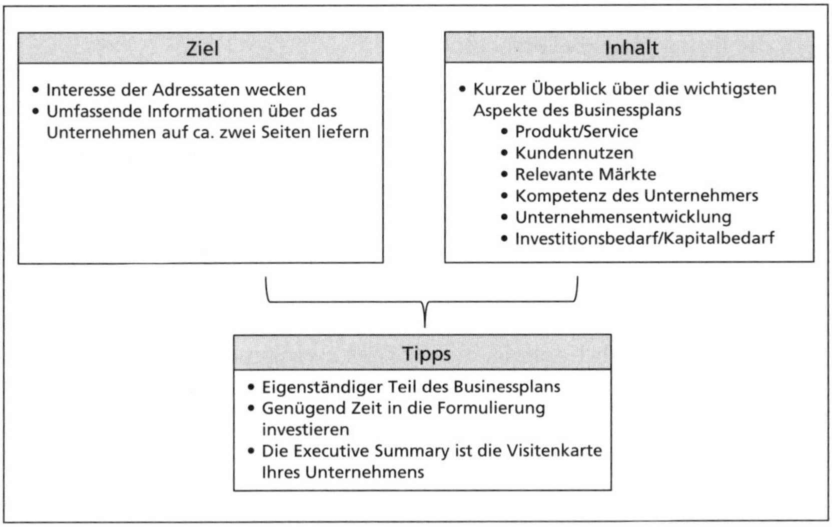

Abbildung 6: Wesentliche Inhalte der Executive Summary

Sachliche Sprache

Sprachlich sollte die Executive Summary (wie auch der ganze Businessplan) sachlich gehalten sein. Vermeiden Sie beschreibende Adjektive: Sprechen Sie also nicht von einer „hohen Umsatzplus" oder einem „aus Kundensicht tollen Betrieb". Stellen Sie Fakten in den Vordergrund und nennen Sie Zahlen – „bei einem Umsatz von 100, bleibt bei dieser Unternehmung bzw. dem Betrieb ein Gewinn von 4,9 %". Der Leser wird sich sein eigenes Urteil bilden, welches Adjektiv er für angebracht hält. Die Executive Summary ist kein Werbetext. Sie muss eine sachliche Darstellung von Fakten bleiben. Achten Sie auch auf eine leicht verständliche Sprache. Formulieren Sie kurze Sätze. Wesentliche Inhalte müssen beim ersten Lesen verständlich sein. Bitten Sie auch Personen, die mit Ihrer Idee nicht vertraut sind, die Executive Summary Probe zu lesen. Uninformierte Leser müssen in der Lage sein, die wesentlichen Informationen auf Anhieb zu verstehen.

Ziel nennen

Vergessen Sie in der Zusammenfassung auch nicht darzustellen, weshalb Sie sich an den Leser wenden. Benötigen Sie Kapital, stellen Sie dies am Ende der Executive Summary neutral dar. Nennen Sie auch die Konditionen, zu denen Sie eine Finanzierung suchen.

Sind Sie auf der Suche nach einem Eigenkapitalinvestor, nennen Sie, welchen Anteil Sie zu welchem Preis an Ihrem Unternehmen abgeben möchten. Vergessen Sie nicht, eine Schätzung abzugeben, welche Wertentwicklung der Investor bei einer derartigen Beteiligung in einem Zeitraum von drei bis fünf Jahren erwarten kann. Die Suche nach Eigenkapitalinvestoren ist im Zusammenhang mit der Gastronomie ein Spezialthema, dennoch ist es nicht ungewöhnlich, da größere Betriebe immer häufiger Eigenkapitalinvestoren suchen und finden. Benötigen Sie Fremdkapital in Form eines Darlehens, nennen Sie auch hier Laufzeiten und Verzinsungen, die Ihnen plausibel erscheinen.

Produkte und Service – was haben Sie zu bieten?

Im Teil „Produkte und Service" werden die Produkte und Dienstleistungen Ihres Gastronomiebetriebes dargestellt und erläutert.

Sie haben nur dann gute Chancen am Markt, wenn Sie sich von den Wettbewerbern hinsichtlich des **Kundennutzens** abheben. Suchen Sie für Ihren Gastronomiebereich Kapitalgeber, ist dies zwingend, da meist nur Geld investiert wird, wenn eindeutige **Alleinstellungsmerkmale** vorliegen.

Produkt- und Service-politik

Die Produktpolitik ist der eigentliche Kern der Gastronomie und spielt deshalb eine herausragende Rolle. Auch im Businessplan wird bei der Beurteilung der Tragfähigkeit Ihres Konzepts der Produkt- und Servicepolitik entscheidende Bedeutung beigemessen. Die Produkte oder Dienstleistungen bilden das Herzstück jedes Unternehmens. Die Hauptaufgaben der Produktpolitik liegen in der kundengerechten Gestaltung (Geschmack) der Produkte und der Festlegung eines marktgerechten Sortiments, was nichts anderes bedeutet, als die Speisen und Getränke so festzulegen oder zu fertigen, dass diese vom breiten Markt akzeptiert werden. Eine kontraproduktive Vorgehensweise wäre beispielsweise die Eröffnung eines Lokals, das in einer Region, in der viele Moslems leben, hauptsächlich Produkte aus Schweinefleisch anbietet. Hier versteht man unter „marktgerechtem Sortiment" z. B. Produkte aus Hammel- oder Putenfleisch.

Produkt-gestaltung

In der Gastronomie bilden der Produktkern (Produktqualität) und das Produktdesign (Optik und Präsentation der Speisen) die Elemente der Produktgestaltung. Die Produktgestaltung steht bei allen Überlegungen immer im Vordergrund und verlangt die höchste Konzentration aller gastronomischen Anstrengungen. Kein noch so schönes Restaurant, kein noch so geschultes und freundliches Personal wird in der Lage sein, ein Unternehmen zum Erfolg zu führen, wenn die Qualität der angebotenen Produkte nicht stimmt.

Ziel ist es, die angebotenen Produkte derart zu gestalten, dass sie aus Sicht des Kunden einzigartig und unverwechselbar im Geschmack sind. Auf diese Art schaffen Sie sich einen sog. USP (Alleinstellungsmerkmal), was Sie wiederum deutlich vom Wettbewerb abhebt. Ein Beispiel für USP wäre, wenn Kinder bei jedem Gericht eine kleine Figur bzw. Spielzeug im Stil des Betriebs bekommen würden (z. B. eine Art Maskottchen des Hauses). Dadurch vermarkten Sie Ihre Produkte und Ihren Service erstklassig.

Produkt-qualität

Für den Produktkern – in der Gastronomie die Produktqualität – gilt der Grundsatz: keine Kompromisse! Die Qualität der Speisen muss stimmen, jede Art der Veränderung, um Kosten einzusparen, die sich auf die Qualität der Speisen und Getränke auswirkt, ist kontraproduktiv und der erste Schritt in die falsche Richtung. Das Qualitätsbewusstsein des Kunden orientiert sich dabei in zwei Richtungen: Auf der einen Seite steht die objektive Beurteilung, die in Aussagen zum Preis-Leistungs-Verhältnis, der Sauberkeit, der Freundlichkeit etc. mündet und auf der anderen Seite die subjektive Beurteilung des Geschmacks der angebotenen Produkte. Weitere subjektive Beurteilungskriterien sind das Erlebnis, die persönliche Erwartung und das individuelle Bedürfnis der Gäste.

Produktdesign

Ein weiteres Element des Produktkerns ist das sog. Produktdesign. In der Gastronomie gilt der Leitsatz: „Das Auge isst mit!" Somit kommt auch dem Produktdesign eine nicht zu unterschätzende Bedeutung zu.

Programm- und Sortimentspolitik

Neben der Qualität und der Optik der angebotenen Speisen und Getränke hat auch die Programm- und Sortimentspolitik großen Einfluss auf den Erfolg oder Misserfolg in der Gastronomie. Mit „Programmpolitik" ist die Vielfalt der einzelnen Produkte gemeint, die Sie in Ihrem Gastronomiebetrieb anbieten. Hierbei wird zwischen Sortimentstiefe und Sortimentsbreite unterschieden.

- Von „Sortimentstiefe" spricht man, wenn beispielsweise eine Pizzeria zahlreiche unterschiedliche Pizzen in verschiedenen Geschmacksrichtungen anbietet,
- wohingegen „Sortimentsbreite" die Vielfalt an zusätzlichen Speisen, wie Nudelgerichte oder Salate beschreibt.

In Bezug auf die unterschiedlichen Speisen wird im Bereich der Produktpolitik oft von „Produktvariation", „Produktdifferenzierung", „Produktinnovation", „Produktdiversifikation" oder „Produktelimination" gesprochen. Um Verwirrungen zu vermeiden, werden diese Begriffe im Folgenden voneinander abgegrenzt.

Produktvariation

Produktvariation ist der Austausch oder Ersatz eines Produkts durch ein ähnliches, verbessertes Produkt.

> Auf der Speisekarte wird das Rahmschnitzel „Waldeslust" durch das Rahmschnitzel „Kräutergarten" ersetzt, da es zu den üblichen Zutaten auch noch mit einer Extraportion Kräuter serviert wird. Das Rahmschnitzel „Waldeslust" verschwindet von der Karte.

Ziele der Produktvariation sind

- verbesserte Qualität,
- geringere Vergleichbarkeit mit dem Wettbewerb,
- Kundengewinnung sowie
- Durchsetzen höherer Preise.

Produktdifferenzierung

Produktdifferenzierung ist die Aufnahme eines ähnlichen Artikels, der zusätzlich zum schon vorhandenen Produkt angeboten wird.

Unser bekanntes Rahmschnitzel „Waldeslust" bleibt auf der Speisekarte und das Rahmschnitzel „Kräutergarten" wird zusätzlich angeboten.

Produktdifferenzierungen werden mit berechnendem Kalkül durchgeführt. Unternehmen versuchen damit, folgende Ziele zu erreichen:

- Gewinnung neuer Kunden
- Erschließung neuer Marktsegmente
- Abheben von der Konkurrenz
- Kundenbindung durch Vielfalt

Produktinnovationen

Produktinnovationen beinhalten neben der Einführung eines neuen Produkts mit dem Ziel, einen gesteigerten Kundennutzen zu schaffen, auch quasi neue Produkte, die an bereits bestehende Produktleistungen anknüpfen, und „Me-too-Produkte", sog. Nachahmerprodukte des Wettbewerbs.

Das Rahmschnitzel „Kräutergarten" wird als neues Produkt in die Speisekarte aufgenommen – es gab vorher noch kein Rahmschnitzel in der Angebotspalette des Restaurants. Als Quasi-Neuheit wird außerdem ab sofort Rahmgeschnetzeltes mit Kräuterbouquet angeboten. Dies ist eine Weiterentwicklung des Rahmschnitzels „Kräutergarten" und keine komplett neue Erfindung. Ein Me-too-Produkt könnte dann das gerollte Rahmschnitzel oder die Rahmroulade mit Kräuterfüllung sein, die seit geraumer Zeit vom Wettbewerb erfolgreich vermarktet wird. Die Rahmroulade ist eine Innovation auf Ihrer Speisekarte, aber keine eigene Innovation, da die Idee vom Wettbewerb stammt.

Produktdiversifikation

Produktdiversifikation unterteilt sich in drei Bereiche: horizontal, vertikal und lateral.

- Unter „horizontaler Diversifikation" versteht man die Erweiterung des Produktprogramms auf gleicher Ebene. Beispiel: Sortimentserweiterung durch Tee, wenn vorher nur Kaffee angeboten wurde.
- Die vertikale Diversifikation beinhaltet die Erweiterung des Sortiments um Produkte, die im Produktionsprozess entweder vor- oder nachgelagert sind. Beispiel: Eine Pizzeria bietet auch die Teigrohlinge im Sortiment an, aus denen eine Pizza hergestellt wird.
- Die laterale Diversifikation ist das Vordringen in ganz andere Märkte, wenn beispielsweise eine Pizzeria Reisen nach Italien anbietet.

Produktelimination

Produktelimination ist die Herausnahme eines Produkts aus dem Sortiment, wenn Umsatzvorgaben nicht erreicht werden oder die Kosten den Ertrag des angebotenen Produkts übersteigen.

Das Produkt Rahmschnitzel „Kräutergarten" wird aufgrund der geringen Nachfrage von der Speisekarte gestrichen.

Die Produktelimination hängt von verschiedenen Faktoren ab:

- Rückgang der Kundennachfrage

- Saisonartikel (Spargel etc.)
- Fehlende Wirtschaftlichkeit

Stärken

Bei der Frage „Was haben Sie zu bieten?" müssen Sie auf Ihre Stärken und Schwächen eingehen. Seien Sie dabei ehrlich, denn Ihr Businessplan spiegelt den eigenen Geschäftsverlauf wider und gibt somit – auch Fremden – Einblick in Ihr Unternehmen. Als Stärken könnten die jeweiligen angebotenen Speisen dargestellt werden, wenn diese nicht unmittelbar vergleichbar sind. Oder Sie liefern, während die Gäste auf Ihre Speisen warten, eine einzigartige Show als Unterhaltung und ziehen somit weiteres Publikum in Ihr Restaurant.

Schwächen

Seien Sie auch ehrlich, wenn es um das Thema Schwächen geht. Hier können relativ hohe Investitionen als entscheidende Schwäche angesehen werden. Wägen Sie Stärken und Schwächen ab und geben Sie eine Einschätzung ab. Beachten Sie dabei, dass gerade im Bereich der Servicepolitik in Deutschland immer noch gravierende Unterschiede bestehen.

Produkte wie Speisen und Getränke sind, bis auf unterschiedliche Geschmacksvariationen, austauschbar. Seien Sie sich immer bewusst, dass der Kunde auch einen Teil von Ihnen und damit auch Ihren Service kauft. Jeder Kunde verbindet mit einem Kauf bzw. dem Besuch einer Gaststätte einen Grund- und einen Zusatznutzen: Der Grundnutzen besteht darin, dass er seinen Hunger stillen kann. Der Zusatznutzen besteht darin, dass ihm das Essen geschmeckt und er sich in den Räumlichkeiten Ihres Lokals wohlgefühlt hat.

Service

Die Komponente „Service" gewinnt in unserer Gesellschaft immer mehr an Bedeutung. Das subjektive Befinden und die Erwartungshaltung sind eindeutige Entschlussfaktoren bei der Wahl des Restaurants oder der Speisegaststätte. Mit „Service" werden alle Leistungen bezeichnet, die der Kunde neben dem Produkt oder der Dienstleistung erwartet, und das immer im Verhältnis zum Preis und dem Image des Restaurants. Restaurants sind nichts anderes als Orte, an denen Menschen sich treffen, sich unterhalten, essen, trinken, lachen und Spaß haben wollen, also kurz gesagt: Das Ambiente und der Service müssen stimmen. Oft sind sie das berühmte „Zünglein an der Waage", wenn sich der Kunde für ein bestimmtes Speiselokal entscheidet.

Zählt nur der Preis?

Natürlich spielt der Preis immer noch eine wichtige Rolle, wenn es darum geht, sich für das eine oder das andere Restaurant zu entscheiden. Aber zahlreiche Untersuchungen zum Thema Kundenzufriedenheit kommen zu dem Ergebnis, dass lediglich ein geringer Teil der Gäste überwiegend den Preis in den Mittelpunkt der eigenen Überlegungen stellt. Die übrigen Kunden – also die Mehrheit – erwarten einfach mehr: Sie verlangen ein positives Erlebnis und wollen die Zeit in Ihrem Restaurant genießen. Es gibt aber auch Gäste, die sich mal für die bessere Dienstleistung und mal für den günstigeren Preis entscheiden.

Anspruchsvoller Kunde

Die Gastronomie kämpft somit teilweise mit einem widersprüchlichen und auch wechselhaften Kundenverhalten. Auf der einen Seite sollen günstige Preise im Vordergrund stehen, andererseits soll der Service einen hohen Grad an Perfektion erreichen. Der Kunde wird also in jeder Hinsicht anspruchsvoller und toleriert kaum noch Fehlverhalten und Abweichungen von seinen Vorstellungen. Da wird mittlerweile nicht nur das Serviceangebot des unmittelbaren Wettbewerbers analysiert, sondern ebenso der Service aus anderen Branchen zum Vergleich genommen. Dies stellt höchste Ansprüche an die Gastronomie.

Die wachsende Sensibilität der Verbraucher in puncto Serviceleistungen und die zunehmende Transparenz der Serviceleistungen verschiedenster Branchen führen mittel- oder langfristig zu Beeinflussungen des Ergebnisses des Unternehmens. Der Service wird immer mehr zu einem Erfolgsfaktor und damit auch zu einem Wettbewerbsfaktor.

Wie viel Service ist nötig?

Kontrovers diskutiert wird auch das Thema: „Was versteht der Kunde und was der Gastronom unter Service?“ Wie viel Service braucht der Konsument wirklich? Der Kunde bemängelt den Service, wenn die Bedienung nicht freundlich war oder die Tischdecke noch Flecken vom Vorgänger aufweist. Der Kunde empfindet es als störend, wenn er zu lange auf die Rechnung warten muss oder das Steak mehr roh als medium ist. All diese Erwartungen sind begründet. Aber wo ist die Grenze? Gehört es zu gutem Service, dem Kunden beim Gehen auch in den Mantel zu helfen? Sollte jeder Kunde am Ende noch ein Getränk auf Kosten des Hauses bekommen? Oder sollte man ihm beim Verlassen des Restaurants die Tür aufhalten? Ja und nein! Es gibt hierfür keine allgemeingültige Lösung. Sicherlich erwartet niemand, dass ihm beim Verlassen eines Fast-Food-Restaurants die Tür aufgehalten wird. Sehr wohl kann man aber einen anderen Service erwarten, wenn man in einem hochpreisigen Restaurant, im sog. Premiumsegment, zu Gast ist. Viele empfundene oder erwartete Serviceleistungen sind von Gefühlen und von subjektiver Wahrnehmung gesteuert.

Mit einer ausgeklügelten Form des Service können Sie sich gegenüber dem Wettbewerber absetzen und dem Kunden einen Mehrwert verschaffen. Ob es auch vom Kunden als Mehrwert empfunden wird, steht auf einem anderen Blatt. Irgendwann wird der Zusatznutzen womöglich zum Standard: Als bestes Beispiel können chinesische Restaurants dienen, in denen Sie, wenn Sie die Rechnung wünschen, einen Schnaps oder einen Glückskeks angeboten bekommen. Dieser Service wird mittlerweile einfach erwartet und gehört dazu. Also liegt auch bei Zusatzleistungen eine große Gefahr: zunächst gut gemeint, aber auch kostspielig, können sie irgendwann zu einer normalen – und vom Kunden erwarteten – Dienstleistung werden. Serviceleistungen, die mit der Gießkanne oder nach dem Motto „Was der Wettbewerb bietet, biete ich auch“ angeboten werden, sind meistens nicht Erfolg versprechend. Individualität und Persönlichkeit sind eher gefragt als biedere „Hausmannskost“ – und oft auch günstiger.

Servicefelder

In der betriebswirtschaftlichen Theorie werden drei Arten von Servicefeldern beschrieben, die auch heute noch ihre Gültigkeit besitzen.

- Der „Pre-Sales-Service“ beschäftigt sich mit der Phase vor der Kaufentscheidung oder der Wahl des Lokals. Hierunter fallen der sympathische Eindruck, die optische Gestaltung des Restaurants, die Lage und die Parkmöglichkeiten, wie auch die Empfehlung durch zufriedene Kunden.
- Der „At-Sales-Service“ erstreckt sich auf den gesamten Aufenthalt in den Räumen des Restaurants, angefangen von der Begrüßung bis hin zur Begleichung der Rechnung.
- Der „After-Sales-Service“ sind alle Bemühungen um den Kunden bei Verlassen des Restaurants, z. B. ein Geburtstagsgruß an den Kunden mit einem Gutschein in Form von „2 für 1“ beim nächsten Restaurantbesuch oder ähnliche Vergünstigungen.

Unterschätzt: After-Sales-Service

Vor allem der After-Sales-Service wird in Deutschland teilweise völlig unterschätzt – und gerade hier steckt noch enormes Potenzial. Was empfindet der Gast wohl, wenn Sie ihm in einem Anschreiben zum Geburtstag gratulieren und ihn und seinen Partner zu einem Essen in Form von „Nimm zwei, zahl eins“ einladen? Wie würden Sie sich fühlen? Diese Investition (ein Essen ohne Getränke) ist eine der günstigsten Formen, direkte Werbung zu betreiben.

Im Folgenden soll Ihnen eine kleine Checkliste die Servicepolitik in der Gastronomie näherbringen. Sie müssen selbst entscheiden, ob Sie die vorgeschlagenen Maßnahmen und wenn ja, welche Sie umsetzen wollen.

Mögliche Maßnahmen im Rahmen der Servicepolitik

- Standardservice (Freundlichkeit, Hilfsbereitschaft etc.)
- Kinderspielecke bzw. Kinderspielsachen (Malbücher, Stifte etc.)
- Kostenloses Getränk bei Verlangen der Rechnung
- Begrüßungsgetränk servieren
- Gruß von der Küche als kostenlose Vorspeise
- Mit der Rechnung verbundenes Präsent (z. B. selbst gemachte Pralinen)
- Hinweise für Neukunden (Garderobe, Toiletten etc.)
- Taxiservice
- TV-Verfügbarkeit
- Angebot des Tages, der Woche, der Saison vorstellen und empfehlen
- Wartegarantie: Warten Sie länger als 15 Minuten auf Ihr Essen, zahlen Sie den halben Preis.
- Zu Gerichten aus fernen Regionen Informationsbroschüre reichen
- Regenschirmservice mit Aufdruck des Restaurants – dem Kunden den Regenschirm schenken
- Zufriedenheitsgarantie: Hat Ihnen Ihr Essen nicht geschmeckt, erhalten Sie kostenlos Ersatz oder zahlen nichts dafür.
- Kostenloser Zugang ins Internet
- Zettel für Verbesserungen und Kritik mit der Rechnung auslegen

Fazit

Kernstück: Produkt und Service

Innerhalb der Erstellung eines Businessplans bildet die Produkt- und Servicepolitik das Kernstück. Die Frage nach dem, „was Sie zu bieten haben", wird unmittelbar durch die Produkt- und Servicepolitik gesteuert. In der Gastronomie werden Mundpropaganda und Empfehlungen aufgrund Ihrer Produkte und Dienstleistungen ausgesprochen und sind somit ein entscheidender Erfolgsfaktor. Seien Sie sich immer darüber im Klaren, dass Ihr Erfolg mit der Zufriedenheit der Kunden steht und fällt und dies direkt mit Ihren Produkten und Dienstleistungen zusammenhängt.

Fähigkeiten richtig einschätzen

Ehrlichkeit bei der Festlegung Ihrer Stärken und Schwächen ist genauso wichtig wie die richtige und realistische Einschätzung Ihrer Fähigkeiten. Trauen Sie sich nichts zu, von dem Sie bereits im Vorfeld wissen, dass Sie bei der Bewältigung der Aufgabe scheitern werden. Seien Sie selbstbewusst, wenn es um Ihre Stärken geht, und selbstkritisch, wenn es darum geht, Ihre Schwächen zu beschreiben. Die Tragfähigkeit, die von einer externen Stelle bescheinigt werden muss, orientiert sich an realistischen und nicht an utopischen Geschäftskonzepten.

Natürlich sollen Sie nicht alle oben genannten Punkte „abarbeiten" und in Ihren Businessplan einbauen. Die Beispiele sollen Ihnen als Anregung und Hintergrundinformation dienen. Konzentrieren Sie sich auf die wesentlichen Dinge Ihrer Unternehmung. Arbeiten Sie das, was Ihnen wichtig ist, detailliert und verständlich aus. Manchmal ist ein detaillierter, knapper und aussagekräftiger Businessplan mehr wert als ein sehr umfangreicher.

Unabdingbar sind jedoch die Elemente: Produktportfolio, Preispolitik, Wettbewerbsanalyse, Finanzierung, Umsatz- und Kostenstruktur, Marketing und Personal.

Markt und Wettbewerb

Marktanalyse – auf der Suche nach den Käufern

Komponenten der Analyse

Im Businessplan wird im Rahmen einer Marktanalyse erwartet, dass Sie zunächst eine Einschätzung und Beschreibung des Gesamtmarktes vornehmen, d. h. wie sieht aus Ihrer Sicht der Gesamtmarkt der Gastronomie in Ihrer Region aus? Danach werden gezielte Aussagen zu dem Marktsegment erwartet, auf das Sie sich festgelegt haben. Dies könnte das Segment „Fleischwaren" oder „Teigwaren" oder die Spezialisierung auf länderspezifische Speisen sein. Außerdem erwartet man von Ihnen eine Prognose über das vorhandene Marktpotenzial und Marktvolumen in Ihrem Segment und zum Schluss wird noch eine Einschätzung zu Ihren Wettbewerbern und der Möglichkeit der Durchsetzung am Markt von Ihnen verlangt.

Eine gute Geschäftsidee kann der erste Schritt in die erfolgreiche Selbstständigkeit sein. Eine Garantie dafür gibt es jedoch nicht. Im Vorfeld muss daher eine ausführliche Marktanalyse für den Unternehmensstart durchgeführt werden. Der klassische Ablauf einer Marktanalyse ist wie folgt:

Ablauf der Marktanalyse

1. Beschaffung aller erforderlichen Daten und Analyse der Rahmenbedingungen. Dies führt von der Auswertung vorhandener Statistiken, über die Auswertung von Zeitungsartikeln, bis hin zur persönlichen Befragung der Kunden und Lieferanten.
2. Nach der Beschaffung aller notwendigen Informationen werden diese ausgewertet und bewertet. Hierbei sollten persönliche Einschätzungen unberücksichtigt bleiben.
3. Aus den Erkenntnissen der Punkte (1) und (2) werden Prognosen erstellt, wie sich der Markt in Zukunft entwickeln wird und ob es für Ihren Gastronomiebetrieb einen Platz im Zielmarkt geben kann.

Die Marktanalyse sollte mit Sorgfalt und Disziplin durchgeführt werden, da sie die Grundlage für die Entscheidung liefert, ob eine weitere intensive Auseinandersetzung mit Ihrer Geschäftsidee sinnvoll ist oder nicht. Erst bei positiver Einschätzung werden Standort- und Marketingfragen näher analysiert.

Sorgfältig vorgehen

Hierbei verdienen folgende Punkte besondere Beachtung:

Gesamtmarkt: Als „Gesamtmarkt" wird das Verhältnis von Angebot und Nachfrage vor Ort verstanden, das sich auf eine spezielle Branche bezieht.

Gesamtmarkt

Der Gesamtmarkt im Bereich Gaststätten, Restaurants und Speiselokale im Raum München. Es spielt keine Rolle, ob es sich hierbei um Fast Food, Pizzerien oder um gut bürgerliche Restaurants handelt.

Marktsegmentierung: Unter „Marktsegmentierung" versteht man die Aufteilung des Gesamtmarktes in homogene Teilmärkte.

Marktsegmentierung

Der oben beschriebene Gesamtmarkt wird unterteilt in Pizzerien, Fast Food, asiatische Restaurants, griechische Restaurants, bürgerliche Küche etc.

In der Marktsegmentierung finden Sie Ihr Unternehmen wieder.

Marktpotenzial: Damit sind die Umsätze gemeint, die maximal erreicht werden können, wenn die geplante Gästezahl (z. B. aus dem Businessplan) erreicht oder sogar übertroffen wird. Somit wird die maximale Umsatzgröße beschrieben. In der Gastronomie wird das Marktpotenzial geschätzt. Ziel ist es entweder, die Anzahl potenzieller Kunden zu ermitteln oder das entsprechende Umsatzpotenzial zu ermitteln.

Marktpotenzial

In der Region X leben Y-Tausend Menschen, davon besitzen 80 % die Kaufkraft, essen zu gehen. Wenn diese Menschen einmal im Monat essen gehen und hierfür einen Betrag W ausgeben, ergibt sich ein Marktpotenzial von Z-Tausend Euro.

Diese Größe wird unter anderem zur Standortwahl herangezogen.

Markt-volumen

Marktvolumen: Im Gegensatz zum Marktpotenzial beschreibt das Marktvolumen die **Summe der tatsächlich erzielten Umsätze**.

> Das Marktpotenzial ermittelt beispielsweise einen erreichbaren Umsatz von 15 Millionen Euro, tatsächlich werden aber in diesem Bereich nur 8 Millionen Euro umgesetzt. Diese Differenz kann aufgrund einer Fehleinschätzung zustande kommen: zum Beispiel wenn die Kaufkraft als zu hoch eingestuft wurde oder die Kunden in der näheren Umgebung andere Alternativen finden – d. h. es liegt eine falsche Trendanalyse (Prognose für die nähere wirtschaftliche Entwicklung) vor.

Ihr Kunde

Eine Marktanalyse beschäftigt sich in hohem Maße auch mit dem Thema Kunde. Hier werden Überlegungen darüber angestellt, woher Ihre Kunden kommen, welche Vorlieben sie haben und ob es Ihnen nachhaltig gelingt, die Erwartungen und Wünsche Ihrer Kunden zu erfüllen. Innerhalb der Marktanalyse wird der Kunde in verschiedene Kategorien bzw. Standards eingeteilt. Diese Kategorien bzw. Standards sollten Sie im Vorfeld nach eigenem Empfinden definieren. Legt der Kunde in der Regel mehr Wert auf ein gutes Preis-Leistungs-Verhältnis oder ist er auch bereit, für sehr gute Qualität und ein entsprechendes Ambiente etwas mehr auszugeben? Außerdem müssen Sie ungefähr abschätzen können, wie viel finanzieller Einsatz notwendig ist, dem Gast den Nutzen Ihres Unternehmens zu erklären und den Kunden dazu zu bringen, zu Ihnen zu kommen.

Ein weiteres wichtiges Kriterium ist die Klassifizierung des Wettbewerbs. Wer sind die stärksten Konkurrenten und welche Wettbewerber können vernachlässigt werden?

Stellen Sie in Ihrem Businessplan kurz heraus, welche Kunden Sie ansprechen wollen und wie viel Potenzial es in diesem Bereich gibt. Oft findet Sie Angaben zu Marktvolumen und Tourismus auf Ihrer Stadt- oder Gemeindehomepage.

Wettbewerbsanalyse – ein Blick auf die Konkurrenz

Gastronomen sind oftmals der Meinung, ihren Wettbewerb zu kennen und zu verstehen. Meistens basieren solche Einschätzungen auf subjektiven Eindrücken oder der Meinung der eigenen Stammgäste, die den Wettbewerb grundsätzlich kleinreden, um bei Ihnen in „gutem Licht" dazustehen. Solche oberflächlichen Informationen führen meist zu einer falschen Wahrnehmung des Wettbewerbs. Die Folge davon ist, dass der Wettbewerb still und leise an Ihnen, Ihrem Unternehmen und Ihrer Geschäftsidee vorbeizieht.

Auch in Businessplänen wird dem Thema Wettbewerb oft keine allzu große Bedeutung beigemessen, weil der künftige Gastronom einerseits von seinen eigenen Stärken überzeugt ist, andererseits die Emotionen oft den

Blick für das Sachliche verwehren. Der Wettbewerb, der schon länger vor Ort erfolgreich agiert, hat diese Phasen bereits hinter sich, ist reifer und erfahrener und verfügt über etwas, was Ihnen noch fehlt – die Marktkenntnis. Eine der besten Gelegenheiten, die Wettbewerber zu beleuchten, ist eine Wettbewerbsanalyse, die in regelmäßigen Abständen durchgeführt werden sollte und wichtige Informationen und Erkenntnisse für die eigene Unternehmenssituation liefert. Hauptziel einer Wettbewerbsanalyse ist es, die Stärken und Schwächen der Konkurrenz zu ermitteln, zu gewichten, um damit Kenntnisse über deren Strategie, Kunden- und Mitarbeiterorientierung etc. zu gewinnen.

Stärken und Schwächen der Wettbewerber

Die Wettbewerbsanalyse dient dazu, die Stärken und Schwächen der Wettbewerber zu ermitteln. Es muss ein klares Bild der Konkurrenten entstehen, da dies hilft, Reaktionen bei späteren Werbemaßnahmen zu erkennen und für sich zu nutzen. Dabei werden Testessen und Kundenbefragungen durchgeführt, um eine konkrete Vorstellung vom Marktauftritt des Wettbewerbs zu erhalten. Ein geeignetes Mittel zur Analyse des Wettbewerbs und der Erkennung der eigenen Stärken und Schwächen ist die SWOT-Analyse:

SWOT-Analyse

Die SWOT-Analyse (**S**-Strengths – Stärken, **W**-Weaknesses – Schwächen, **O**-Opportunities – Chancen, **T**-Threats – Risiken) ist ein klassisches Instrument, das sowohl zur Bewertung der Stärken und Schwächen des eigenen Unternehmens als auch zur Einschätzung des Wettbewerbs herangezogen wird. Mit der Analyse der eigenen Stärken und Schwächen und der damit verbundenen Chancen und Risiken lassen sich Rückschlüsse ziehen, welche Bereiche (z. B. bei Schwäche im Bereich Buchhaltung) weiter verbessert werden sollen (Konsequenz: Teilnahme an einem Buchhaltungskurs). Aus den externen Informationen lassen sich auch Antworten auf Fragen finden, die durch das Unternehmen nicht direkt beeinflusst werden können.

Bei der Wettbewerbsanalyse werden zunächst allgemeine Informationen analysiert, die strategische und operative Ausrichtung des Wettbewerbs betrachtet, die Produkte und das Marketing erforscht und am Schluss die Serviceleistungen der Konkurrenz unter die Lupe genommen.

Allgemeine Daten

Allgemeine Daten bilden den Einstieg in eine Wettbewerbsanalyse, da sie sich mit den Grundstrukturen des Wettbewerbs beschäftigen. Hierzu zählen:

- Rechtsform
- Anzahl der Mitarbeiter
- Personaleinsatzplan (wann sind wie viele Mitarbeiter vor Ort)
- Organisationsstruktur
- Filialsystem: ja oder nein?
- Inhabergeführt?
- Größe des Unternehmens

Strategische und operative Ausrichtung

Die strategische Ausrichtung des Wettbewerbs und die daraus abgeleitete operative Umsetzung lassen Erkenntnisse und Rückschlüsse über folgende Punkte zu:

- Unternehmensziele
- Planung neuer Gastronomiebetriebe
- Marketingstrategien
- Kundenbindungsinstrumente
- Weiterbildung/Schulung des Personals
- Relativer und absoluter Marktanteil

Produktanalyse

Die Kenntnis über das Sortiment lässt Rückschlüsse auf die Zielgruppe und die Marktstrategie zu. Werden sehr viele Gerichte aus unterschiedlichen Bereichen (italienisch, deutsch, asiatisch etc.) angeboten, so soll ein möglichst breites Publikum angesprochen werden, was meist eine geringere Qualität nach sich zieht. Weitere Faktoren der Produktanalyse sind:

- Zielgruppe
- Qualität
- Sortiment
- Lieferanten
- Marktstrategie

Werbung

Die Werbemaßnahmen und -aktivitäten Ihrer unmittelbaren Mitbewerber geben Ihnen aufschlussreiche Hinweise zu deren Werbeinhalt und -intensität und können Erklärungen liefern, warum beispielsweise der Marktanteil Ihrer Wettbewerber größer oder kleiner ist als der eigene. Folgende Merkmale könnten dabei untersucht werden:

- Werbeintensität (wie oft wird geworben?)
- Werbebotschaft (Inhalt der Werbeaussage)
- Werbemittel (welche Zeitung oder Zeitschrift, welcher Radiosender?)
- Werbeträger (Zeitung, Flyer, Radio etc.)
- Werbebudget (Höhe der Werbekosten)
- Werbezeitraum (wann wird geworben?)
- Werbeaggressivität (Preis- oder Imagewerbung?)

Service

Der Kundenservice eines Restaurants ist das Aushängeschild des Unternehmens. Sie erhalten Informationen über die Hintergründe (warum macht der Wettbewerb was?) und haben die Chance, alle Serviceleistungen beim Wettbewerb „live" zu testen. Die Reaktion der Kunden liefert Ihnen wichtige Hinweise zur Verbesserung der eigenen Serviceleistungen. Interessante Fakten sind unter anderem:

- Freundlichkeit
- Hilfsbereitschaft
- Sauberkeit
- Kundennähe

- Welche Sprachen sprechen die Mitarbeiter?
- Internet- und TV-Angebot (falls vorhanden)
- Pre-Sales-Service
- After-Sales-Service
- Kundenzufriedenheit
- Mitarbeiterzufriedenheit
- Weitere Maßnahmen der Kundenorientierung

Eigene Positionierung überdenken

Die Ergebnisse der Wettbewerbsanalyse können dann genutzt werden, um die Eigenpositionierung festzulegen, Veränderungen vorzunehmen und gegebenenfalls Nischenmärkte zu bedienen. Eine Wettbewerbsanalyse liefert umfangreiche Informationen zu den Unternehmen, mit denen Sie in einem unmittelbaren Wettbewerbsverhältnis stehen. Die Konkurrenzanalyse stellt eigene Stärken und Schwächen heraus (SWOT-Analyse), hilft, operative und manchmal auch strategische Entscheidungen zu treffen, und stellt die eigene Position der gesamten Werbe- und Vertriebsaktivitäten infrage bzw. regt zum Nachdenken über die bisherige Vorgehensweise bzw. die Planung bei Neugründung an.

Benchmarking im Businessplan

Bei der Erstellung eines Businessplans erwartet man vom Existenzgründer eine detaillierte Auseinandersetzung mit dem Wettbewerb, vor allem kommt es auf die Herausstellung der eigenen Stärken an und der daraus abgeleiteten Konsequenzen. Die Wettbewerbsanalyse hilft, die eigenen Stärken auszubauen und die Schwächen abzubauen. Eine detaillierte Betrachtung des Wettbewerbs öffnet so manchem Existenzgründer in der Gastronomie die Augen. Vergessen Sie zum Schluss nicht, das eigene Unternehmen unter die Lupe zu nehmen und betreiben Sie Benchmarking:

- Wo befindet sich Ihr stärkster Wettbewerb (Entfernung)?
- Wie nehmen potenzielle Kunden Sie und den Wettbewerb wahr?
- Wer hat das bessere Image (Befragen Sie dazu unabhängige Personen nach deren Meinung über Ihr (neu gegründetes) Unternehmen)?
- Wo liegen Ihre Stärken und Schwächen?
- Wo liegen die Stärken und Schwächen des Wettbewerbs?
- Welche Chancen und Risiken ergeben sich für Sie aus den gewonnenen Informationen?
- Welchen USP hat der Wettbewerb, welchen USP haben Sie?
- Was ist für den Kunden beim Wettbewerb wichtig?
- Woraus zieht der Wettbewerb seine Kundschaft?
- Wo sehen Kunden Verbesserungspotenziale?
- Welche Erwartungshaltung haben die Kunden?
- Warum gehen Kunden zum Wettbewerb und warum sollen diese Kunden dann zu Ihnen kommen?

- Wie reagiert der Wettbewerb auf Reklamationen?
- Wie stellt sich der Wettbewerb gegen neue Konkurrenten auf?
- Welche Serviceleistungen bietet der Wettbewerb an, was können Sie davon übernehmen?
- Verfügt der Wettbewerb über Kundenrückgewinnungsprogramme?

Der Bereich „Marktstrategien" stellt somit ein elementares Thema in der Gastronomie dar. Aus diesem Grund wird den Marktstrategien in diesem Buch ein ausführliches Kapitel gewidmet. Dort finden Sie für jede Ihrer entwickelten Maßnahmen die passende Strategie.

Marketing und Vertrieb – stellen Sie sich vor, Sie gründen und keiner bekommt es mit

Eine große Herausforderung bei der Gründung eines Gastronomiebetriebes ist neben der nachhaltigen Etablierung am Markt der behutsame und erfolgreiche Aufbau eines Kundenstammes. Dies funktioniert aber nur, wenn es Ihnen gelingt, die Neugier der Kunden zu wecken.

Appetit wecken auf Ihre Produkte und Dienstleistungen

„Ich habe keine besondere Begabung, sondern bin nur leidenschaftlich neugierig."

Albert Einstein (1887–1955)

Albert Einstein beschreibt in diesem Zitat eine grundlegende menschliche Eigenschaft: Die meisten Menschen sind einfach neugierig. Überall, wo es etwas Neues gibt, werden Menschenmassen den Weg weisen. Gibt es bei etwas Neuem auch noch etwas umsonst, sind wir nicht mehr zu halten. Das liegt einfach in unserer Natur.

Neugier der Kunden wecken

Im Businessplan sollten Sie angeben, mit welchen Maßnahmen Sie die Neugier der Kunden wecken wollen. Diese Maßnahmen müssen vor allem durch Nachhaltigkeit überzeugen: Ein kurzes Strohfeuer weckt zwar die Neugier der Menschen, erlischt aber genauso schnell, wie es angefangen hat. Werden konkrete Maßnahmen wie beispielsweise „Gericht der Woche" oder Monatsaktionen à la „All you can eat" in einer Jahresplanung der Werbemaßnahmen integriert, sorgt das für Lust nach mehr.

Verhüllung oder Gewinnspiel

Eine beliebte Form ist auch die sog. Verhüllung – damit ist das Verdunkeln und Abdecken des Schaufensters mit auffälliger Folie und markanten Sprüchen gemeint. „Hier entsteht ein Restaurant" weckt mittlerweile keine Neugier mehr und wirkt eher langweilig. Schreiben Sie aber auf die Folie beispielsweise „Neugierig, was hier entsteht?" und verbinden Sie das noch mit einem Gewinnspiel, indem Sie an einer exponierten Stelle am Eingang eine Box mit Teilnahmekarten aufstellen, ist Ihnen die Aufmerksamkeit sicher. Mit Slogans wie „Überraschung in der City" oder „Hier entsteht eine Schlemmerlounge" werden die Jagdinstinkte der Kunden geweckt.

Diese gezielten Aktionen verpuffen nicht wie breit angelegte Zeitungswerbung, die niemanden interessiert, vor allem wenn die eigentliche Eröffnung erst in ein paar Wochen stattfindet, sondern richten sich an alle Menschen, die während der Umbauarbeiten an Ihrer Gaststätte vorbeikommen.

Promotion für die Eröffnung

Für die Eröffnung sollten Sie im Rahmen der Einkaufsverhandlungen (vgl. Kapitel „Strategien im Einkauf") eine Eröffnungspromotion mit einem Ihrer Lieferanten verhandelt haben (Brauereien sind für solche Maßnahmen immer offen). Das können Verkostungs- oder Gutscheinaktionen sein. Wenn sie auch noch von attraktiven Menschen in unmittelbarem Umfeld Ihrem Gastronomiebetrieb präsentiert werden, ist das ein weiterer Pluspunkt. Aber Achtung: Diese Aktionen müssen genehmigt werden. Stellen Sie also rechtzeitig einen Antrag bei der Stadt oder Ihrer Gemeinde.

Flyer

Nach der – hoffentlich erfolgreichen – Eröffnung werden Flyer verteilt, die immer wieder mit neuen, spannenden Angeboten den Kunden auf Ihr Unternehmen aufmerksam machen.

Zusammenfassend könnten folgende Aktionen innerhalb des Businessplans aufgeführt werden (weitere Aktionen und Verkaufsförderungsmaßnahmen werden im Kapitel „Marketing – mit der richtigen Strategie zum Erfolg" ausführlich behandelt):

- „Überraschungskiste" – Spannung vor der Eröffnung durch verdeckte Schaufenster
- Promotionaktionen während der Eröffnung durch Lieferanten (kostenlos)
- Verteilen von Flyern nach der Eröffnung
- Ankündigung in regionalen Print- und Hörfunkmedien
- Verteilen von Gutscheinen
- Verteilen von kostenlosen Häppchen

Werbebudget angeben

Berücksichtigen Sie immer die notwendigen Werbebudgets und geben Sie diese in Ihrem Businessplan mit an. Dort muss ersichtlich sein, was die einzelnen Werbepakete kosten und ob der Aufwand den angestrebten Effekten (Ertrag) in einem überschaubaren und nachvollziehbaren Rahmen gegenübersteht.

Nachdem die wichtigsten Maßnahmen zum Wecken der Neugier beschrieben wurden, muss jetzt im Businessplan der Vertriebsweg dargestellt werden, indem konkrete Überlegungen kurz und knapp mit Beispielen beschrieben werden.

Vertrieb – der Weg zum Kunden

Vertriebsweg überlegen

Innerhalb der Vertriebspolitik wird festgelegt, welche Mittel und Wege zur Vermarktung der Produkte und Dienstleistungen gewählt werden. Der erfolgreiche Vertrieb einer Gastronomie ist meistens abhängig von der am Ort befindlichen oder der generierten Frequenz. Ein schneller Wechsel der Kundschaft in Stoßzeiten ist wünschenswert. Dies setzt voraus, dass vertriebliche Standards in Ihrem Unternehmen sicher und effizient umgesetzt werden. Sollten Sie in der Systemgastronomie oder Großgastronomie zu Hause sein, ist die Form der Selbstbedienung eine effiziente Form, große Mengen in kürzester Zeit zu bedienen. Liegt Ihre Intention in der persönlichen Betreuung der Gäste, ist der Vertriebsweg der individuellen Bedienung zu präferieren. Begründen Sie den von Ihnen gewählten Vertriebsweg. Auch die Form des „Take-away" sollte in Ihren Überlegungen bedacht werden: „Essen zum Mitnehmen" wird in vielen Restaurants mit persönlicher Bedienung zusätzlich angeboten. Demgegenüber stehen zwar höhere Kosten durch Verpackungsmaterialien, die jedoch über das Erreichen der Deckungsbeiträge und den geminderten Umsatzsteuersatz kompensiert werden.

Verkaufsmengen angeben

Beschreiben Sie in Ihrem Businessplan auch die kalkulierte Anzahl der verkauften Speisen und Getränke, um eine Vorstellung Ihrer Umsatzwerte zu erhalten. Scheuen Sie sich auch nicht davor, eine detaillierte Aufstellung der Hauptgerichte beizufügen, da eine pauschale Antwort, beispielsweise 100 Gerichte und 200 Getränke, aufgrund der unterschiedlichen Kalkulation meist nicht sehr aussagekräftig ist.

Eröffnungssaison berücksichtigen

Je nachdem, in welcher Saison Sie Ihren Gastronomiebetrieb eröffnen, sollten Sie bei der Dokumentation im Businessplan auch die speziellen Saisonaktivitäten berücksichtigen. In der Sommersaison werden Kaltgetränke und Salate einen höheren Stellenwert haben als in den Herbstmonaten – dementsprechend sind solche Gerichte bei der Ertragsrechnung stärker zu gewichten. Dies spielt vor allem bei Gastronomiebetrieben mit Außenbereich eine wichtige Rolle.

Preisgestaltung beim Mittagstisch

Ebenfalls sollte sich die Bewertung der unterschiedlichen Höhe von Umsätzen bei Mittag- und Abendessen in Ihrer Vertriebsorganisation niederschlagen. Bei der Darstellung der Vertriebspolitik können kurze Ausführungen zur Preispolitik nicht schaden. Dies schlägt sich im Businessplan vor allem bei der Positionierung von Mittagsangeboten nieder, die in der Regel deutlich niedriger kalkuliert sind als die Standardangebote auf der Speisekarte. Bei einer überdurchschnittlichen Inanspruchnahme der Angebote durch die Gäste sind hier Einflüsse auf die Liquiditätsplanung vorhersehbar.

Der unternehmerische Erfolg hängt in große Maße auch von vielen Kleinigkeiten ab. So stellen ein einheitliches Erscheinungsbild und einheitliche Richtlinien die Weichen für das zukünftige Handeln und damit auch für den Erfolg des eigenen Gastronomiebetriebs. Im Unternehmensbereich spricht man hier von „Corporate Identity".

Mittagstisch

In den ersten sechs Monaten möchten Sie Ihren Bekanntheitsgrad durch eindrucksvolle Aktionen steigern. So entschließen Sie sich, unter dem Motto „Nudeltraum – all you can eat – für 3,90 €" täglich verschiedene Nudelgerichte mit unterschiedlichen Soßen als Mittagstisch anzubieten. Sollte die Werbemaßnahme von Erfolg gekrönt sein, wird hier sicherlich die Marge geringer ausfallen als bei den anderen Gerichten. Führen Sie dies im Businessplan auf.

Corporate Identity – einheitliche Strukturen

Zunächst soll der Begriff „Corporate Identity" etwas genauer beleuchtet und dann dargestellt werden, warum es auch in der Gastronomie notwendig ist, sich damit auseinanderzusetzen.

Darstellung nach innen und außen

Die Einzigartigkeit eines Unternehmens zeigt sich in ihrer Corporate Identity (CI). Sie hat zwei Schwerpunkte: die eigene Darstellung nach innen und nach außen sowie die Abgrenzung zum Konkurrenten – und damit die Unterscheidbarkeit für den Gast. Die klassische Corporate Identity unterteilt sich in:

- Corporate Design
- Corporate Behaviour
- Corporate Communication
- Corporate Culture

Die Abstimmung der einzelnen Bereiche untereinander stellt bei der CI die Basis für die Glaubwürdigkeit und den Erfolg dar.

Warum ist die Corporate Identity für die Gastronomie so wichtig? Restaurants unterscheiden sich erheblich in ihrem Ambiente, ihrer Art, mit dem Kunden und den Mitarbeitern zu reden, und ihrer Art des Services. Genau diese Elemente werden in der Corporate Identity beschrieben.

Sie können selbst die Situation am besten einschätzen.

Erscheinungsbild und erster Eindruck

Der erste Eindruck zählt

Sie betreten zum ersten Mal ein Elektro- oder Textilgeschäft. Was fällt Ihnen auf? Sie orientieren sich an der Optik und eventuell an der Freundlichkeit der Mitarbeiter. Sind diese noch einheitlich gekleidet, fällt es Ihnen leichter, die entsprechenden Ansprechpartner zu identifizieren.

Der erste Eindruck ist oft der entscheidende – hierfür gibt es keine zweite Chance. Sie können Ihrem Gast, der gerade zur Tür hineinkommt und Ihnen beim Gähnen mit offenem Mund zusieht, nicht sagen, er solle bitte noch einmal hereinkommen, momentan seien Sie etwas abgelenkt gewesen. Solche ersten Eindrücke und das Erscheinungsbild eines Unternehmens werden unter dem Begriff des „Corporate Design“ zusammengefasst.

Corporate Design

Das **Corporate Design** spiegelt sich beispielsweise in identischer Arbeitskleidung mit Logo wider, wird durch Schreibutensilien und Speisekarten mit Firmenlogo, ein einheitliche Erscheinungsbild von Schaufenstern und Eingang dargestellt, ergänzt durch den wiedererkennbaren Auftritt bei Werbemaßnahmen. Ihr Unternehmen erstrahlt in unverwechselbarer Art und Weise und bildet somit nicht nur eine optische Einheit, sondern grenzt sich auch deutlich vom Wettbewerb ab. Wichtig ist die Nachhaltigkeit des Auftritts nach innen und außen – deshalb darf er auch nicht ständig geändert werden.

Corporate Behaviour

Ein weiterer Baustein in der Familie der Corporate Identity ist das **Corporate Behaviour**. Darunter werden das Verhalten und der Umgang sämtlicher an und in dem Gastronomiebetrieb beteiligten Personen verstanden. Kurz gesagt, das Corporate Behaviour beschreibt den Umgang miteinander, sowohl nach innen mit Mitarbeitern und Gesellschaftern als auch nach außen mit Lieferanten und Kunden. Die Art und Weise des Umgangs muss glaubwürdig und authentisch sein und mit der Firmenphilosophie in Einklang stehen. Auch hier gilt, wie bei allen Elementen des CI, die nachhaltige und konsequente Handlungsweise in der Umsetzung. Das Corporate Behaviour muss gelebt werden und hat seinen Ursprung in der Chefetage, also bei Ihnen.

Corporate Communication

Corporate Communication ist die Unternehmenskommunikation und umfasst sämtliche kommunikativen Maßnahmen eines Unternehmens, die dazu dienen, die Angebote und Serviceleistungen den entsprechenden Zielgruppen zu präsentieren. Durch die Corporate Communication wird auch die Unternehmensphilosophie nach außen kommuniziert – auch hier muss die Bedeutung der Einheitlichkeit nicht extra betont werden. Alle Maßnahmen, die unter Corporate Communication laufen (Werbung, Sponsoring oder Public Relations (Öffentlichkeitsarbeit)) müssen aufeinander abgestimmt sein.

Corporate Culture

Zum Abschluss schlägt die **Corporate Culture** die Brücke zur eigenen Unternehmenskultur und vereint aus der Tradition gewonnene Werte und Normen des Unternehmens. Eine Unternehmenskultur ist nicht per Order definierbar, sondern entwickelt sich über einen längeren Zeitraum. Corporate Culture lebt und steht für die Geschichte des Unternehmens. Bereits bei der Existenzgründung ist der Einfluss der Unternehmenskultur spürbar. Zwar kann das Restaurant noch nicht auf eine längere Unternehmensgeschichte zurückgreifen, aber die Einstellung der Gründer zu Normen und Werten in der Gesellschaft findet sich innerhalb des eigenen Restaurants wieder.

Zusammenfassend lässt sich für die Existenzgründung hinsichtlich der Corporate Identity Folgendes festhalten.

Corporate Identity

- Die Corporate Identity spielt ab dem Tag bzw. ab der Idee der Gründung eine wesentliche Rolle.
- Sie ist allgegenwärtig, auch dann, wenn man sich nicht explizit mit ihr beschäftigt.
- CI gibt dem Unternehmen ein Gesicht und grenzt von anderen Unternehmen der gleichen Branche ab.
- Sie ist unmittelbarer Bestandteil des Erfolgs von Unternehmen.
- Die Bedeutung der Corporate Identity wird häufig unterschätzt.

Für den Businessplan sollten die Punkte Corporate Design, Corporate Behaviour und Corporate Communication kurz beschrieben werden. Die Corporate Culture spielt hierbei eine weniger wichtige Rolle, da sie sich erst entwickelt. Stellen Sie Logo und Kommunikationsregeln in Ihrem Businessplan dar und berücksichtigen Sie auch die Kosten, die gerade beim Corporate Design (Schreibblöcke, Stifte, Speisekarten, Visitenkarten etc.) anfallen.

Personalstrukturen

Im Businessplan müssen Sie Ihre künftige Personalstruktur offenlegen. Dies ist maßgeblich bei der Erteilung (z. B. von Fördermitteln) und für die Bestätigung der Tragfähigkeit Ihres Konzepts. Neben der Miete sind die Personalkosten in der Regel der größte Kostenblock in der Gewinn-und-Verlust-Rechnung eines Unternehmens.

Fragen zur Personalstruktur

Um erfolgreich in das Abenteuer Existenzgründung zu starten, sollten Sie bei der Erstellung Ihres Businessplans auf folgende Fragen eine Antwort geben:

- Arbeiten Sie mit Personal, wenn ja, mit wie vielen Mitarbeitern?
- Arbeiten Sie hauptsächlich mit 400 €-Kräften oder mit sozialversicherungspflichtigen Mitarbeitern?
- Wie werden Spitzenzeiten abgedeckt?
- Arbeitet die Familie mit im Betrieb?
- Wie wird das Schichtsystem organisiert?
- Woher bekommen Sie gut qualifiziertes Personal?
- Wie vergleichen Sie Mitarbeiter in ihrer Leistung?
- Welche fachlichen und menschlichen Anforderungen muss der Mitarbeiter erfüllen?
- Wie motivieren Sie Ihre Mitarbeiter?
- Wer ist unter den eigenen Mitarbeitern Ansprechpartner Nr. 1?
- Welche monatlichen Personalkosten, inklusive Arbeitgeberanteil, kommen auf Sie zu?

- Wie hoch ist der Personalkostenanteil am gesamten Kostenblock?
- Wie finden Sie den Mittelweg, nicht zu viel und nicht zu wenig Personal einzuplanen?
- Haben Sie einen Notfallplan, wenn Mitarbeiter kurzfristig ausfallen?

Das Thema Personal und der Einsatz der Mitarbeiter im Unternehmen haben bei Neu- und Existenzgründung einen so hohen Stellenwert, dass dieses Themengebiet im folgenden Kapitel näher erläutert wird. Dieser komplexe Inhalt zählt neben den Themengebieten Kunde, Marketing und Finanzierung zu den Säulen einer erfolgreichen Existenzgründung.

Weil das Thema Finanzierung und richtige Aufbereitung des Zahlenmaterials für den Businessplan so entscheidend ist, wurde dem Thema „Finanzplanung“ ein eigenes Kapitel gewidmet.

Finanzplanung – schätzen Sie Ihren zukünftigen Gewinn

Ihre Finanzen sind das A und O als Gastronom. Sie müssen wissen, wo Sie sich finanziell gerade befinden. Bereits bei der Bestellung sollten Sie kalkulieren, wie viel Sie für die Waren ausgeben können, ohne in finanzielle Schwierigkeiten zu geraten. Dieses Kapitel soll Sie dabei unterstützen, Ihre Liquidität aufrechtzuerhalten. Die nachfolgende Abbildung 7 hilft Ihnen dabei, einen Überblick darüber zu bekommen, wie Sie Ihren Businessplan im Bereich der Ziele und der Finanzplanung ausgestalten sollten.

Ziel

- Zusammenführung der in den
- vorhergehenden Kapitel gemachten (Finanz-)Prognosen
- Überprüfung, ob das Konzept profitabel, dauerhaft und bezahlbar ist

Inhalt

- Planung der nächsten 3 bis 5 Jahre
- Liquiditätsplanung
- Finanzplanung und Gewinn-und-Verlust-Rechnung
- Planbilanz
- Liquiditätsplanung/Finanzbedarf
- Finanzierungsquellen
- Ausstiegsstrategien, wenn notwendig

Tipps

- Begründung aller Annahmen
- Tools benutzen

Abbildung 7: Übersicht über die Finanzplanung in Ihrem Businessplan

Anhand der Finanzplanung werden meist Meilensteine (sog. Milestones) festgelegt und nach entsprechender Umsetzung auch ein Soll-Ist-Vergleich durchgeführt. Meilensteine sollen eine Art „Zielsetzung" für Ihren Gastronomiebetrieb darstellen. Wollen Sie in drei Jahren 30.000 Euro Gewinn oder sind Sie zufrieden, wenn Sie schwarze Zahlen schreiben?

Meilensteine

- Unter „Meilensteinen" werden die wichtigsten Abschnitte Ihrer Businessplanung verstanden. Meilensteine sollen Ihnen helfen, Ihre Ziele und Ihre Richtung nicht aus den Augen zu verlieren.
- Dabei ist es wichtig, dass Sie diese im Zeitablauf darstellen und gegebenenfalls Alternativen bei Nichterreichung aufzeigen.

- Am besten kalkulieren Sie ein Best-Case-Szenario und ein Worst-Case-Szenario, um eine umfassende Unternehmensentwicklung darzustellen. Ein Best-Case-Szenario ist der positivste Fall, der in Ihrem Betrieb eintreten kann, z. B. wenn Sie einen Umsatz von 500.000 Euro geplant und diese Grenze bereits im Oktober überschritten haben. Das Worst-Case-Szenario stellt das Gegenteil dar, also den schlechtesten Fall (z. B. rote Zahlen oder Nichterreichen des geplanten Umsatzes).

Finanzplan/ Finanzkonzept

Konkret versteht man unter einem „Finanzplan" oder „Finanzkonzept" die Organisation aller notwendigen Aspekte, die für die Unternehmensfinanzierung kurz-, mittel- und langfristig notwendig sind. Das heißt, Sie stellen eine Art „Fahrplan" auf, wohin Sie sich in den nächsten Jahren entwickeln wollen (Umsatz, Mitarbeiteranzahl, Gewinn). Dabei denken Sie nicht nur an die jetzige Situation (kurzfristige Planung), sondern auch an die Ziele in den nächsten Monaten (mittelfristige Planung) und Jahren (langfristige Planung).

Sie wollen Ihren Betrieb finanziell so aufstellen, dass Sie in den nächsten Monaten einen festen Mitarbeiter einstellen können (mittelfristiges Ziel). So eine Entscheidung sollte vorab in die mittelfristige Planung aufgenommen werden.

Ungefähr 50 % aller mittelständischen Unternehmen haben diesen Planungsbereich in den vorangegangenen Jahren vernachlässigt.[9] Finanzierungsprobleme stellen immer noch die häufigste Ursache für das Scheitern von (insbesondere jungen) Unternehmen dar.[10] Bei keiner konkreten und handfesten Planung kann es schnell passieren, dass Sie in finanzielle Schwierigkeiten geraten und eventuell sogar Insolvenz anmelden müssen.

Um eine solide Finanzplanung auch für noch unerfahrene Businessplaner zu gewährleisten, wurde diesem Buch eine CD mit einem Excel-Tool beigefügt. Dieses Tool ermöglicht es Gastronomen, mit geringem Aufwand sämtliche für die Finanzplanung relevanten Kennzahlen (z. B. monatliche Kosten) zu erstellen.

Finanzplanung per Excel-Tool

Im folgenden Kapitel wird nun mithilfe des dem Buch beigelegten Excel-Tools das Erstellen einer Finanzplanung erläutert. Dabei ist zu beachten, dass der Anwender nur die gelb markierten Felder im Excel-Tool ausfüllen muss. Auch wird aus Vereinfachungsgründen nur das erste Geschäftsjahr herausgegriffen, erläutert und im Buch grafisch dargestellt. Da die Folgejahre kaum oder nur geringfügig vom ersten Jahr abweichen, ist eine detaillierte Darstellung der Folgejahre nicht notwendig. Zusätzliche Erläuterungen stehen dem Leser im Excel-Tool zur Verfügung, wenn er die Maus über die entsprechenden Felder bewegt. Dennoch sollte beachtet werden, dass durch dieses Programm nicht alle Eventualitäten

[9] Vgl. o. V.: Mittelständler unter Druck; In: W & V, Ausgabe 47; 23.11.2001, S. 10.

[10] Vgl. Dowling, Michael; Drumm, Hans-Jürgen (Hrsg.): Gründungsmanagement; Springer-Verlag, Berlin, Heidelberg, New York, 2002, S. 26.

abgedeckt werden können. Bei Sonderfällen muss das Programm durch den User unter Umständen ergänzt oder gegebenenfalls die Berechnungen erweitert werden. Das Tool soll Ihnen als Gastronom helfen, alle relevanten Kosten aufzulisten und sich so einen detaillierten Überblick über die entstehenden Kosten und den zu erreichenden Umsatz zu verschaffen.

Liquidität und Rentabilität

Bei auftretenden Finanzierungsproblemen ist oft die **Liquidität** (flüssige Mittel wie z. B. Bargeld, Kasse) und nicht die **Rentabilität** (Erwirtschafte ich mit meinem Gastronomiebetrieb einen Gewinn? Steigt mein Eigenkapital?) entscheidend, die den jungen Unternehmen Probleme bereiten. Deshalb ist bei der Finanzierungsplanung des Unternehmens eine Trennung von Liquiditäts- und Rentabilitätsbetrachtungen sehr wichtig.[11] Insolvenz kann sonst trotz profitabler, d. h. hochrentabler Geschäftstätigkeit die Folge sein.

Der Liquiditätsplanung ist deshalb ein separates Kapitel („Liquiditätsplanung – Cash is King“) gewidmet, in dem auf die wichtigsten Punkte eingegangen wird.

Liquidität

- Grundsätzlich versteht man unter dem Begriff „Liquidität“ die Fähigkeit, ein Wirtschaftsgut mit geringem Zeitaufwand gegen ein anderes Wirtschaftsgut zu tauschen.
- Durch die Einführung der Geldwirtschaft wird der Begriff „Liquidität“ hauptsächlich auf die Verfügbarkeit von Zahlungsmitteln bezogen.
- Dabei steht vor allem die Fähigkeit eines Wirtschaftsobjekts, seine Zahlungsverpflichtungen jederzeit erfüllen zu können, im Vordergrund.

Rentabilität

- „Rentabilität“ wird definiert als das Verhältnis einer Erfolgsgröße zum eingesetzten Mittel.
- Die Gesamtkapitalrentabilität gibt beispielsweise die Rendite wieder, mit der das eingesetzte Kapital (Fremdkapital + Eigenkapital) verzinst wird.

Liquiditäts- und Rentabilitätsvorschau

Im beigefügten Excel-Tool haben Sie die Möglichkeit, eine Liquiditätsvorschau zu erstellen. Angaben über das Erstellen einer Liquiditätsvorschau findet der Leser im Kapitel „Liquiditätsplanung – Cash is King“. Zusätzlich bietet das Programm die Möglichkeit, nach Eingabe der Kosten (Wasser, Strom, Gas, …), Umsätze, Investitionen (Kauf eines neuen Herdes) und Abschreibungen ohne weiteren Mehraufwand eine Rentabilitätsvorschau zu erstellen. Gemäß Abbildung 8 können Sie auf Basis der eingegebenen Schätzwerte Rohgewinn I, Rohgewinn II, erweiterten Cashflow (Kapitalfluss), Cashflow und den Reingewinn vor Steuern (hier wurden alle Kosten und sonstiges außer die Steuern abgezogen und hinzugerechnet) in der Rubrik Rentabilitätsvorschau abrufen. Hierbei bietet

[11] Vgl. Klandt, Heinz: Gründungsmanagement: Der integrierte Unternehmensplan; Oldenbourg Verlag, München, Wien, 1999, S. 174.

die Software nicht nur eine jährliche Betrachtung, sondern versetzt den Nutzer zusätzlich in die Lage, die Rentabilitätsvorschau für die einzelnen Quartale einzusehen.

	1. Geschäftsjahr				1. Jahr
	1. Qu.	2. Qu.	3. Qu.	4. Qu.	1.- 4. Qu.
Nettoumsatz	0	0	0	0	0
./. Wareneinsatz	0	0	0	0	0
= Rohgewinn I	**0**	**0**	**0**	**0**	**0**
./. Personalkosten	0	0	0	0	0
= Rohgewinn II	**0**	**0**	**0**	**0**	**0**
./. sonstige Kosten	0	0	0	0	0
= erweiterter cash-flow	**0**	**0**	**0**	**0**	**0**
./. Zinsen	0	0	0	0	0
= cash-flow	**0**	**0**	**0**	**0**	**0**
./. Afa	0	0	0	0	0
= Reingewinn vor Steuern	**0**	**0**	**0**	**0**	**0**

Abbildung 8: Rentabilitätsvorschau

Rentabilitätskennzahlen

Neben der Rentabilitätsvorschau bietet das Tool auch die Möglichkeit, diverse Rentabilitätskennzahlen unter der Rubrik „Rentabilitätskennzahlen" abzurufen. Im nachfolgenden Text wird eine Übersicht über Eigenkapital und langfristiges Fremdkapital (z. B. Darlehen von Ihrer Hausbank), Fremdkapitalzinsen, Anlagevermögen (Grundstück, Haus), Jahresüberschuss (erwirtschafteter Gewinn), Umsatz (alle Einnahmen ohne Abzug der Ausgaben) und Bilanzsumme angegeben. Auf Basis dieser Werte errechnet das Tool, ohne weiteren Arbeitsaufwand, neben der Eigenkapitalquote die Eigenkapital-, Gesamtkapital- und Umsatzrentabilität sowie den Anlagedeckungsgrad und den Return of Investment (ROI). Dabei gibt die Eigenkapitalquote das Verhältnis zwischen Eigen- und Gesamtkapital (Gesamtkapital ist Eigenkapital zzgl. Fremdkapital) an. Diese Kennzahl wird in der Regel verwendet, um die finanzielle Stabilität des Unternehmens abzubilden. Generell wird nämlich davon ausgegangen, dass mit abnehmendem Eigenkapital sowohl die Unabhängigkeit als auch der finanzielle Spielraum des Unternehmens abnehmen.

Sie haben in Ihr Unternehmen 200.000 Euro Eigenkapital investiert. Von Ihrer Hausbank haben Sie einen Kredit in Höhe von 150.000 Euro erhalten. Allerdings wollen Sie sich nach nach Jahren vergrößern und fordern erneut einen Kredit an, dieses Mal in Höhe von 500.000 Euro. Über den gesamten Zeitraum hat sich Ihr Eigenkapital nicht verändert. Jetzt überwiegt deutlich das Fremdkapital über das Eigenkapital. Das hat zur Folge, dass Sie mehr Auflagen von der Bank bekommen, z. B. monatliche Umsatzvorgaben. Damit hat Ihr Verhandlungsspielraum abgenommen, da Ihre Bank Ihre Investitionen mitbestimmt.

	1.Geschäftsjahr
Eigenkapital	0
Langfristiges Fremdkapital	0
Fremdkapitalzinsen	0
Anlagevermögen	0
Jahresüberschuss	0
Umsatz	0
Bilanzsumme/ Gesamtkapital	0

		1.Geschäftsjahr
Eigenkapitalquote	Eigenkapital x 100 / Bilanzsumme	#DIV/0!
Eigenkapitalrentabilität	Jahresüberschuss x 100 / Eigenkapital	#DIV/0!
Gesamtkapitalrentabilität	Jahresüberschuss + Fremdkapitalzinsen x 100 / Bilanzsumme	#DIV/0!
Umsatzrentabilität	Jahresüberschuss x 100 / Umsatz	#DIV/0!
ROI (Return of Investment)	Jahresüberschuss / Umsatz x Umsatz / Bilanzsumme	#DIV/0!
Anlagendeckungsgrad	Eigenkapital + Langfristiges Fremdkapital x 100 / Anlagevermögen	#DIV/0!

Abbildung 9: Rentabilitätskennzahlen

ROI berechnen

Der ROI wird als Kennzahl herangezogen, um die Rendite des eingesetzten Kapitals wiederzugeben. Errechnet wird dieser durch das Produkt der Quotienten Jahresüberschuss durch Umsatz sowie Umsatz durch Bilanzsumme. Durch das Kürzen des Umsatzes erhält man schließlich den Quotienten Jahresüberschuss durch Bilanzsumme. Dabei ist jedoch zu beachten, dass der ROI keine Schlussfolgerung auf einzelne Investitionen zulässt, sondern nur einen Überblick über die Rentabilität des gesamten eingesetzten Kapitals angibt.

Sie investieren in eine Marketing-Kampagne (z. B. Werbung für Ihre neue Gastronomiestrategie) für die nächsten sieben Jahre. Die zu erwartenden Kosten belaufen sich auf ca. 500.000 Euro. In den nächsten sieben Jahren erwirtschaften Sie einen Gewinn von 1 Mio. Euro. Daraus erwirtschaften Sie einen ROI von 100 % ((1 Mio. Euro – 500 Euro) / 500.000 Euro = 100 %), d. h. Ihre Investition war zu 100 % rentabel.

Deckungsgrad II

Der Anlagedeckungsgrad, oft auch als Deckungsgrad II bezeichnet, gibt Auskunft darüber, inwieweit das Anlagevermögen durch das langfristige Kapital gedeckt ist. Dieser Wert sollte in der Regel über 100 % liegen. Denn je mehr langfristiges Kapital vorhanden ist, desto höher fällt die finanzielle Stabilität aus.

- Die Eigenkapitalrentabilität, im Englischen auch mit Return of Equity (ROE) bezeichnet, wird durch Division des Jahresüberschusses durch das Eigenkapital ermittelt. Dies zeigt den prozentualen Erfolg des vom Investor eingesetzten Eigenkapitals.

> Sie erwirtschaften in Ihrem Geschäftsjahr mit Ihrem Gastronomiebetrieb 100.000 Euro Jahresüberschuss und Sie haben 2 Mio. Euro Eigenkapital, d. h., dass Sie eine Eigenkapitalrentabilität von 5 % (100.000 Euro / 2 Mio. Euro) erwirtschaftet haben. Wenn Sie also Ihr Eigenkapital zu einem Zinssatz von 5 % bei Ihrer Hausbank fest angelegt hätten, hätten Sie den gleichen Effekt der Verzinsung erzielt.

- Bei der Gesamtkapitalrentabilität handelt es sich um eine Kontrollgröße, die Auskunft darüber gibt, wie ergiebig das Management mit dem eingesetzten Kapital umgeht. Wie im Excel-Sheet erläutert, errechnet es sich aus der Summe des Jahresüberschusses und den Fremdkapitalzinsen, dividiert durch die Bilanzsumme. Hier berechnen Sie, wie leistungsfähig Ihr Unternehmen ist bzw. wie gut Sie wirtschaften.
- Setzt man hingegen den Jahresüberschuss mit dem Umsatz ins Verhältnis, so erhält man die Umsatzrentabilität. Die „Umsatzrentabilität" kann unterschiedlich definiert werden. Als Zählergröße, die zu den Umsatzerlösen ins Verhältnis zu setzen ist, kommt zum einen der Betriebserfolg im Sinne des ordentlichen Betriebsergebnisses, zum anderen der Jahresüberschuss/-fehlbetrag in Betracht. Da nur korrespondierende Größen sinnvoll zueinander in Beziehung gesetzt werden können, ist die Verwendung des Betriebsergebnisses als Zählergröße vorzuziehen, da Umsatzerlöse aus der Leistungserstellung eines Unternehmens in seinem eigentlichen Geschäftszweig resultieren und nicht durch betriebsfremde/außerordentliche Aktivitäten beeinflusst werden."[12]

Umsatz-, Kosten- und Ertragsplanung

In der Regel stellt neben einer Neugründung eines Unternehmens auch das Betreten neuer Märkte bzw. neue Konzepte den Gastronom vor eine große Herausforderung. Um eine aussagekräftige Finanzplanung erstel-

[12] Vgl. http://www.wirtschaftslexikon24.net/d/umsatzrentabilitaet/umsatzrentabilitaet.htm, abgerufen am 26.08.2011.

len zu können, müssen Sie bzw. der Verfasser des Businessplans deshalb mit einigen Annahmen arbeiten. Dabei stehen Sie oft vor dem Problem, dass sie meist nicht auf eine Historie zurückgreifen können, da es sich bei Ihrem Gastronomiebetrieb um ein neu entwickeltes Konzept handelt. Diese Unsicherheit bei einer Vielzahl von Variablen ist der Grund, warum auch für junge und neu gegründete Unternehmen signifikant höhere Risikoerwartungen gelten als bei etablierten Unternehmen. Je mehr Annahmen Sie ohne jegliche Vergleichswerte (z. B. Historie, Marktanalyse) machen, desto unsicherer ist Ihre Planung.

Abbildung 10 liefert zunächst einen Überblick darüber, wie die Finanzierung eines Unternehmens in verschiedene Phasen eingeteilt werden kann.

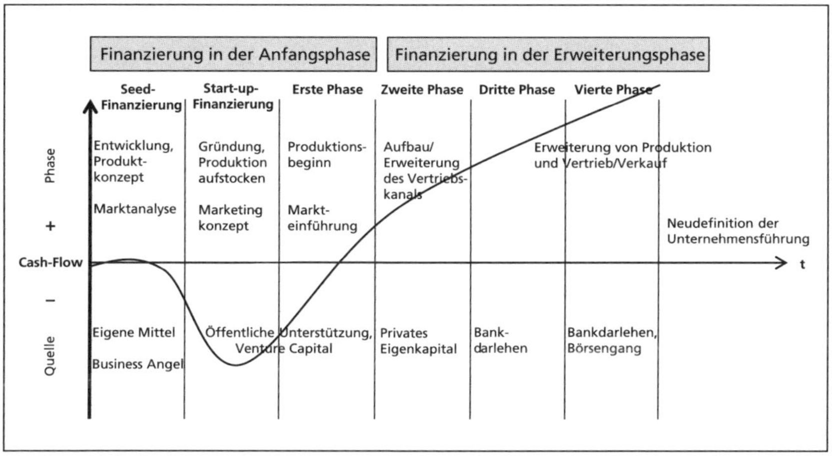

Abbildung 10: Finanzierungsphasen eines Unternehmens

Umsatzschätzung

Die erste und wohl wichtigste Variable, die es hierbei zu schätzen bzw. kalkulieren gilt, ist der Umsatz. Allerdings ist diese Komponente gleichzeitig wohl am schwierigsten zu prognostizieren. Schätzen Sie Ihren Umsatz mithilfe der Anzahl der Gäste pro Tag oder der Sitzplätze ab.

Meist basiert die Umsatzerhebung auf vorab durchgeführten Recherchen (wie etwa Kundenbefragung, Standortanalyse, Konkurrenzanalyse, Branchenkennzahlen). Fragen Sie eventuell Bekannte, die auch in der Gastronomie arbeiten oder selbst einen Gastronomiebetrieb betreiben. Der Planungshorizont liegt je nach Branche und Geschäftsmodell meist im Bereich zwischen drei und fünf Jahren. Auch wenn der angehende Gastronom über umfangreiche Plandaten verfügt, darf nicht vergessen werden, dass es sich bei diesen Daten oftmals auch nur um Schätz- oder Durchschnittswerte handelt. Evtl. empfiehlt es sich, im Freundes- und Bekanntenkreis zu erfragen, was diese für das angebotene Produkt (Gerichte, Getränke) bzw. die angebotene Dienstleistung (Kinderbetreuung während des Aufenthalts) bezahlen würden.[13]

Umsatz-vorschau

Die dadurch prognostizierten Umsätze und Verkaufszahlen kann der Gründer dann unter der Rubrik „Umsatzvorschau" in das beigefügte Excel-Tool eintragen. Wie Abbildung 11 zeigt, hat der User die Möglichkeit, zwischen angebotenen Dienstleistungen und Produkten zu unterscheiden. Auch kann er unterschiedliche Produkte bzw. Dienstleistungen separat durchkalkulieren. Da ein neu gegründetes Unternehmen in der Regel nur eine kleine Produktpalette (kleinere Speisekarte) besitzt, sollte die Formatvorlage mit acht Produktvarianten in den meisten Fällen ausreichend sein. Die Vorlage kann jedoch jederzeit erweitert werden. Evtl. sollte man in der Planung Fleischgerichte, Suppen und Desserts zusammenfassen.

			10	20	30	40	
Produkte oder Dienstleistungen	Umsatz p.a. oder Ø Preis pro Einheit	Anzahl	Umsatz 1. Geschäftsjahr 1. Quartal	2. Quartal	3. Quartal	4. Quartal	Gesamt
Musterprodukt A	0	0	0	0	0	0	0
Musterprodukt B	0	0	0	0	0	0	0
Musterdienstleistung A	0	0	0	0	0	0	0
Musterdienstleistung B	0	0	0	0	0	0	0
	0	0	0	0	0	0	0
	0	0	0	0	0	0	0
	0	0	0	0	0	0	0
	0	0	0	0	0	0	0
Summe			0	0	0	0	0

Abbildung 11: Umsatzvorschau

Berechnung der Quartals-umsätze

Wurden die Produktpreise und die geplanten Verkaufszahlen eingegeben, errechnet das Programm automatisch – unter Berücksichtigung der über der Tabelle angegeben Umsatzsteigerung – die Quartalsumsätze für den gesamten Planungszeitraum. Hierbei hat der User nicht nur die Möglichkeit, bei seiner Planung an den Verkaufszahlen oder den Produktpreisen Veränderungen vorzunehmen, sondern ist auch in der Lage, unterschiedliche Steigerungsraten für die einzelnen Quartale bzw. Jahre festzulegen. Diese sind in der Abbildung 13 exemplarisch mit 10, 20, 30, und 40 % festgelegt. Die Steigerungsrate betrifft vor allem diejenigen, die ein Saisongeschäft betreiben.

> Sie besitzen einen Gastronomiebetrieb auf einer Skipiste, d. h. Ihre Umsätze werden im Zeitraum November bis Februar (also im 1. und 4. Quartal) höher sein als in den übrigen Quartalen, in denen nur einige Wanderer vorbeikommen.

Marge

Neben der Quartalsplanung befindet sich in der Rubrik „Umsatzvorschau" ein Eingabefeld für die Marge. Dies befindet sich rechts neben der Umsatzplanung und wird in Abbildung 12 dargestellt.

[13] Vgl. http://www.unternehmerinfo.de/Gruendung/Allgemein/Existenzgruendung_Umsatzplanung.htm, abgerufen am 26.08.2011.

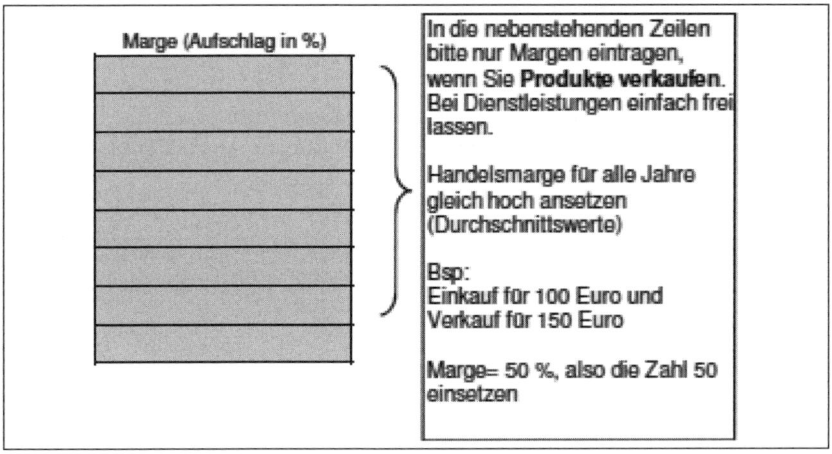

Abbildung 12: Umsatzvorschau Marge

Das Feld „Marge“ muss nur bei Produkten (Speisen, Getränke) und nicht bei Dienstleistungen (Kinderbetreuung, Service) ausgefüllt werden. Die Marge beschreibt die Spanne zwischen Einkaufs- und Verkaufspreis des Händlers. Wie die Abbildung 12 bereits erläutert, beträgt bei einem Einkaufspreis von 100 € und einem Verkaufspreis von 150 € die Marge 50 %.

Ein weiterer wichtiger Aspekt für den Erfolg eines Unternehmens ist die Höhe der insgesamt anfallenden Kosten. Dabei sind auch die Personalkosten und der kalkulatorische Unternehmerlohn zu berücksichtigen. Gleichzeitig ist zu beachten, dass es nicht ausreichend ist, lediglich kostendeckend zu arbeiten, solange in den geplanten Kosten nicht auch eine Unternehmerentlohnung (sog. **kalkulatorischer Unternehmerlohn**) berücksichtigt ist.[14]

Sie kaufen Zutaten für Ihr Gericht (Fleisch, Beilage) für 60 Euro ein. Um das Gericht herstellen zu können, fallen Kosten für Strom, Wasser, Personal (Service und Küche) in Höhe von 35 Euro an. Außerdem berechnen Sie Ihren „Lohn“ als Inhaber in Höhe von 5 Euro. Zur Deckung aller Kosten müssten Sie das Gericht für 100 Euro verkaufen, um kostendeckend zu arbeiten. Das Gericht wird aber mit 150 Euro verkauft, d. h. sie haben eine Marge von 50 % erwirtschaftet.

Kalkulatorischer Unternehmerlohn

- Der Tatsache geschuldet, dass ein Unternehmer kein Gehalt beziehen kann, wurde für die Kostenrechnung der Begriff „kalkulatorischer Unternehmerlohn“ eingeführt.
- Dieser ist, inklusive aller Gehaltsnebenkosten, mit dem Gehalt eines in einer Personengesellschaft eingesetztem Geschäftsführers gleichzusetzen.

[14] Vgl. http://www.gruenderportal.de/xist4c/web/Kostenplanung_id_533_.htm;jsessionid=1364EB2ED5760BFB8D0268298D22FAE3, abgerufen am 26.08.2011.

- Dadurch wurde die Möglichkeit geschaffen, Geschäftszahlen unterschiedlicher Unternehmensformen zu vergleichen.

Kosten-planung

Nachfolgend wird in Abbildung 13 die Kostenplanung für das erste Geschäftsjahr grafisch dargestellt. Auch bei dieser Abbildung handelt es sich um einen Screenshot des beigefügten Excel-Tools.

	1. Geschäftsjahr				
Betrieblicher Aufwand	1. Quartal	2. Quartal	3. Quartal	4. Quartal	Gesamt
Miete / Pacht incl. Nebenkosten	0	0	0	0	0
Laufende Fahrzeugkosten	0	0	0	0	0
Werbekosten	0	0	0	0	0
Reisekosten und Spesen	0	0	0	0	0
Kommunikationskosten	0	0	0	0	0
Versicherungen/Beiträge/Gebühren	0	0	0	0	0
Beratungskosten / Buchhaltung	0	0	0	0	0
Reparaturen und Wartung	0	0	0	0	0
Leasing / Lizenzgebühren	0	0	0	0	0
Gründungskosten / Fortbildungen	0	0	0	0	0
Zinsen	0	0	0	0	0
Tilgung	0	0	0	0	0
Investitionen	0	0	0	0	0
Personalkosten	0	0	0	0	0
sonstiger Aufwand	0	0	0	0	0
Summe Aufwand	0	0	0	0	0

Abbildung 13: Kostenvorschau

Besonders vorteilhaft ist hierbei die Verknüpfung zwischen den einzelnen Excel-Elementen. Wird beispielsweise unter der Rubrik „Umsatzvorschau" eine Marge eingetragen, so errechnet das Excel-Tool automatisch unter Berücksichtigung der angegebenen Umsatzzahlen die dafür notwendigen Investitionen. Diese können dann wiederum unter der Rubrik „Kostenvorschau" abgerufen werden. Analog werden neben den Zinsen auch die Tilgungsraten und die Gründungskosten errechnet und in die Kostenvorschau übertragen. Dafür muss der User unter der Rubrik „Eigen- und Fremdmittel" Angaben zu geplanten oder bereits getätigten Krediten machen.

Kredit-rechner

Wie Abbildung 14 zeigt, muss der Gastronom Kreditbetrag, Auszahlungssatz (teilweise werden nur 95 % des Kredites ausbezahlt), Laufzeit, tilgungsfreie Zeit (z. B. Sie beginnen mit der Zurückzahlung des Kredits erst in einem halben Jahr) sowie den Nominalzinssatz definieren. Zusätzlich besteht noch die Möglichkeit, den Namen des Kreditprogramms einzugeben. Der Auszahlungsbetrag wird wiederum automatisch durch den Kreditbetrag und den Auszahlungssatz bestimmt. Wird

Fremdmittel (zinsgebunden)

Kreditprogramm		
Kreditbetrag	0,00	EUR
Auszahlungssatz	100,00	%
Auszahlungsbetrag	0,00	EUR
Laufzeit	3,00	Jahre
Tilgungsfreie Zeit	0,50	Jahre
Nominalzinssatz	6,85	%

Abbildung 14: Eigen- und Fremdmittel

beispielsweise ein Kreditbetrag in Höhe von 10.000 € mit einem Auszahlungssatz in Höhe von 98 % vereinbart, so erhält der Gründer 9.800 € zur freien Verfügung. Des Weiteren kann der Leser die in der Kostenvorschau angegeben Zins- und Tilgungszahlungen unter der Rubrik „Eigen- und Fremdmittel" in Form eines Tilgungsplans einsehen.

Wie Abbildung 15 zeigt, werden durch das Excel-Tool sowohl die Tilgungsraten als auch Zinszahlungen quartalsweise aufgeführt. Zusätzlich ist der Nutzer in der Lage, die Restschuld (wie viel Geld muss ich als Inhaber nach drei Jahren noch zurückbezahlen?) der einzelnen Quartale einzusehen. Letztendlich bietet sich dem Gastronomam Ende des Tilgungsplans die Möglichkeit, die kumulierten Beträge abzurufen. Das Excel-Tool ist dabei auf zehn Jahre ausgerichtet, es kann jedoch vom Anwender auf einen beliebigen Zeitraum ausgeweitete werden. Dabei ist allerdings zu beachten, dass auch in den verlinkten Rubriken wie z. B. Kostenvorschau entsprechende Änderungen vorgenommen werden müssen. Tilgungsplan

	Quartal	Tilgung	Zinsen	Höhe	Restschuld
	1.	0,00	0,00	0,00	0,00
1. Jahr	2.	0,00	0,00	0,00	0,00
	3.	0,00	0,00	0,00	0,00
	4.	0,00	0,00	0,00	0,00
	5.	0,00	0,00	0,00	0,00
2. Jahr	6.	0,00	0,00	0,00	0,00
	7.	0,00	0,00	0,00	0,00
	8.	0,00	0,00	0,00	0,00
	9.	0,00	0,00	0,00	0,00
3. Jahr	10.	0,00	0,00	0,00	0,00
	11.	0,00	0,00	0,00	0,00
	12.	0,00	0,00	0,00	0,00
	13.	0,00	0,00	0,00	0,00
4. Jahr	14.	0,00	0,00	0,00	0,00
	15.	0,00	0,00	0,00	0,00
	16.	0,00	0,00	0,00	0,00
	17.	0,00	0,00	0,00	0,00
5. Jahr	18.	0,00	0,00	0,00	0,00
	19.	0,00	0,00	0,00	0,00
	20.	0,00	0,00	0,00	0,00
	21.	0,00	0,00	0,00	0,00
6. Jahr	22.	0,00	0,00	0,00	0,00
	23.	0,00	0,00	0,00	0,00
	24.	0,00	0,00	0,00	0,00
	25.	0,00	0,00	0,00	0,00
7. Jahr	26.	0,00	0,00	0,00	0,00
	27.	0,00	0,00	0,00	0,00
	28.	0,00	0,00	0,00	0,00
	29.	0,00	0,00	0,00	0,00
8. Jahr	30.	0,00	0,00	0,00	0,00
	31.	0,00	0,00	0,00	0,00
	32.	0,00	0,00	0,00	0,00
	33.	0,00	0,00	0,00	0,00
9. Jahr	34.	0,00	0,00	0,00	0,00
	35.	0,00	0,00	0,00	0,00
	36.	0,00	0,00	0,00	0,00
	37.	0,00	0,00	0,00	0,00
10. Jahr	38.	0,00	0,00	0,00	0,00
	39.	0,00	0,00	0,00	0,00
	40.	0,00	0,00	0,00	0,00
	Gesamtsumme	0,00	0,00	0,00	0,00

Abbildung 15: Eigen- und Fremdmittel

Alle anderen anfallenden Kosten in der Rubrik „Kostenvorschau" müssen vom User manuell eingetragen werden. Auch hier sind die auszufüllenden Felder wieder durch einen gelben Hintergrund gekennzeichnet und müssen gegebenenfalls manuell ergänzt werden.

Liquiditätsplanung – Cash is King

Liquidität drückt die Fähigkeit aus, jederzeit seinen Zahlungsverpflichtungen nachkommen zu können.[15]

Die Liquiditätsplanung soll dem Leser eines Businessplans (Investoren, Banker) zeigen, ob in den nächsten Monaten und Jahren (z. B. in der ersten Zeit nach der Gründung eines Unternehmens) ausreichend Geld vorhanden ist, alle Zahlungsverpflichtungen adäquat zu erfüllen. Ein Beispiel wäre das Begleichen von Lieferantenrechnungen.

Liquiditätsrechnung

Die Liquiditätsrechnung stellt den letzten Teil der Finanzplanung dar. Hierfür sind der Umsatz- und der Kostenplan die wesentlichen Ausgangspositionen. Inhaltlich entspricht der Liquiditätsplan dem Rentabilitätsplan.

An Umsatzsteuer denken

Grundsätzlich sollten im Liquiditätsplan alle Beträge einschließlich Mehrwertsteuer berücksichtigt werden. Ohne Berücksichtigung der Umsatz- bzw. Mehrwertsteuer können sich signifikante Liquiditätsverschiebungen ergeben, was bei einer zu knappen Finanzierung schnell Liquiditätsengpässe hervorrufen kann. Hierbei ist darauf zu achten, dass die bei Investitionen anfallende Umsatzsteuer zumindest für einen gewissen Zeitraum zwischenfinanziert werden muss. Zusätzlich muss berücksichtigt werden, dass im Rahmen von öffentlichen Förderdarlehen oft nur die Nettoinvestitionen finanziert werden können.[16]

Eingänge vorsichtig schätzen

Achten Sie hier insbesondere darauf, die geplanten Eingänge eher vorsichtig zu kalkulieren (Anzahl der verkauften Gerichte). Dies gilt im Besonderen für die Einzahlungen, die aus der Umsatztätigkeit resultieren. Hierbei ist es wichtig, alle Ein- und Auszahlungen lückenlos zu erfassen. Wenn Investoren oder Banken feststellen, dass einige Beträge vergessen oder nicht berücksichtigt wurden, könnten sie schnell die gesamte Finanzplanung infrage stellen. Einen solchen signifikanten Vertrauensschaden gilt es zu verhindern.[17]

Auch hier bietet die beigelegte Software eine perfekte Grundlage für eine professionelle Liquiditätsplanung. Geben Sie bei der Liquiditätsplanung

---

15 Vgl. http://www.foerderland.de/Lexikon-Gruender/L/1968/Liquiditaet/, abgerufen am 26.08.2011.

16 Vgl. http://www.gruenderportal.de/xist4c/web/Liquiditaetsplan_id_544_.htm, abgerufen am 26.08.2011.

17 Vgl. http://www.gruenderleitfaden.de/controlling/bwl-planung/teilplaene/liquiditaetsplanung, abgerufen am 02.01.08.

nur noch sonstige Zuflüsse bzw. sonstige Ausgaben sowie die privaten Entnahmen (Kosten für den privaten Haushalt) an. Versuchen Sie, soweit wie möglich Ihre privaten Kosten von Ihren betrieblichen Kosten abzugrenzen. Alle anderen relevanten Daten bezieht das Programm automatisch aus den bereits angegebenen prognostizierten Zahlen und vervollständigt somit die Liquiditätsplanung: So werden in der Zeile „Umsatz" die Angaben aus der Rubrik „Umsatzvorschau" bezogen und vom Programm automatisch mit den Investitionen (Kauf einer neuen Kühlanlage) verrechnet. Auch Eigen- und Fremdkapital werden aus der Rubrik Eigen- und Fremdmittel übernommen und in die jeweiligen Zeilen „Eigenmittel" und „Fremdmittel" für die entsprechenden Quartale eingetragen. Unter Punkt 2 „Ausgaben" werden neben Investitionen aus der Rubrik „Investitionen" auch Personalkosten (Köche, Reinigungskräfte, Servicemitarbeiter) aus der Rubrik „Kostenvorschau" mit eingerechnet. Auch der Material- und Wareneinkauf fließt sowohl über die Rubrik „Umsatzvorschau" als auch durch die Rubrik „Investitionen" in den Liquiditätsplan ein.

	1. Geschäftsjahr				2. Geschäftsjahr				3. Geschäftsjahr			
	1. Quartal	2. Quartal	3. Quartal	4. Quartal	1. Quartal	2. Quartal	3. Quartal	4. Quartal	1. Quartal	2. Quartal	3. Quartal	4. Quartal
Saldo des Vorquartals	0	0	0	0	0	0	0	0	0	0	0	0
1. Zuflüsse / Einnahmen												
1.1 Umsatz	0	0	0	0	0	0	0	0	0	0	0	0
1.2 Eigenmittel	0				0				0			
1.3 Fremdmittel	0											
1.4 Sonstige Zuflüsse												
Summe Liquiditätszugang	**0**	**0**	**0**	**0**	**0**	**0**	**0**	**0**	**0**	**0**	**0**	**0**
2. Auszahlungen												
2.1 Investitionen	0	0	0	0	0	0	0	0	0	0	0	0
2.2 Personalkosten	0	0	0	0	0	0	0	0	0	0	0	0
2.3 Material- & Wareneinkauf	0	0	0	0	0	0	0	0	0	0	0	0
2.4 Betriebl. Ausgaben	0	0	0	0	0	0	0	0	0	0	0	0
2.5 Zinsen	0	0	0	0	0	0	0	0	0	0	0	0
2.6 Tilgung	0	0	0	0	0	0	0	0	0	0	0	0
2.7 Privatentnahmen	0	0	0	0	0	0	0	0	0	0	0	0
2.8 Sonstige Auszahlungen	0	0	0	0	0	0	0	0	0	0	0	0
Summe Liquiditätsabgang	**0**	**0**	**0**	**0**	**0**	**0**	**0**	**0**	**0**	**0**	**0**	**0**
3. Liquiditätssaldo pro Quartal	0	0	0	0	0	0	0	0	0	0	0	0
4. Liquiditätssaldo kummuliert	0	0	0	0	0	0	0	0	0	0	0	0

Abbildung 16: Liquiditätsplanung

Berechnung der betrieblichen Ausgaben

Die betrieblichen Ausgaben errechnet das Programm durch das Subtrahieren der Posten „Investitionen", „Personalkosten", „Material- und Wareneinkauf", „Zinsen" sowie „Tilgung" aus der Rubrik „Liquiditätsplanung" von der Summe der Aufwendungen aus der Rubrik „Kostenvorschau". Zinsen und Tilgung werden wiederum aus der Rubrik „Eigen- und Fremdmittel" in die Liquiditätsplanung aufgenommen. Durch die automatische Verknüpfung der Excel-Sheets kann ausgeschlossen werden, dass einzelne Elemente der Liquiditätsplanung vergessen oder falsch übertragen werden.

Dadurch ist eine lückenlose Liquiditätsplanung garantiert und ein Vertrauensschaden wird von vornherein vermieden. Dennoch ist zu beachten, dass durch dieses Programm nicht alle Eventualitäten abgedeckt werden können. Sonderfälle können jedoch auf Basis dieser Planung relativ einfach ergänzt werden. Voraussetzung ist natürlich, dass Sie über entsprechende Excel-Kenntnisse verfügen.

Weitere Optionen der Finanzplanung

Neben den bereits genannten Rubriken bietet das Excel-Tool noch einige zusätzliche Features (=Sonderanwendungen) an. Zum einen wird durch das Programm unter der Rubrik „GuV" eine Gewinn- und-Verlust-Rechnung erstellt.

	1. Geschäftsjahr		2. Geschäftsjahr		3. Geschäftsjahr	
	Euro	%	Euro	%	Euro	%
Umsatzerlöse (brutto)	0		0		0	
- Umsatzsteuer	0		0		0	
Umsatzerlöse (netto)	0		0		0	
Sonstige betriebl. Erträge	0		0		0	
Betriebsertrag	0	100,0	0	100,0	0	100,0
- Wareneinkauf / Materialaufwand	0	#DIV/0!	0	#DIV/0!	0	#DIV/0!
- Personalaufwand	0	#DIV/0!	0	#DIV/0!	0	#DIV/0!
- Normalabschreibung (AfA)	0	#DIV/0!	0	#DIV/0!	0	#DIV/0!
- Zinsaufwand	0	#DIV/0!	0	#DIV/0!	0	#DIV/0!
- Sonstiger betriebl. Aufwand	0	#DIV/0!	0	#DIV/0!	0	#DIV/0!
Betriebsaufwand	0	#DIV/0!	0	#DIV/0!	0	#DIV/0!
Betriebsergebnis	0	#DIV/0!	0	#DIV/0!	0	#DIV/0!
Öffentliche Zuschüsse/ Zulagen	0		0		0	
Sonstige neutrale Erträge	0		0		0	
- Neutrale Aufwendungen	0		0		0	
Ausgewiesenes Ergebnis	0	#DIV/0!	0	#DIV/0!	0	#DIV/0!

Abbildung 17: GuV

Gewinn-und-Verlust-Rechnung

Die GuV wird in Abbildung 17 dargestellt und bezieht fast alle relevanten Daten aus den bereits ausgefüllten Rubriken „Umsatzvorschau", „Kostenvorschau" und „Investitionen". Einzig öffentliche Zuschüsse sowie sonstige neutrale Erträge und neutrale Aufwendungen müssen noch ergänzt werden.

Neutrale Erträge

- Der neutrale Ertrag gehört zu den Grundbegriffen des Rechnungswesens.
- Hierbei findet eine Abgrenzung zwischen neutralem Ertrag und betrieblichem bzw. Zweckertrag statt.
- Das bedeutet, dass ein neutraler Ertrag nicht durch den ordentlichen betrieblichen Leistungsprozess entsteht.
- Ein neutraler Ertrag besitzt somit keinen Leistungscharakter.
- Beispiele für einen neutralen Ertrag sind neben dem Verkauf eines Herdes auch eine Steuerrückzahlung oder ein Ertrag aus Finanzanlagen.

Neutrale Aufwendungen

- Neutrale Aufwendungen setzen sich aus betriebsfremden Aufwendungen, außerordentlichen Aufwendungen, sonstigen neutralen Aufwendungen und periodenfremden Aufwendungen zusammen.
- Bei den betriebsfremden Aufwendungen handelt es sich genau wie bei den betriebsfremden Erträgen um Aufwendungen, die nicht durch den ordnungsgemäßen Leistungsprozess entstehen.
- Unter „außerordentlichen Aufwendungen" versteht man beispielsweise einen Forderungsausfall. Sie haben einem Gast für seine Geburtstagsfeier fünf kalte Platten geliefert. Jedoch ist Ihr Kunde in die Insolvenz geraten und kann die Rechnung nicht bezahlen. Solche außerordentlichen Aufwendungen sind zwar betrieblich bedingt, fallen jedoch sowohl in der Höhe als auch bezüglich der Zeit in unregelmäßigen Abständen an.
- Der periodenfremde Aufwand fällt, wie der Name schon sagt, in einer fremden Periode an. Ein Beispiel hierfür wäre, wenn Sie im Dezember eine Lieferung bezahlen, die Sie aber erst im Februar bekommen. .
- Zu den sonstigen neutralen Aufwendungen zählen alle Aufwendungen, die in der Kostenrechnung anders behandelt werden, wie z. B. Abschreibungen.

Investitionen

Als weitere zusätzliche Option bei der Finanzplanung bietet das Programm eine Investitionsrubrik. In dieser Rubrik können Sie langfristige und kurzfristige Investitionen eintragen. Unter einer „Investition" wird das Binden finanzieller Mittel in Finanz-, Sach- oder immaterielles Vermögen verstanden. Dabei steht in der Regel das Erzielen von Einnahmen durch die Investition im Vordergrund.[18] Neben den bereits erwähnten Verknüpfungen zu anderen Rubriken, wie beispielsweise die Verknüpfung mit der Rubrik „GuV", wird auf Basis der in Abbildung 18 angegebenen Investitionen auch gleichzeitig eine Übersicht über die dadurch entstehenden Abschreibungen erstellt.

	1. Geschäftsjahr
Langfristige Investitionen	
Gebäude / Grundstück	0
Renovierungen / Umbauten	0
Computer und Software	0
Werkzeuge und Geräte	0
Büro- und Geschäftsausstattung	0
Fahrzeuge	0
GWG (Kosten <150 EUR)	0
Pool (Kosten ≥150 EUR & <1.000 EUR)	0
Summe	**0**
Kurzfristige Investitionen	
Warenersteinkauf / Materiallager	0
Einkauf	0
Summe	**0**
Gesamtsumme Investitionen	**0**

Abbildung 18: Investitionen

[18] Vgl. http://www.wirtschaftslexikon24.net/d/investition/investition.htm, abgerufen am 26.08.2011.

Sonderthema Investitionsabzugsbetrag: Einblick in die Buchführung

Als in der Praxis sehr nützlich erwiesen hat sich die Inanspruchnahme des Investitionsabzugsbetrags. Dieser ersetzt seit 2007 die bis dahin geltende Ansparabschreibung nach § 7 Abs. 3 EStG.

Investition innerhalb von drei Jahren

Freiberufler und Gewerbetreibende mit bestimmten Grenzen beim Betriebsvermögen (seit 2011 235.000,00 Euro) oder beim Gewinn bei Einnahmen-Überschussrechnern (seit 2011 100.000,00 Euro) dürfen danach bis zu 40 % der voraussichtlichen Anschaffungskosten eines gebrauchten oder neuen Wirtschaftsgutes (Herd, Schankanlage) gewinnmindernd erfassen. Kommt es jedoch zu keiner Investition innerhalb des dreijährigen Investitionszeitraums, ist der Abzugsbetrag rückwirkend wieder aufzulösen. Dauerhafte Vorteile hat demzufolge nur der, der auch tatsächlich investiert. Die Summe aller abgezogenen Beträge darf insgesamt 200.000,00 Euro nicht überschreiten.

Wenn Sie wie geplant investieren, haben Sie den Abzugsbetrag im Jahr der Anschaffung gewinnerhöhend aufzulösen. Dies lässt sich jedoch damit kompensieren, dass gleichzeitig die Anschaffungskosten für das erworbene Wirtschaftsgut um den Auflösungsbetrag gewinnmindernd gekürzt werden. Die Bemessungsgrundlage für die Abschreibung reduziert sich entsprechend.

Von Vorteil kann das besonders sein, wenn dadurch erreicht wird, dass das Anlagegut z. B. als GWG voll abgeschrieben werden kann!

Voraussetzungen

An Voraussetzungen gelten im Wesentlichen die gleichen wie bei der Sonderabschreibung. Bisher erkannte die Finanzverwaltung einen Investitionsabzugsbetrag nur dann an, wenn bei Existenzgründern eine verbindliche Bestellung zum 31.12. des Jahres der Bildung vorlag. Dies ist nach der neueren Rechtsprechung nicht mehr zwingend erforderlich. Die Investitionsabsicht kann nunmehr auch durch andere Belege glaubhaft gemacht werden.

Gerade zum Investitionsabzugsbetrag gibt es bislang nur wenig Rechtsprechung. Es wird noch Jahre dauern, bis alle Detailfragen abschließend geklärt sind. Bei Streitpunkten bleibt Ihnen deshalb leider nur die Möglichkeit, vor Gericht zu ziehen, wenn Sie sich ungerecht behandelt fühlen.

Sonderthema: Kosten i. Z. m. Selbstständigkeit: Einblick in die Buchführung

Des Weiteren sind alle Kosten im Zusammenhang mit der Selbstständigkeit zu buchen (auch schon vor der Gründung, d. h. in der Vorbereitungszeit in Hinblick auf die tatsächlich stattfindende Gründung!).

- Fahrtkosten: pauschal 0,30 € pro gefahrenen Kilometer oder Nachweis der tatsächlichen Kosten anhand eines Einzelkostennachweises über einen repräsentativen Zeitraum – dann ist auch ein höherer Kilometerkostensatz möglich!
- Raumkosten evtl. auch Arbeitszimmer bei entsprechenden Voraussetzungen
- Bewirtungskosten (70 % vom Nettobetrag zzgl. 100 % der Vorsteuer)
- Telefonkosten (z. B. Handykosten)
- Kleinere Kundengeschenke (bis 30 Euro)
- Sonstiger Bürobedarf
- Kundengeschenke (bis netto 35,00 Euro)
- Einlage von Werkzeug, Betriebsbedarf, Kleinbedarf etc.

Eine entsprechende Aufstellung der einzelnen Kosten und GWGs kann schnell zu einer Steuerentlastung von mehreren tausend Euro führen.

Abschließend soll darauf hingewiesen werden, dass diese Zusammenstellung keine steuerliche Beratung darstellt und eine selbige nur von einem zugelassenen Steuerberater erbracht werden kann. Dieser sollte idealerweise eine entsprechende Affinität zum Gründungsbereich mitbringen, um fachlich kompetent die Bedürfnisse der Gründer abdecken zu können.

Abschreibungen

Unter einer „Abschreibung" wird der Betrag verstanden, der den Leistungsverlust bzw. die Wertminderung eines Wirtschaftsguts beschreibt. Dabei entsteht der Leistungsverlust bzw. die Wertminderung durch Benutzung, Alterung oder Verbrauch. Im betrieblichen Bereich gibt es viele verschiedene Arten der Abschreibung mit ganz unterschiedlichen Zielsetzungen. Aber nicht jede Abschreibung kann bei allen Wirtschaftsgütern verwendet werden.

Nachfolgend eine Übersicht über die wichtigsten Abschreibungsarten:

Lineare Abschreibung

Die **lineare Abschreibung** ist die bekannteste Abschreibungsart. Bei ihr wird die voraussichtliche Nutzungsdauer des Wirtschaftsguts ermittelt. Anschließend wird durch die Division des Kaufpreises durch die voraussichtliche Nutzungsdauer die Abschreibungsrate bestimmt. Die dadurch bestimmten Abschreibungsraten weisen somit immer die gleiche Höhe auf.

> Ein Unternehmer kauft eine Maschine im Wert von 100 €. Aus Erfahrungswerten weiß er, dass er die Maschine spätestens in zehn Jahren ersetzen muss. Daraus folgt, dass der Unternehmer die Maschine über zehn Jahre abschreibt und sich eine jährliche Abschreibungsrate in Höhe von 100 € / 10 Jahre = 10 € ergibt.

Dieses Verfahren muss zwingend bei beweglichen und unbeweglichen Wirtschaftsgütern angewandt werden.

Degressive Abschreibung

Die **degressive Abschreibung** wurde ab dem 01.01.2011 abgeschafft.

GWG

Die **Geringwertige-Wirtschaftsgüter(GWG)-Sofortabschreibung:** Hierbei gibt es ein Wahlrecht. Eine Möglichkeit ist, 100 % der Anschaffungskosten bis netto 410,00 € sofort abzuschreiben. Voraussetzung: Das Wirtschaftsgut ist selbstständig nutzbar, ob alt oder neu ist unerheblich. Bei einem Betrag über 410,00 € muss eine Aktivierung und AfA (Abschreibung) über die voraussichtliche Nutzungsdauer erfolgen.

Sammelposten

GWG-Sammelposten (Poolabschreibung): Hier hat man ein Wahlrecht. Anschaffungskosten bzw. Herstellungskosten bis 150,00 € werden entweder sofort zu 100 % abgeschrieben oder aktiviert und abgeschrieben über die betriebsgewöhnliche Nutzungsdauer; Anschaffungskosten zwischen 150,00 € und 1.000,00 € netto können in einen Sammelposten aktiviert werden. Dieser Pool muss jährlich fest über fünf Jahre abgeschrieben werden. Anlagenabgänge innerhalb des Fünfjahreszeitraums bleiben dabei unberücksichtigt.

Leistungsabschreibung

Leistungsabschreibung: nur zulässig bei beweglichen Wirtschaftsgütern; sinnvoll, wenn das abzuschreibende Wirtschaftsgut (WG) hinsichtlich Nutzung und Verschleiß starken Schwankungen unterliegt, die Leistung des WG muss dann eindeutig durch einen Kilometer-, Einheiten- oder Arbeitsstundenzähler (z. B. Kauf eines Transporters für einen Lieferservice) messbar sein.

Außerplanmäßige Abschreibung

Außerplanmäßige Abschreibung: Bei einer technischen oder wirtschaftlichen Abnutzung kann man außerplanmäßig abschreiben. Ein Beispiel wäre, wenn ein Tiefkühlcontainer nicht mehr benötigt wird, weil die Erzeugnisgruppe „Tiefkühlkost" aufgegeben wird, dann muss der Kühlcontainer außerplanmäßig abgeschrieben werden.

Sonderabschreibung

Sonderabschreibung für kleine und mittlere Betriebe (Achtung Größenmerkmale beachten); bis zu 20 % der Ak/Hk innerhalb von fünf Jahren (freiwillig) bei beweglichen neuen oder gebrauchten WG; betriebliche Nutzung im Jahr des Kaufs und im Folgejahr mind. 90 %

Excel-Tool: lineare Abschreibung

Bei der durch das Excel-Tool bereitgestellten Abschreibungsmethode handelt es sich um die lineare Abschreibung. Das Programm übernimmt die Angaben zu den Investitionen und teilt diese durch die vom Benutzer vorgegebene Nutzungsdauer. Sie können so, ohne selbst zum Taschenrechner greifen zu müssen, sofort sowohl die Abschreibungsraten für die einzelnen Wirtschaftsgüter und Jahre als auch die kumulierten Abschreibungen ablesen.

	Nutzungsdauer	1. Geschäftsjahr
Langfristige Investitionen		
Gebäude / Grundstück		
Renovierungen / Umbauten		
Computer und Software		
Werkzeuge und Geräte		
Büro- und Geschäftsausstattung		
Fahrzeuge		
GWG (Kosten <150 EUR)	1	
Pool (Kosten ≥150 EUR & <1.000 EUR)	5	
Summe		
Kurzfristige Investitionen		
Warenersteinkauf / Materiallager	1	
Einkauf	1	
Summe		
Gesamtsumme Abschreibungen		

Abbildung 19: CD-Vorlage Abschreibungen

Kapitalstruktur – die optimale Mischung macht's

Im folgenden Kapitel soll es um die unterschiedlichen Kapitalarten gehen.[19] Bei der Finanzierung Ihres Gastronomiebetriebes haben Sie als Gründer die unterschiedlichsten Typen an Kapital zur Auswahl. Abbildung 20 gibt Ihnen einen umfassenden Überblick über mögliche Kapitalvarianten.

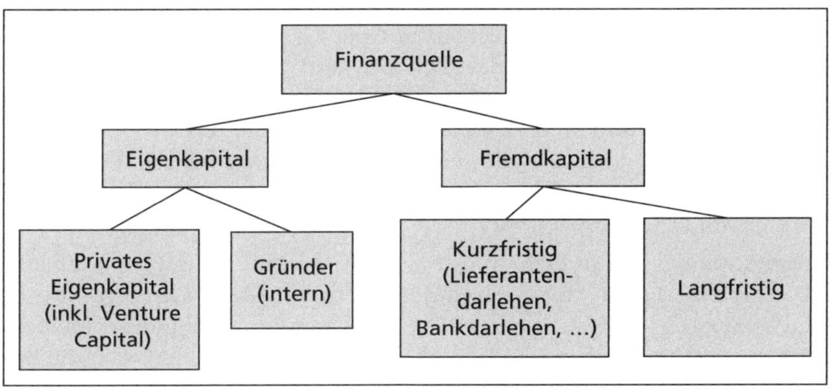

Abbildung 20: Übersicht über mögliche Finanzierungsquellen

[19] Zum Teil an weiterführender Fachliteratur orientiert; vgl. hierzu u.a. auch Fischl, Bernd: Alternative Unternehmensfinanzierung für den deutschen Mittelstand; Deutscher Universitätsverlag, Mai 2006; S. 13 ff.

Kapitalarten

Grundsätzlich wird bei der Finanzierung zwischen Eigen- und Fremdkapital unterschieden. Zusätzlich trifft man in der Praxis auf eine Mischform der Eigen- und Fremdfinanzierung. Diese Finanzierungsform weist sowohl Eigen- als auch Fremdkapitalmerkmale auf und wird als „Mezzaninekapital" bezeichnet. Die drei Kapitalarten werden im Folgenden nur kurz dargestellt und die Abgrenzung in der Praxis aufgezeigt. Abbildung 21 liefert eine Übersicht über die Einordnung der unterschiedlichen Kapitalarten.

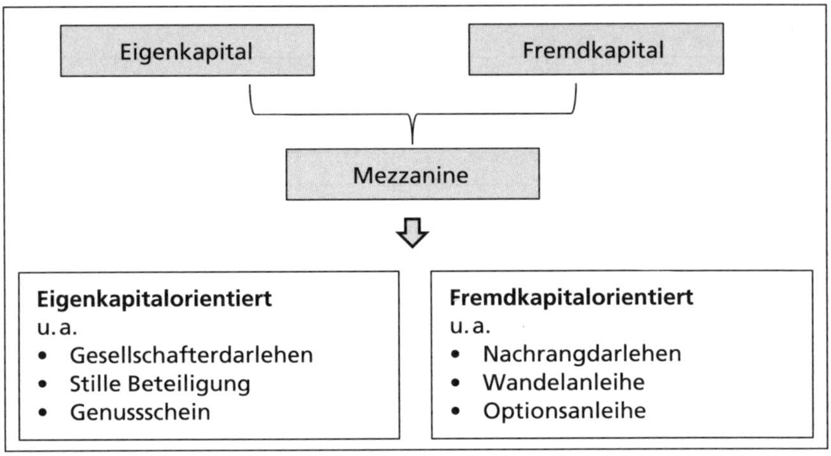

Abbildung 21: Einordnung von Eigen-, Mezzanine- und Fremdkapital

Eigenkapital

Der Begriff „Eigenkapital" wird so definiert: „Das Eigenkapital eines Unternehmens ist von dessen Fremdkapital zu unterscheiden (vgl. § 266 Abs. 3 HGB). Eigenkapital sind dem Unternehmen zufließende Mittel, die als Leistungen der Gesellschafter (hier Gastronom bzw. Inhaber) zu betrachten sind (also auch der Gewinn, und zwar unabhängig davon, ob er ausgeschüttet wird oder nicht). Das Eigenkapital ist letztlich der Anteil der Eigentümer am Gesellschaftsvermögen, das den Gläubigern der Gesellschaft haftet. Liegt kein Eigenkapital vor, handelt es sich um Fremdkapital, wobei auch ein Unternehmensgesellschafter als Fremdkapitalgläubiger auftreten kann."[20]

Eigenkapital steigt in Firmen mit Gewinn an und nimmt bei Verlusten ab. Ebenso erhöhen bzw. vermindern Entnahmen und Einlagen durch die Inhaberdes Unternehmens das Eigenkapital.[21] Bei Eigenkapital handelt es sich um Haftungskapital, d.h. Kapital, das bei einer eventuellen Insolvenz erst am Schluss bedient und ausgeschüttet wird, d.h. wenn andere Gläubiger bzw. andere Kapitalgeber bedient sind. Entsprechend

---

[20] http://de.wikipedia.org/wiki/Eigenkapital, abgerufen am 26.08.2011.

[21] Vgl. Zöllner, Wolfgang: Was Führungskräfte von Finanzierung wissen müssen; Wilhelm Heyne Verlag, München, 1976; S. 18.

diesem Sachverhalt nehmen Stabilität und Kontinuität einer Finanzierung mit steigendem Eigenkapitalanteil zu.[22] Jungunternehmen sollten aus diesem Grund bei entsprechendem Risiko mit bis zu 100 % Eigenkapital finanziert sein.[23] Das Interesse des Inhabersliegt meist im Erzielen einer möglichst hohen Rendite des eingesetzten Eigenkapitals.[24]

Fremdkapital

„Das Fremdkapital stellt einen Teil der Bilanz eines Unternehmens dar und wird auf der Seite der Passiva aufgeführt. Es handelt sich also um einen Teil der Mittel, mit denen das Unternehmensvermögen finanziert wurde. Das Fremdkapital wird nicht vom Unternehmen oder dessen Inhabern zur Verfügung gestellt. Dazu zählen unter anderem Darlehen von Banken und Obligationen, die mit weiteren Finanztiteln unter dem Oberbegriff Verbindlichkeiten zusammengefasst werden."[25]

Meist wird für Fremdkapital ein fester Zins bestimmt. Aus diesem Zusammenhang resultiert ein Schuldverhältnis und kein Beteiligungsverhältnis.[26]

Mezzaninekapital

Eine Mischform aus Eigenkapital und Fremdkapital stellt das sog. Mezzaninekapital dar. Unter Mezzaninekapital fallen insbesondere → **stille Beteiligungen** (typisch und atypisch), → **Genussscheine/-rechte**, → **Wandel-/Optionsanleihen** sowie → **Nachrangdarlehen**. Auch in Deutschland gewinnen diese alternativen Finanzierungsformen zunehmend an Bedeutung.[27]

Stille Beteiligungen

- Bei der stillen Beteiligung wird der Gesellschaft Eigenkapital zugeführt, ohne dass dabei Anspruch auf unternehmerische Mitbestimmung erlangt wird.
- Bei der stillen Beteiligung wird zwischen typisch und atypisch unterschieden.
- Im Gegensatz zur atypischen stillen Beteiligung profitiert der Kapitalgeber bei der typischen stillen Beteiligung nicht an stillen Reserven.

Genussscheine/-rechte

- Bei einem Genussschein handelt es sich um ein verbrieftes Recht, das je nach Ausgestaltung Züge einer Aktie oder Anleihe aufweist.
- In der Regel werden Genussscheine im Fall einer Insolvenz erst dann bedient, wenn alle Forderungen der Gläubiger befriedigt wurden.

---

22 Vgl. Lachenmaier, Dieter: Krisensicher finanzieren ohne Bank; mvg-Verlag, Landsberg a. L., 1999; S. 11.

23 Vgl. Wipfli, Cyrill: Unternehmensbewertung im Venture Capital-Geschäft – Herleitung von Einflussfaktoren und deren empirische Überprüfung in der Praxis; Verlag Paul Haupt, Bern/Stuttgart/Wien, 2001; S. 199.

24 Vgl. Rehkugler; Schindel: Finanzierung; Verlag V. Florentz, 3. Auflage, München, 1986, S. 129 f.

25 http://de.wikipedia.org/wiki/Fremdkapital, abgerufen am 26.08.2011.

26 Vgl. Zöllner, Wolfgang: Was Führungskräfte von Finanzierung wissen müssen; Wilhelm Heyne Verlag, München, 1976; S. 18.

27 Vgl. Jänisch, Christian; Moran, Kevin: Eichel im Kopf – Steuerliche Chancen und Risiken von Finanzierungsinstrumenten; In: Finance; Ausgabe März 2005; S. 78 f.

Wandel- und Optionsanleihen

- Die Wandelanleihe ist ein verzinsliches Wertpapier, das es dem Inhaber erlaubt, innerhalb einer bestimmten Frist die Anleihe in Unternehmensanteile (Aktien) umzuwandeln.
- Dadurch wird anfängliches Fremdkapital bei Umwandlung zu Eigenkapital.

Nachrangdarlehen

- Eine besondere Darlehensform, die keine Sicherheiten des Kreditnehmers benötigt.
- Diese Darlehensform wird im Insolvenzfall erst befriedigt, nachdem alle anderen Forderungen bedient wurden.
- Zinsen für Nachrangdarlehen sind in der Regel höher als für „normale" Darlehen.

Sowohl unter haftungsrechtlichen Gesichtspunkten als auch bei der Preisgestaltung liegt Mezzaninekapital zwischen Eigenkapital und Fremdkapital, d.h. Mezzaninekapital wird im Falle einer Insolvenz erst nach erfolgter Kredittilgung bedient. Gleichzeitig wird dieses Risiko mit einem höheren Zins vergütet.

Vor einigen Jahren noch wurden in Deutschland kleine und mittlere Unternehmen (KMU) überwiegend über Bankdarlehen und -kredite finanziert. Gerade der deutsche Finanzplatz vertraute in den vergangenen Jahren etwas zu lange auf evtl. obsolete Verfahrensweisen.[28] Fremdkapital war für einen Großteil der Firmen meist ohne größere Probleme bei der jeweiligen Hausbank zu bekommen. Mit den Entwicklungen in den vergangenen Jahren wird der Kreditgeber die Kapitalstruktur des Unternehmens, also auch Ihres Gastronomiebetriebes, näher analysieren.

Kapitalstruktur

Die Kapitalstruktur ist das Verhältnis von Fremdkapital zu Eigenkapital und gibt somit Auskunft über die Höhe und die Art des → **Verschuldungsgrades eines Unternehmens**. Erkennbar ist die Kapitalstruktur auf der Passivseite der Bilanz. Oft dient auch der Verschuldungsgrad eines Unternehmens dazu, die Kapitalstruktur darzustellen.

Verschuldungsgrad

- Der Verschuldungsgrad gibt das Verhältnis von bilanziellem Fremdkapital zu Eigenkapital an.
- Dabei ist jedoch zu beachten, dass eine eindeutige Kapitalzuordnung vonnöten ist. Wandelanleihen beispielsweise lassen sich weder eindeutig zu Eigen- noch zu Fremdkapital zuordnen und müssen gesondert berücksichtigt werden.
- Der Verschuldungsgrad ist mitunter ausschlaggebend für die Kreditkonditionen.

[28] Vgl. Kerber, Markus, C.: Eigenkapitalverwandte Finanzierungsinstrumente – Zum Finanzierungspotenzial von Wandelschuldverschreibungen aus aktienrechtlicher Sicht; Schäffer-Poeschel Verlag, Stuttgart, 2002

Die Kenntnis der Kapitalstruktur ist insbesondere für die Beurteilung einer Finanzierung wichtig, weil hierbei auch eine Korrelation mit → **Ausfallwahrscheinlichkeiten** nachweisbar ist.

Ausfallwahrscheinlichkeit

- Die Ausfallwahrscheinlichkeit ist eine statistische Größe, die anzeigt, wie groß die Wahrscheinlichkeit des Versagens ist.
- Im wirtschaftlichen Zusammenhang wird damit meistens die Wahrscheinlichkeit beschrieben, mit der ein vergebener Kredit vom Kreditnehmer nicht mehr zurückbezahlt werden kann.
- Die Höhe der Ausfallwahrscheinlichkeit spiegelt sich meist in den Kreditzinsen wider.

Optimale Kapitalstruktur

Eine Kapitalstruktur kann als optimal angesehen werden, wenn bei gegebenem Gesamtkapital (Eigenkapital zzgl. Fremdkapital) die Unternehmung nicht mehr in der Lage ist, durch Substitution (Ersetzen) von (teurem) Eigenkapital durch (billigeres) Fremdkapital die durchschnittlichen Gesamtkapitalkosten weiter zu reduzieren und damit gleichzeitig den Marktwert des gesamten Unternehmens zu steigern. Oftmals ist zu überlegen, ob es nicht sinnvoller ist, Fremdkapital in das Unternehmen zu investieren anstatt Eigenkapital, um eine möglichst hohe Rendite (durch unterschiedliche Zinssätze) zu erwirtschaften.

Selbst bei tatsächlich nicht vorhandenen → **Kapitalkosten** (z. B. aufgrund von reiner Eigenkapitalfinanzierung) sind diese kalkulatorisch zu berücksichtigen, um eine zu positive Darstellung des Geschäftserfolges zu verhindern.

Kapitalkosten

- Leiht sich ein Unternehmer Geld oder verwendet Eigenkapital, um eine Investition zu tätigen, entstehen ihm dabei Kosten.
- Diese Kosten werden als „Kapitalkosten" bezeichnet und fallen bei Fremdkapital hauptsächlich in Form von Zinsen an.
- Beim Eigenkapital hingegen handelt es sich nicht um tatsächliche Kosten, die der Unternehmer aufbringen muss, sondern um die erwartete Verteilung des Unternehmergewinns an die Eigenkapitalgeber.

Stellen Sie sich vor, dass Sie für Ihr Eigenkapital bei Ihrer Bank 5 % bekommen würden, für Fremdkapital würde eine Zinslast von 3,5 % anfallen. Da ist es aus wirtschaftlicher Sicht besser, Fremdkapital aufzunehmen, als das Eigenkapital in den Gastronomiebetrieb zu investieren.

Unter „Kapitalstruktur" ist auch der Aufbau und die Zusammensetzung des Kapitals einer Unternehmung, insbesondere in rechtlicher und zeitlicher Hinsicht, zu verstehen.[29] Auf eine theoretische Betrachtung bzgl.

---

[29] Vgl. http://www.wirtschaftslexikon24.net/d/kapitalstruktur/kapitalstruktur.htm, abgerufen am 26.08.2011.

der Optimierung der Kapitalstruktur soll an dieser Stelle verzichtet werden.[30]

Jedoch ist zu beachten, dass eine adäquate Kapitalstruktur immer unter Berücksichtigung der jeweiligen Ziele der Finanzierung zu gestalten ist. Entscheidende Ziele einer Finanzierung sind hierbei z. B. die Sicherstellung der Liquidität, Flexibilität und/oder Unabhängigkeit.[31]

Zusammenfassend kann keine generelle Aussage bzgl. der optimalen Gestaltung der Kapitalstruktur getroffen werden. Eine höhere Eigenkapitalausstattung spricht tendenziell eher für ein höheres unternehmerisches Risiko. Dies spiegelt sich meist ebenso in der Vergabepraxis für Fremdkapital der Banken wider.

Sonderthema: Einbringen von Vermögensgegenständen aus dem Privatvermögen und mögliche Kostenaufwandsbuchungen

Im nächsten Kapitel „Die Rechtsform – eine bürokratische Hürde“ wird erläutert, welche Möglichkeiten der Gründer bei der Wahl seiner Rechtsform hat. Hier wird der Fall einer GmbH verdeutlicht – bei Gründung eines Einzelunternehmens kann dieses Kapitel übersprungen werden.

Bei einer GmbH-Gründung muss der angehende Gastronom Einlagen in sein Unternehmen einbringen. Diese müssen jedoch nicht immer in Form von Geldleistungen erbracht werden. Der Gründer oder die Gründer kann/können anstelle eines Geldbetrags auch Sachleistungen einbringen. Dies muss allerdings im Vertrag vereinbart werden. Diese alternative Geldeinlage kann neben Eigentum an Sachen, Forderungen, Grundpfandrechten, dauerhafte Gebrauchsüberlassung an Gegenständen, Handelsgeschäften auch ein oder mehrere Unternehmen sein. Zusätzlich kommen alle weiteren sonstigen Vermögensgegenstände in Betracht. Dabei spielt es keine Rolle, ob der Gegenstand bilanzfähig ist oder nicht. Auch muss dieser keine Verkehrsfähigkeit aufweisen, jedoch übertragbar sein.

Angaben im Gesellschaftervertrag

Sollte sich der Gründer für eine solche Sacheinlage entscheiden, muss im Gesellschaftsvertrag die Angabe des Werts der Sachanlage als Geldbetrag gemacht werden. Zusätzlich muss die Person, die die Sacheinlage vornimmt, sowie eine genaue Bezeichnung des einzubringenden Gegenstandes schriftlich im Gesellschaftervertrag festgehalten werden. Weiterhin muss im Gesellschaftervertrag klar und deutlich herausgestellt werden, dass der Gegenstand der Gesellschaft zur

[30] Siehe hierzu u. a. Koch, Lambert T.; Zacharias, Christoph: Gründungsmanagement; R. Oldenbourg Verlag, München, Wien; 2001; S. 171.

[31] Vgl. Rehkugler; Schindel: Finanzierung; Verlag V. Florentz, 3. Auflage, München, 1986, S. 124.

freien und dauerhaften Verfügung übertragen wird. Auch muss der Gesellschaftsvertrag eine Angabe darüber enthalten, dass der jeweilige Kapitalanteil in Geld durch eine Sachanlage ersetzt werden darf und im Falle einer Sachübernahme muss im Vertrag die Anrechnung auf den einzuzahlenden Kapitalanteil vereinbart werden. Besonderheiten treten vor allem dann auf, wenn es sich bei der Einbringung um ein Unternehmen oder Handelsgeschäft handelt. Hierbei umfasst die Einbringung im Zweifel auch den Kundenstamm, das Know-how und den → **Goodwill**.

Goodwill

- Der Begriff „Goodwill" entspricht dem Ertragswert abzüglich des Substanzwertes eines Unternehmens.
- Dabei setzt sich der Substanzwert aus dem Buchwert des Eigenkapitals und den stillen Reserven zusammen.
- Dieses immaterielle Gut darf in der Bilanz nur dann angesetzt werden, wenn er im Rahmen eines Unternehmenskaufs tatsächlich erworben wurde.

Eine Übernahme der Verbindlichkeiten sollte hingegen im Gesellschaftsvertrag unbedingt schriftlich festgehalten werden. Auch ist eine Firmenfortführung nur zulässig, wenn dies ausdrücklich vereinbart wurde. Als Pflichtangabe wird auf jeden Fall der Einbringungstermin gesehen.

Sachgründungsbericht

Alle Sacheinlagen, die in ein Unternehmen eingebracht werden, müssen in einem separaten Sachgründungsbericht aufgeführt werden. Da dieser nicht Bestandteil des Gesellschaftsvertrags ist, bedarf er somit auch keiner Beurkundung. Die einfache Schriftform ist demnach vollkommen ausreichend, muss jedoch von allen Gründungsgesellschaftern unterzeichnet werden. Bei der Bewertung einer Sacheinlage sollten nur objektive Bewertungskriterien herangezogen werden. Eine für den Gründer besonders schöne Farbe der Maschine ergibt somit keinen Grund, den Wert der Sacheinlage um 100.000 € zu erhöhen.

Zeitwert

Gemäß §9 Abs. 1 GmbH Gesetz ist immer der tatsächliche Zeitwert zum Zeitpunkt der Handelsregistereintragung anzusetzen und gegebenenfalls der fehlende Restbetrag (Differenz zwischen Wert der Sache und dem zu erbringenden Nennbetrag) in Geldleistung zu ergänzen. Bei der Bewertung der Sachleistung sind alle für die Bewertung maßgeblichen Umstände in den Sachgründungsbericht aufzunehmen. Dadurch müssen gegebenenfalls Angaben über die Anschaffungs- und Herstellungskosten, gutachterliche Bewertungen, Marktpreise, Zustand der Sache sowie Nutzungsmöglichkeiten gemacht werden. Diese Angaben müssen gemäß §8 Abs. 1 Nr. 5 bei der Anmeldung der GmbH durch das Beifügen von Unterlagen, die den Wert der Sacheinlage beweisen, nachgewiesen werden. Solche Unterlagen sind in der Regel Rechnungen, Kaufverträge, Preislisten usw.

Einbringungsbilanz

Wird hingegen ein Unternehmen eingebracht, so muss eine Einbringungsbilanz vorgelegt werden. Bei der Übertragung der Sachleistungen ist auf eine saubere Form zu achten. Diesbezüglich muss die Sachleistung in der jeweils gesetzlich vorgeschriebenen Form an die Vor-Gesellschaft veräußert werden. Werden beispielsweise Grundstücke eingebracht, so sind diese aufzulassen und in das Grundbuch einzutragen. Forderungen hingegen müssen abgetreten werden und Sachen sind zu übereignen.[32]

Geringwertige Wirtschaftsgüter

Besitzen die Sacheinlagen nur einen Wert bis zu 150 €, so handelt es sich um geringwertige Wirtschaftsgüter. Hier müssen wieder die Voraussetzungen, wie im Kapitel „Abschreibung im Steuerrecht" beschrieben wurden, beachtet werden. Geringwertige Wirtschaftsgüter können sein:

- Computer
- Regale
- Stühle usw.

Die Rechtsform – eine bürokratische Hürde

Eine weitere Hürde auf dem Weg zur Selbstständigkeit stellt die Wahl der Rechtsform für die Gaststätte dar. Hier gibt es für den angehenden Gastwirt einer Vielzahl an Möglichkeiten. Doch welche Rechtsform ist nun die richtige?

Prinzipiell unterscheidet man bei der rechtlichen Ausgestaltung einer Unternehmung zwischen

- Ein-Personen-Gründungen,
- Personengesellschaften und
- Kapitalgesellschaften.

Der Gastwirt sollte sich jedoch im Klaren sein, dass er in der Regel keine Rechtsform findet, die alle seine Wünsche erfüllt. Auch handelt es sich bei der Auswahl der Rechtsform nicht um eine einmalige Angelegenheit, sondern um ein ständig wiederkehrendes Problem, das je nach Unternehmenszustand neu gelöst werden muss. Dabei spielen neben der Größe des Unternehmens auch Faktoren wie Haftung, steuerliche Aspekte und Kapitalanforderungen eine entscheidende Rolle. Die nachfolgende Abbildung 22 gibt Ihnen einen groben Überblick über mögliche Rechtsformen.

---

32 Vgl. http://www.aachen.ihk.de/de/recht_steuern/download/kh_025.htm, abgerufen am 03.08.2009.

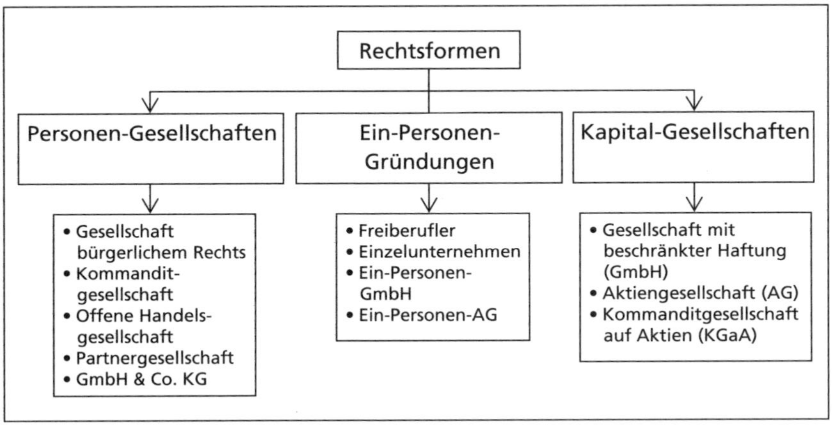

Abbildung 22: Übersicht über mögliche Rechtsformen bei der Unternehmensgründung

Ein-Personen-Gründungen

Einzelunternehmen

Zu den Ein-Personen-Gründungen gehören neben einer freiberuflichen Tätigkeit oder dem Einzelunternehmen auch die Ein-Personen-GmbH (Kapitalgesellschaft) sowie die Ein-Personen-AG (Kapitalgesellschaft). Bei dem Einzelunternehmen handelt es sich um eine Rechtsform, die automatisch entsteht, sobald Sie als Gewerbetreibender oder Freiberufler ein Geschäft eröffnen. Dabei entscheiden Sie selbst über alle Belange Ihres Unternehmens und wie viel Kapital Sie einbringen möchten, haften jedoch auch im Fall eines negativen Geschäftsverlaufs im vollen Umfang mit Ihrem privaten Vermögen. Als Einzelunternehmen (oder auch Freiberufler) zählen Sie nicht als → **Kaufmann** und müssen sich somit nicht ins Handelsregister eintragen.

Kaufmann

Im Handelsgesetzbuch (HGB) heißt es in § 1: „Kaufmann ist, wer ein Handelsgewerbe betreibt. Handelsgewerbe ist jeder Gewerbebetrieb, der einen nach Art und Umfang in kaufmännischer Weise eingerichteten Geschäftsbetrieb erfordert." Ob Sie Kaufmann sind oder nicht ist abhängig

- vom Umfang Ihres Unternehmens und
- von der Rechtsform Ihrer Unternehmung.

Ein-Personen-GmbH

Alternativ zur Einzelunternehmung können Sie Ihr Unternehmen auch als Ein-Personen-GmbH gründen. Dabei müssen Sie jedoch beachten, dass bei der Ein-Personen-GmbH dieselben Bestimmungen wie für eine „Mehrpersonen"-GmbH gelten. Auch bei der Ein-Personen-GmbH sind Sie Ihr eigener Chef und haben gleichzeitig die Rolle als Geschäftsführer inne. Prinzipiell haftet bei einer GmbH nur das Gesellschaftsvermögen. Jedoch sind Ausnahmen möglich, bei denen auch das Privatvermögen für

Haftungszwecke herangezogen werden kann. Dies tritt z. B. ein, wenn Sie gegen die Regeln zum GmbH-Kapital verstoßen. Bei der Gründung ist es wichtig, dass mindestens ein Gründer den Gesellschaftsvertrag notariell beurkunden lässt. Der Gründungsvertrag kann für Standardgründungen dem GmbH-Gesetz in Form eines Musterprotokolls entnommen werden. Bei der Gründung einer Ein-Personen-GmbH liegt die Mindestkapitalanforderung für den Gesellschafter bei 25.000 Euro. Da die Rechtsform der GmbH in kaufmännischer Art und Weise geführt wird, ist bei dieser Art der Gründung ein Eintrag in das Handelsregister vonnöten und Sie werden als Kaufmann angesehen. Eine weitere Möglichkeit ist die UG. Sie unterscheidet sich nur in einem Punkt wesentlich von der GmbH. Man benötigt kein Mindestkapital von 25.000 €.

Ein-Personen-AG

Eine aufwendigere Form der Unternehmensgründung, im Vergleich zu den bereits genannten Rechtsformen, ist die Ein-Personen-AG. Auch die AG zählt neben der GmbH zu den Kapitalgesellschaften, jedoch mit einigen Unterschieden dazu. Beispielsweise ist es aufgrund der Ausgestaltung einfacher, Eigenkapital zu beschaffen oder Anteile auf potenzielle Partner zu überschreiben. Der einfache Verkauf von Anteilen reicht aus, um die AG auf einen Nachfolger zu übertragen. Durch den Aufsichtsrat kann zusätzliches Fachwissen in die Unternehmung eingebracht werden. Nachteilig ist jedoch das höhere benötigte Grundkapital in Form von Aktien (mit einem Mindestnennwert von einem Euro) in Höhe von 50.000 Euro sowie aufwendigere Gründungsformalitäten und Rechenschaftspflichten des mindestens dreiköpfigen Aufsichtsrats. Auch bei der Ein-Personen-AG muss die Satzung notariell beurkundet werden. Zusätzlich müssen die Organe (Aufsichtsrat, Vorstand und Hauptversammlung der Aktionäre) der AG bestellt werden.[33]

Personengesellschaften

Für die Gründung einer Personengesellschaft bedarf es mindestens zweier Personen, die einen gemeinsamen Zweck verfolgen. Rechtsformen, die dem Status einer Personengesellschaft unterliegen, sind zum einen die Gesellschaft bürgerlichen Rechts (GbR) sowie die Kommanditgesellschaft (KG), die offene Handelsgesellschaft (OHG), die Partnergesellschaft (PartG) und die GmbH & Co. KG.

Gesellschaft bürgerlichen Rechts

Die GbR entsteht beim Zusammenschluss von mindestens zwei Partnern automatisch und kann sowohl von Gewerbetreibenden als auch von Freiberuflern gegründet werden. Bei der GbR handelt es sich um eine sehr unkomplizierte Form der Unternehmensgründung. Selbst eine mündliche Vereinbarung zwischen zwei Geschäftspartnern reicht aus, um ein solches Konstrukt zu bilden. Wie bei dem Einzelunternehmen ist weder eine Kapitaleinlage vorgeschrieben noch ein Eintrag in das Handelsregis-

[33] Vgl. http://www.existenzgruender.de/selbstaendigkeit/planung/know_how/rechtsform/index.php, abgerufen am 26.08.2011.

ter vonnöten. Entschließen sich die Gesellschafter jedoch für den Eintrag in das Handelsregister oder wird das Unternehmen gemäß § 1 Abs. 2 HGB als Handelsgewerbe betrieben, wandelt sich die GbR automatisch in eine OHG um. Wird kein Eintrag in das Handelsregister vorgenommen, ist trotzdem zu beachten, dass sich jeder Gesellschafter beim Gewerbeamt anmelden muss. Bei einer freiberuflichen Tätigkeit ist beim zuständigen Finanzamt eine Steuernummer zu beantragen. Entscheidend bei der Namensgebung ist, dass der Firmenname sowohl Vor- als auch Nachname der Gesellschafter enthält.

Kommanditgesellschaft

Eine weitere sehr gängige Form der Unternehmensgründung ist die KG. Im Gegensatz zur GbR hat der Unternehmer („Komplementär") das alleinige Sagen im Unternehmen. Alle weiteren Gesellschafter („Kommanditisten") führen dem Unternehmen Kapital zu, haben jedoch kein Mitspracherecht bei der Geschäftsführung.

Auch bei der Haftung unterscheidet sich der Komplementär von den Kommanditisten. Anders als die Kommanditisten, die nur in Höhe des eingebrachten Kapitals haften, wird beim Komplementär auch dessen Privatvermögen für Haftungszwecke herangezogen. Aus steuerrechtlicher Sicht beziehen Sie als Mitunternehmer Einkünfte aus Gewerbebetrieb und haften auch für Steuerschulden mit Ihrem Privatvermögen.

Offene Handelsgesellschaft

Wie bereits bei der GbR angedeutet entsteht die OHG unter anderem durch den Eintrag einer GbR in das Handelsregister. Auch bei der Gründung der OHG ist kein Mindestkapital vorgeschrieben und der Gesellschaftsvertrag unterliegt keiner festen Formvorgabe. Aufgrund der Tatsache, dass die OHG eine Personengesellschaft ist, haften die Gesellschafter auch bei dieser Form der Unternehmensgründung mit Ihrem Privatvermögen. Vertragliche Ausnahmeregelungen sind jedoch möglich.

GmbH & Co. KG

Bei der GmbH & Co. KG, ebenfalls eine Form der Personengesellschaft, handelt es sich um einen Komplementär in Form einer GmbH. Dieser kann seine Haftung beschränken. Durch diese Unternehmensform bietet sich die Möglichkeit, eine KG zu gründen und dabei das Haftungsrisiko zu reduzieren. Die Kommanditisten der Gesellschaft sind in der Regel die Gesellschafter der GmbH. Auch bei der GmbH & Co. KG ist ein Eintrag in das Handelsregister notwendig und man benötigt ein Mindestkapital von 25.000 Euro (für die haftende Komplementär-GmbH).[34]

Kapitalgesellschaften

Eine letzte große Gruppe der Unternehmensformen sind die Kapitalgesellschaften. Dazu gehören neben der Gesellschaft mit beschränkter Haftung (GmbH) auch die AG und die Kommanditgesellschaft auf Aktien (KGaA). Im Gegensatz zu Personengesellschaften handelt es sich bei

[34] Vgl. http://www.existenzgruender.de/selbstaendigkeit/planung/know_how/rechtsform/index.php, abgerufen am 26.08.2011.

Kapitalgesellschaften um juristische Personen und die Gesellschafter bzw. Anteilseigner haften nur mit der Höhe Ihres eingebrachten Kapitals. Anteilseigner können dabei Kapital zur Verfügung stellen, ohne aktiv an der Unternehmensführung partizipieren zu müssen. Diese Unternehmensformen werden hier nur der Vollständigkeit halber aufgeführt. Diese Rechtsformen sind für eine „normale" Gastwirtschaft uninteressant.

Kleine AG

Durch die kleine AG hat der Gründer die Möglichkeit, Anleger durch die Ausgabe von Aktien zu beteiligen. Dabei ist ein Mindestkapital von 50.000 Euro erforderlich und ein mit mindestens drei Mitgliedern bestückter Aufsichtsrat muss installiert werden. Bei einer Mitarbeiterzahl kleiner als 500 ist keine Mitbestimmung im Aufsichtsrat vorgesehen. Die Aktien der kleinen AG werden nicht an einer Börse gehandelt.

Da die GmbH bereits bei der Ein-Personen-GmbH erläutert wurde, soll an dieser Stelle auf eine wiederholte Darstellung verzichtet werden.[35]

UG (haftungsbeschränkt)

Ein Spezialfall der GmbH ist die Unternehmergesellschaft (haftungsbeschränkt). Dabei handelt es sich jedoch nicht um eine neue Rechtsform – die UG (haftungsbeschränkt) ist eine GmbH, für die lediglich einige Sondervorschriften im GmbH-Gesetz gelten. Der wichtigste Unterschied besteht darin, dass die UG (haftungsbeschränkt) theoretisch mit einem Mindeststammkapital von einem Euro gegründet werden kann.

Mit der UG (haftungsbeschränkt) will der Gesetzgeber in erster Linie Gründern mit tatsächlich nur geringem Kapitalbedarf den späteren Einstieg in eine GmbH erleichtern. Ob die UG (haftungsbeschränkt) ein Erfolgsmodell wird und vor allem von Geschäftspartnern akzeptiert wird, ist noch offen. Die UG (haftungsbeschränkt) unterliegt, bis auf wenige Ausnahmen, denselben Regelungen wie die GmbH.

Kommanditgesellschaft auf Aktien

Bei der Kommanditgesellschaft auf Aktien handelt es sich um eine Mischform aus Aktiengesellschaft und Kommanditgesellschaft. Bei dieser Rechtsform muss gemäß § 278 I AktG mindestens ein voll haftender Komplementärgesellschafter vorhanden sein. Die Kommanditaktionäre besitzen zwar Anteile am Grundkapital in Form von Aktien, haften jedoch nicht mit ihrem persönlichen Vermögen. Im Extremfall könnte diese Form der Unternehmung auch von einer einzigen Person gegründet werden. In diesem Fall ist der KGaA-Komplementär zugleich auch Kommanditaktionär. Die Geschäftsführung wird in der Satzung der KGaA festgesetzt und in der Regel, soweit nicht anders festgehalten, durch den persönlich haftenden Komplementärgesellschafter übernommen. Bei der Hauptversammlung hat dieser jedoch kein Stimmrecht.[36]

Bei der Wahl der Rechtsform kann man nicht pauschal sagen, welche die richtige ist. Man muss die einzelnen Vor- und Nachteile abwägen und

---

35 Vgl. http://www.existenzgruender.de/selbstaendigkeit/planung/know_how/rechtsform/index.php, abgerufen am 26.08.2011.

36 Vgl. http://www.onpulson.de/management/magazin/fachartikel/show–428-1.htm, abgerufen am 26.08.2011.

sich so auf eine Rechtsform konzentrieren. In Deutschland wurden im Jahr 2011 rund 80 % Einzelunternehmen gegründet.[37] Sie können schnell und unkompliziert gegründet werden. Bei größeren Unternehmen, vor allem in der Hotellerie ist eine GmbH- oder OHG-Gründung nicht ungewöhnlich.

Rechte und Pflichten eines Geschäftsführers

Entscheidend für den Erfolg einer Gaststätte oder Kneipe ist neben zahlreichen Faktoren wie beispielsweise Mitarbeiter, Organisation des Unternehmens, Rechtsform und Planung generell auch die Leistung des Inhabers. Dieser hat die Aufgabe, das Unternehmen zu leiten und somit den Unternehmensgegenstand in allen Bereichen optimal umzusetzen. Hauptziel des Inhabers sollte es deshalb sein, Gewinn zu erzielen und den Unternehmenswert zu steigern. Da diese Position in einem Gastronomiebetrieb eine sehr bedeutende Stellung hat und die Leitung einer Gaststätte oder eines Cafés mit großer Verantwortung einhergeht, werden im nachfolgenden Abschnitt – am Beispiel der Einzelunternehmung – die Rechte und Pflichten dargestellt.

Allgemeines

Die Einzelunternehmung kann ohne größere finanzielle Rücklagen schnell und leicht gegründet werden. Wenn der Inhaber des Unternehmens „Kaufmann" im Sinne des Handelsgesetzbuches ist, ist er zum Führen von Büchern (Einnahmen und Ausgaben) verpflichtet. In Deutschland ist das Einzelunternehmen die beliebteste Rechtsform von allen.

Prinzipiell hat der Inhaber – in unserem Fall also der Gastwirt – die Pflicht bzw. die Aufgabe, das Unternehmen zu leiten und zu führen. Persönliche Eigenschaften und Fähigkeiten des Inhabers sind beim Einzelunternehmen von großer Bedeutung. Dabei ist es wichtig, dass diejenige bzw. derjenige belastbar ist und ein konkretes Ziel vor Augen hat. Das bedeutet, dass mangelnde Erfahrung sowie fehlende Kenntnisse den Inhaber nicht entschuldigen, falls er Fehler macht.

Geschäftsbezeichnung

Als Einzelunternehmer kann man sich freiwillig ins Handelsregister eintragen lassen, um so den Titel „Kaufmann" zu erlangen. Allerdings zieht diese Form die Konsequenz nach sich, dass man Bücher führen muss (Einnahmen und Ausgaben). Viele Unternehmer in Deutschland lassen sich nicht ins Handelsregister eintragen und firmieren als sog. „Kleingewerbetreibender". Dieser handelt im täglichen Geschäftsverkehr mit seinem eigenem Namen (z. B. Gaststätte Meier Inge).

Falls Sie Ihr Unternehmen nicht ins Handelsregister eintragen lassen, sollten Sie den Begriff „Inhaber" vermeiden, da wegen „Fälschung von Tatsachen" rechtliche Schritte gegen Sie eingeleitet werden könnten.

---

[37] Vgl. http://www.ifm-bonn.org/index.php?id=612, abgerufen am 03.05.2012.

Führung durch Dritte

Grundsätzlich ist es möglich, dass Sie Ihren gastronomischen Betrieb von einem Dritten führen und vertreten lassen können. Aber hier ist eine → Prokura oder ein Eintrag ins Handelsregister vonnöten.

Prokura

- Vertretungsbefugnis (Vollmacht)
- Berechtigung zu gerichtlichen und außergerichtlichen Geschäften, die der Betrieb mit sich bringt
- Es besteht keine Beschränkung (z. B. „Er darf nur die Getränkelieferung annehmen." Diese Art der Befugniseinschränkung ist nicht möglich.).[38]

Haftung

Der Einzelunternehmer haftet mit seinem ganzen Privatvermögen. Um die Haftung einzuschränken, wäre die Gründung einer GmbH sinnvoller. Dies sollte aber im Vorfeld überdacht werden, da beide Rechtsformen Vor- und Nachteile mit sich bringen.

Vorteile

Vorteile des Einzelunternehmens:

- Gründung erfolgt schnell und unkompliziert.
- Es ist kein Mindestkapital einzuzahlen.
- Ein Gewinn bzw. Überschuss steht dem Geschäftsinhaber zu.

Nachteile

Nachteile des Einzelunternehmens:

- Bei der Kapitalbeschaffung können eventuell Schwierigkeiten auftreten.
- Das gesamte Risiko trägt der Inhaber.

Aufgabe des Unternehmens

Die Einzelunternehmung „stirbt", wenn der Geschäftsinhaber wesentliche Bestandteile seiner Unternehmung (z. B. Verkauf des Kücheninventars, sodass keine Bewirtung mehr möglich ist) veräußert oder Betriebsgrundlagen ins private Vermögen überführt.

[38] In Anlehnung an: http://www.rechtslexikon-online.de/Prokura.html, abgerufen am 08.03.2012.

Personal – Mitarbeiter und der Einsatz im Unternehmen

Das Thema Personal wird von den meisten Gründern nur am Rande oder überhaupt nicht behandelt bzw. nicht mit dem nötigen Respekt wahrgenommen. Viele Dinge sind aus Sicht des Gründers wichtiger: die Unterschrift unter dem Pachtvertrag, die Kalkulation der Gerichte oder die Verhandlungen mit den Lieferanten. Doch genau hier liegt der Trugschluss: Die ersten Mitarbeiter haben einen größeren Einfluss auf den Unternehmenserfolg als vielfach behauptet. Gerade der erste Eindruck (Freundlichkeit, Hilfsbereitschaft, Fachkompetenz) bleibt den meisten Gästen in Erinnerung. Diejenigen Unternehmen, die in die Beschaffung und Ausbildung von Personal investieren, werden sich am Markt durchsetzen und sich einen Wettbewerbsvorteil erarbeiten können.

Personalbeschaffung – wie und woher bekommen Sie geeignete Mitarbeiter?

Gute und loyale Mitarbeiter sind der Wunsch jedes Unternehmers. Doch woher nehmen? Der Markt gibt oft nicht die Mitarbeiter her, die gewünscht oder dringend benötigt werden. Wo findet man heutzutage gut ausgebildete und zuverlässig arbeitende Mitarbeiter und wie lassen sich diese an den eigenen Gastronomiebetrieb binden?

Mitarbeiter bilden nicht nur die Seele und den Kern eines gastronomischen Betriebes, sie kosten auch viel Geld, gerade dann, wenn sie nicht die Leistung bringen oder die Einstellung haben, die man sich wünscht. Unfähige Mitarbeiter richten einen enorm großen Schaden an. Ist ein Gast erst einmal von Ihrem Restaurant oder Ihrer Kneipe enttäuscht, weil einer Ihrer Mitarbeiter Freundlichkeit, Hilfsbereitschaft oder Anstand vermissen lässt, ist die Wiedergewinnung des Kunden ein sehr teures Unterfangen.

Strategisches Personalmarketing

Eine der wichtigsten Grundlagen, um einen gastronomischen Betrieb mittel- oder auch langfristig mit gutem und qualifiziertem Personal zu versorgen, und damit aktive Existenzsicherung zu betreiben, ist das operative und strategische Personalmarketing. Zu diesem Zweck kommt eine Vielzahl von Werbemitteln und Werbeträgern zum Einsatz, um die Suche nach neuen Mitarbeitern und potenziellen Führungskräften zu optimieren. Hierbei lässt sich die Personalsuche über ein eigenes Netzwerk (Freunde, Bekannte, Familie) oder über externe Netzwerke (Jobbörsen und Stellenanzeigen in regionalen oder überregionalen Printmedien) unterscheiden. Das Personalmarketing dient den Unternehmen auch dazu, ein positives Image aufzubauen und sich einen möglichst guten

Namen in der Branche oder Region zu verschaffen, wenn es darum geht, für qualifizierte Mitarbeiter interessant zu sein.

Social-Media-Marketing

Ein modernes Element der Personalbeschaffung ist heutzutage das sog. Social-Media-Marketing. Zahlreiche Firmen nutzen die Möglichkeiten der Netzwerke für ihre Personalmarketingaktivitäten intensiv und verstehen XING, Facebook und Co. als Ergänzung zu ihren bisherigen Marketingaktivitäten, die durch gezielte Werbemaßnahmen in den Printmedien oder durch die Stellenanzeigen auf der eigenen Website untermauert werden. Social-Media-Plattformen erweisen sich als erweiterte Kommunikationskanäle.

Hierbei bedient man sich der unterschiedlichsten Netzwerke und kommt auf diese Weise mit zahlreichen Usern in Kontakt. XING, Facebook und andere Internetplattformen werden heutzutage als Basis für Personalmarketing genutzt. Hier werden bereits im Vorfeld Informationen über potenzielle Kandidaten eingeholt. Diese Beziehung zwischen Unternehmen und Mitarbeitern oder Usern hat aber auch andere Auswüchse – für viele Bewerber sind Unternehmen, die nicht bei den führenden Netzwerken präsent sind, von vornherein „megaout“ und für den eigenen beruflichen Werdegang lediglich zweite oder dritte Wahl. Unzählige, vor allem kleinere Unternehmen, denken noch über einen Auftritt bei Facebook oder XING nach, wägen Vor- und Nachteile ab und gehen so die Gefahr ein, hier zu spät aktiv zu werden.

Auf Facebook oder Google können Firmen aktuelle Informationen aus dem Unternehmen, Bilder, Jobangebote oder interessante Neuigkeiten als Kurzmeldungen veröffentlichen. Wer an weiteren Details interessiert ist, findet in der Regel eine Verlinkung zur Firmenhomepage, auf der man sich ausgiebig über beispielsweise eine bestimmte interessante Stelle im Unternehmen informieren kann. In Netzwerken gefundene potenzielle Kandidaten können somit direkt angesprochen werden. Dafür sind Businessnetzwerke wie XING besonders gut geeignet, da deren Mitglieder ihr berufliches Profil hinterlegen. Somit wird ein elektronisches Recruiting erleichtert.

Angehörige und Studenten

Viele Gastronomen arbeiten mit Familienangehörigen oder Studenten, was nicht immer problemlos und reibungslos abläuft. Während bei Familienmitgliedern oft die nötige Autorität fehlt, ist die Fluktuation bei Studenten relativ hoch. Um in diesem Punkt eine gewisse Sicherheit zu bekommen, ist es hilfreich sich einen „Pool“ von Mitarbeitern anzulegen, auf den man jederzeit zurückgreifen kann. Gerade im Bereich der Gastronomie gehört eine gewisse Flexibilität seitens der Unternehmer und Mitarbeiter einfach dazu.

Im Folgenden finden Sie eine kurze Aufstellung möglicher Personalrekrutierungsquellen:

- Eigenes Netzwerk (Familie, Freunde)
- Überregionale Jobbörse (Monster, Stepstone, stellenanzeigen.de)

- Regionale Printmedien (Zeitungen, Zeitschriften)
- Personalvermittler, Headhunter (dies wird erst im Bereich der Spitzengastronomie oder in einem Großgastronomiebetrieb wichtig)
- Arbeitsagentur
- Zeitarbeitsfirmen
- Aushänge

Abschließend lässt sich festhalten, dass ein Mix aus herkömmlichen Methoden, wie das Anbringen von Stellensuchanzeigen im Gastraum oder der Einsatz von Printmedien kombiniert mit den neuen Gestaltungsformen des Social-Media-Marketings am erfolgversprechendsten ist.

Methodenmix

Wenn Sie jetzt wissen, woher Sie Ihr Personal rekrutieren, müssen Sie durch eine klare Stellenanforderung und ein effizientes Auswahlverfahren die richtigen Mitarbeiter finden.

Personalanforderungen/Personalauswahlkriterien – wer passt zu Ihnen?

Die Auswahl geeigneter Mitarbeiter erfolgt in der Praxis häufig immer noch unkontrolliert und zufällig. Dies schließt fehlende praktische Kenntnisse des „Aussuchenden" ebenso ein wie völlig ungeeignete Auswahlverfahren. Ein kleines Beispiel verdeutlicht die Problematik:

> Viele Unternehmer in der Gastronomie reden im Vorstellungsgespräch mehr als die Person, die sich eigentlich um die Position bewirbt. Oft fehlt die Fähigkeit oder Gabe zuzuhören. Daraus folgt, dass der Gastronom einen falschen Eindruck vom Bewerber bekommt und ihn unter Umständen in einen nicht geeigneten Bereich einordnet.

Ein strukturiertes Vorstellungsgespräch soll jedoch Fehlentscheidungen vermeiden helfen. Weitreichende betriebswirtschaftliche Einbußen, Imageverluste, eine Verschlechterung des Betriebsklimas usw. können die Folgen der Einstellung eines ungeeigneten Mitarbeiters sein.

Strukturiertes Vorstellungsgespräch

Eine einzige unterqualifizierte Besetzung einer Schlüsselstellung kann die Schlagkraft des gesamten Gastronomiebetriebes schwächen oder zumindest beeinflussen. Was nützt beispielsweise eine herausragende Qualifikation, wenn die Kundenorientierung oder der Umgang mit den Servicekräften zu wünschen übrig lässt? Um solche Stolperfallen zu umgehen, ist die professionelle Auswertung der Bewerbung ein Muss:

Wenn die Mitarbeiterauswahl in die entscheidende Phase geht, sollten Sie sich über das exakte Anforderungsprofil sowohl der Stelle als auch des Kandidaten im Klaren sein. Arbeiten Sie hierbei mit Checklisten, auf denen die wichtigsten und essenziellen Faktoren für die Position in Ihrem Gastronomiebetrieb aufgeführt sind. In einem Anforderungsprofil wer-

Exaktes Anforderungsprofil ausarbeiten

den alle Fähigkeiten zusammengefasst, die ein potenzieller Kandidat erfüllen sollte – sie sind immer stellenbezogen und nicht personenbezogen.

Gewünschte Qualifikationen

Es gibt für die sogenannten „hard facts" keine allgemein verbindliche Aufstellung. Sie müssen sich die jeweilige Position in Ihrem Restaurant oder Ihrem Café ansehen und nach bestem Wissen und Gewissen entscheiden, wer darauf am besten passt. Sind alle Faktoren erfüllt und Sie schwanken noch, ob der Mitarbeiter der Richtige für Sie und Ihr Unternehmen ist, verlassen Sie sich auf Ihr Bauchgefühl.

Softskills

Hier sind einige Kriterien aufgeführt, die Ihnen die Entscheidung eventuell erleichtern:

- Ehrlichkeit, Vertrauenswürdigkeit
- Freundlichkeit
- Fachliche Kompetenz, Berufserfahrung
- Soziale Kompetenz
- Flexibilität
- Sympathisches Wesen (Servicebereich)
- Stressresistenz

Sie haben nun Ihr Personal gefunden, jetzt müssen Sie Ihre Mitarbeiter effizient und effektiv einsetzen. Spitzenzeiten müssen komfortabel abgedeckt werden und in ruhigeren Zeiten sollten Sie Ihren Personalaufwand minimieren.

Personalplanung – effizient und wirkungsvoll

Für kleine und mittlere Unternehmen, zu denen in der Regel auch die gastronomischen Betriebe gehören, sind Personalkosten ein kritischer Erfolgsfaktor. Mit der Ressource Arbeitskraft oder Personal sollten Sie vorsichtig und planvoll umgehen. Eine effiziente Personalplanung dient dazu, die Personalkosten im Griff zu behalten und sich bezüglich der Kostenstruktur gegenüber dem Wettbewerb zu profilieren. Um eine exakte Personalplanung vornehmen zu können, ist eine strukturierte Personalbedarfsrechnung nötig.

Die Personalbedarfsrechnung wird in drei Schritten konzipiert:

- Ermittlung des Bruttopersonalbedarfs
- Berechnung des Nettobedarfs (zukünftiger Personalbestand)
- Soll-Ist-Vergleich

Grundbegriffe der Personalplanung

Zum besseren Verständnis werden nun einige Begriffe der Personalplanung näher erläutert:

- Mithilfe der **Personalbedarfsplanung** wird ermittelt, wie viele Mitarbeiter mit welcher Qualifikation zu welchem Zeitpunkt und an welchem Ort eines Unternehmens benötigt werden.

- Bei der **Personaleinsatzplanung** werden die Mitarbeiter eines Unternehmens an ihren Arbeitsplätzen zeitlich und persönlich (Eignung) optimal eingesetzt.
- Die **Personalanpassungsplanung** beschäftigt sich mit der Frage, wie Mitarbeiter sozialverträglich abgebaut werden können.
- **Personalentwicklung** klärt die Frage, wie sich die eigenen Mitarbeiter innerhalb bestehender Aufgaben weiterbilden oder für neue Aufgabenbereiche qualifizieren können.
- Die **Personalkostenplanung** beschäftigt sich mit den durch das Personal anfallenden Kosten und in welchem Verhältnis diese zu den erzielten Umsätzen stehen. Die Personalkostenquote (Personalkosten im Verhältnis zum Umsatz) ist hierfür ein geeigneter Parameter.

EDV-Unterstützung

In der heutigen Zeit gibt es zahlreiche Anbieter von elektronischen EDV-Programmen, die man zur Personaleinsatzplanung nutzen kann. Diese kosten- und investitionsintensiven Programme werden meistens von größeren Unternehmen in Anspruch genommen – dies setzt ein ausgeklügeltes EDV-Netz und hohe Investitionssummen voraus. Ob Sie ein EDV-gesteuertes Personaleinsatzprogramm nutzen wollen oder müssen, hängt auch mit der Größe Ihres Betriebes zusammen.

Manuelle Planung

Bei der manuellen Planung müssen Sie sog. Mindestanforderungen während Ihrer Öffnungszeiten ermitteln. Diese Mindestanforderungen bilden die Basis einer effizienten Personaleinsatzplanung. Ein Steuerungsinstrument der Personaleinsatzplanung in der Gastronomie ist die Kundenfrequenz. Sie sollten bei hoher Frequenz ausreichend Personal einplanen, da hier die Gefahr lauert, dass unzufriedene Kunden, die nicht rechtzeitig bedient werden können oder zu lange auf die Rechnung warten müssen, in der nächsten Zeit Ihre Gaststätte meiden.

Neben der Personaleinsatzplanung in Stoßzeiten ist es genauso wichtig, die Leerzeiten zu minimieren. Sie planen in schwachen Zeiten weniger Personal, müssen aber den organisatorischen Ablauf einhalten können (Mindestbesetzung).

Einteilung durch Mitarbeiter

Nach einiger Zeit können Sie die Personaleinsatzplanung auch Ihren Mitarbeitern überlassen. Sie geben die Anzahl der benötigten Stunden für die einzelnen Öffnungstage vor und lassen ansonsten Ihren Mitarbeitern freie Hand. Meistens teilen sich die Mitarbeiter die Arbeitszeiten so ein, dass es für alle passt. Ihre Aufgabe bleibt jedoch, die Pläne zu kontrollieren, da Sie die Verantwortung für den Personaleinsatz in Ihrem Gastronomiebetrieb tragen.

Zusammenfassend soll die Personaleinsatzplanung flexibel, bedarfsorientiert, mitarbeiterorientiert und kostenoptimierend sein. Sie ist einer der entscheidenden Erfolgsfaktoren in Ihrem Gastronomiebetrieb.

Viele Selbstständige und Gründer sind zum ersten Mal in Ihrem Leben nicht nur damit konfrontiert, Personaleinsatzpläne zu schreiben und diese auch auf ihre Einhaltung hin zu kontrollieren, sondern auch Mitarbeiter fördernd und fordernd zu führen.

Personalführung – wer ist hier der Boss?

Anforderungen an Führungskräfte sind vielfältig und unterschiedlich – angefangen von der Führung von Mitarbeitern über die Kontrolle der Arbeitsabläufe bis hin zur Umsatz- und Kostenplanung. Welche Basisanforderungen werden an Sie als Führungskraft gestellt? Wie sollen Sie den Anforderungen gerecht werden? Worauf kommt es an? Wie setzen Sie sich durch? Wie gehen Sie mit „schwierigen" Mitarbeitern um? Bevor wir uns mit der Frage auseinandersetzen, wie man Personal führt, müssen wir uns mit dem Thema beschäftigen, welche Voraussetzungen eine Führungskraft mitbringen oder welche Elemente der Führung sie beherrschen muss.

Hohe Anforderungen an Vorgesetzte

Im Gegensatz zu den Ursprüngen der Industrialisierung werden in der heutigen Zeit andere Normen und Wertvorstellungen mit dem Begriff der Führung in Verbindung gebracht. Früher wurde der Mitarbeiter als Befehlsempfänger und ausführendes Organ gesehen, heute hat sich die Wertschätzung deutlich erhöht und der Mitarbeiter wird als Teil des Erfolgs des Unternehmens gesehen. Seine Meinung ist wichtig. Somit hat sich auch die Funktion und Aufgabenstellung des Vorgesetzten verändert. Das Eingehen auf den Mitarbeiter, die Erwartungen, die seitens des Mitarbeiters bestehen und die Zunahme der sozialen Komponente im Verhältnis Führungskraft – Mitarbeiter führen dazu, dass Vorgesetzte immer höhere Anforderungen erfüllen müssen.

Das Anforderungsprofil einer Führungskraft ist vielschichtig und wird maßgeblich von folgenden Komponenten beeinflusst:

- Durchsetzungsvermögen
- Kommunikation und Information
- Fördern und Fordern
- Lob und Kritik
- Entscheidungsfähigkeit
- Ziele
- Delegation von Kompetenz und Verantwortung
- Pre-Sales, At-Sales und After-Sales-Richtlinien
- Unternehmer vor Ort

Im Folgenden wird diesen Punkten besondere Aufmerksamkeit gewidmet, da sie die Basis für jede Art der Führung darstellen und entscheidend den eigenen Führungsstil (autoritär, kooperativ oder situativ) prägen.

Durchsetzungsvermögen

Unangenehme Dinge ansprechen

Unter **Durchsetzungsvermögen** versteht man in der modernen Managementlehre, den Mut zu haben, unangenehme Dinge umgehend anzusprechen. Als Führungskraft, gerade in der Gastronomie, in der Mitarbeiter und Führungskraft so eng zusammenarbeiten, müssen Probleme oder Konflikte unmittelbar gelöst werden. Sonst gehen Sie das Risiko ein, durch das „Aussitzen" eines Konflikts in Ihrer Serviceorientierung gegenüber dem Kunden nachzulassen. Außerdem gehören Selbstvertrauen und Durchsetzung durch Argumente und nicht aufgrund der Vorgesetztenstellung zu den Kerneigenschaften eines Unternehmers.

Sachliche Argumentation

Setzen Sie sich nicht nur auf argumentativer Ebene gegenüber Ihren Mitarbeitern durch, sondern auch bei Einkaufsverhandlungen (siehe Kapitel „Strategien im Einkauf") und gegenüber Geschäftspartnern. Argumentieren Sie immer sachlich und bereiten Sie sich auf solche Gespräche intensiv vor. Als Hauptverantwortlicher sollten Sie bei unternehmensspezifischen Entscheidungen immer das letzte Wort haben. Allein der Wille reicht meistens nicht aus. Die Art der Kommunikation und der eventuelle Vorsprung von Informationen bilden die Grundlage für professionelles Durchsetzungsvermögen.

Kommunikation/Information

Klar kommunizieren

Kommunikation und Information sind durch Offenheit und Klarheit gekennzeichnet. Formulieren Sie Ihre Anweisungen verständlich, einfach und zielgerichtet. Kommen Sie bei der Informationsweitergabe auf den Punkt und vermeiden Sie zu viele Informationen. Unterscheiden Sie zwischen notwendigen Hinweisen, ohne die der Mitarbeiter seinen Job nicht korrekt ausüben kann, und überflüssigen Informationen, die ihn in seiner Tätigkeit nicht weiterbringen.

Bleiben Sie im Dialog

Gewöhnen Sie sich an, täglich mit Ihren Mitarbeitern zu reden. Hierbei sollte nicht immer das Berufliche im Vordergrund stehen, sondern sprechen Sie mit Ihren Mitarbeitern auch einmal über gesellschaftliche oder private Dinge. Wenn Sie Mitarbeiter kooperativ führen wollen, lassen Sie Gespräche zwischen den Mitarbeitern zu und respektieren Sie die Meinung Ihrer Angestellten. Geben Sie ihnen das Gefühl, wichtig zu sein, und hören Sie aktiv zu. Unter „aktivem Zuhören" versteht man, dem Mitarbeiter zuzuhören und ihn durch gezieltes Nachfragen bewusst in Entscheidungsprozesse einzubeziehen. Während eines Gesprächs zu telefonieren oder E-Mails mit Ihrem Smartphone zu beantworten, verdeutlicht dem Mitarbeiter auf eindrückliche Weise, dass Sie keinen Respekt vor ihm haben. Das wird wahrscheinlich dazu führen, dass der Mitarbeiter Gespräche mit Ihnen meiden wird. Somit werden Sie nach einer gewissen Zeit keine Informationen mehr bekommen oder es werden Ihnen wichtige Informationen vorenthalten.

Feedback

Zur Kommunikation gehört Feedback, auch dann, wenn Sie selbst anderer Meinung sind. Nehmen Sie die Äußerungen Ihrer Mitarbeiter ernst und lassen Sie Feedback zu. Ähnlich verhält es sich mit Kritik: Sie ist notwendig, um Missstände aufzudecken und zu eliminieren. Werden Sie bei Kritik jedoch nie persönlich und äußern Sie diese nie vor versammelter Belegschaft, wenn es nur einzelne Personen betrifft. Versuchen Sie, was Kritik anbelangt, immer durch Fragen zu kommunizieren.

Mitarbeiter deckt den Tisch falsch

Stellen Sie sich vor, ein Mitarbeiter hat einen Tisch falsch gedeckt. Sie haben nun zwei Möglichkeiten: Sie können den Mitarbeiter direkt darauf hinweisen und ihm mitteilen, was er falsch gemacht hat. Andererseits steht Ihnen die Möglichkeit offen, den Mitarbeiter zu fragen, warum er diesen Fehler gemacht hat. Es ist sinnvoll, den Mitarbeiter in einem Gespräch unter vier Augen auf seinen Fehler aufmerksam zu machen und die Hintergründe für seinen Fehler herauszufinden. Evtl. sind private Gründe (Streit mit dem Partner, Kinder) schuld an seiner Unkonzentriertheit. Vielleicht braucht er auch noch einmal konkrete Hilfestellung. Bleiben Sie bei der Kritik sachlich. Es ist wichtig, dass Sie dem Mitarbeiter vermitteln, dass Sie Verständnis für seine aktuelle Situation (z. B. bei Problemen) haben, aber trotzdem eine Lösung gefunden werden muss.

Versuchen Sie Tobsuchtsanfälle zu vermeiden und akzeptieren Sie den Mitarbeiter als gleichwertigen Partner – er wird es Ihnen und dem Unternehmen danken.

Fördern und Fordern

Verantwortung übernehmen lassen

Gute Mitarbeiter sind selten und Sie sollten alle Anstrengungen unternehmen, diese langfristig an Ihren Gastronomiebetrieb zu binden. Hierbei fällt dem System **„Fördern und Fordern"** besondere Bedeutung zu. Das Prinzip dieser Personalmanagement-Strategie basiert auf der Förderung von Mitarbeitern, die durch eine bessere Leistung als andere zusätzliche Aufgaben und Verantwortung übernehmen können. Das Gleichgewicht zwischen Fördern auf der einen Seite und Fordern auf der anderen Seite ist für jeden Vorgesetzten eine Herausforderung. Werden gute Mitarbeiter zu stark gefordert, können sich leicht „Abnutzungserscheinungen" und ein Nachlassen in der Leistung einschleichen. Werden die Mitarbeiter hingegen zu stark gefördert, können Neid und Missgunst innerhalb des Teams, nach dem Motto „der Liebling vom Chef", entstehen.

Delegieren und kontrollieren

Fördern und Fordern sind unmittelbar mit der Vergabe von Kompetenzen und deren Kontrolle verbunden. Mitarbeiter, an die Aufgaben delegiert und denen gleichzeitig Kompetenzen eingeräumt werden, müssen kontrolliert werden. Diese Kontrolle bezieht sich dabei auf das Ergebnis und die Art und Weise, wie dieses Ergebnis zustande gekommen ist. Durch regelmäßige kurze Schulungen (Intervallschulungen) bleibt der Wissensstand Ihrer Angestellten auf einem konstant hohen Niveau. Wenn

Sie Mitarbeiter fördern und fordern, ist es wichtig, die Meinung dieser Mitarbeiter in die Entscheidungsprozesse mit einzubeziehen.

Zur erfolgreichen Umsetzung des Systems „Fördern und Fordern" gehört die Fähigkeit des Vorgesetzten, die Stärken und Schwächen des Mitarbeiters zu kennen und permanent an beiden Komponenten zu arbeiten. Nutzen Sie hierbei auch die konsequente und systematische Leistungsbeurteilung. Diese sollte immer nach dem Prinzip Lob und Kritik aufgebaut sein. Nur wenn positive Dinge ebenso wie negative Sachverhalte angesprochen werden, ist eine objektive Leistungsbeurteilung möglich.

Lob und Kritik

Mit Kritik wird im Berufsleben nicht gespart. Jeder, der in einem Angestelltenverhältnis tätig war oder ist, kann dies mit Sicherheit bestätigen. Aber wie sieht es mit Lob aus? Zur Verdeutlichung möchte ich Ihnen eine Geschichte aus meiner beruflichen Karriere schildern.

Vor einigen Jahren war ich in der Funktion als Geschäftsleiter in einem Unternehmen für mehrere hundert Mitarbeiter und zahlreiche Führungskräfte sowohl fachlicher als auch disziplinarischer Vorgesetzter. Einmal im Jahr fand zwischen jeder einzelnen meiner Führungskräfte und mir, unter vier Augen, ein Jahresgespräch statt. Dort wurden alle Ziele des letzten Jahres bewertet, neue Ziele aufgestellt, die Aufgaben klar dokumentiert und das persönliche Verhältnis zwischen Geschäftsleiter und Führungskraft beidseitig bewertet. Eines Tages hatte ich mit einer Bereichsleiterin ein Jahresgespräch – ich muss vorausschicken, dass ich zu dieser Führungskraft immer ein sehr gutes Verhältnis hatte und wir uns in vielen Dingen und Einstellungen sehr ähnlich waren. Mitten im Jahresgespräch forderte mich die Kollegin auf, die Führungskräfte auch einmal zu loben. Zunächst war mir der Sinn der Aussage völlig schleierhaft und ich entgegnete ihr, dass, wenn ich nichts sage, doch alles in Ordnung sei. Aber genau diese Verhaltensweise wollte die Kollegin ansprechen. Wenn immer nur die negativen Dinge angesprochen werden und man bei guter Leistung nicht lobt, sondern eher schweigt, so wie ich damals, bekommt der Mitarbeiter nur negatives Feedback und fängt früher oder später an, seine Leistungsfähigkeit infrage zu stellen. Es hat relativ lange gedauert, bis mir bewusst wurde, welche Auswirkungen diese Art der Ansprache hatte. Seitdem gilt im Unternehmen der Leitspruch „Nur wer lobt, darf kritisieren". Dies hat nichts mit permanentem Loben oder ständigem Schulterklopfen zu tun, sondern beinhaltet, positive Dinge offen und öfter anzusprechen. Wenn möglich sollte sich eine Art Gleichgewicht zwischen Lob und Kritik entwickeln. Denken Sie einfach einmal darüber nach.

Kritik sachlich äußern

Wenn Sie Kritik äußern, sollte diese immer konstruktiv und nicht persönlich oder verletzend sein – vor allem sollte nicht, was nur einen Einzelnen betrifft, vor versammelter Mannschaft geäußert werden. Bei Kritik lautet das oberste Gebot „immer sachlich bleiben" und seine Emotionen im Griff zu haben.

Seien auch Sie kritikfähig

Außerdem müssen auch Sie selbst in der Lage sein, Kritik auszuhalten. Wenn Sie eine Vielzahl von Führungskräften oder Unternehmern fragen, ob sie kritikfähig sind, antworten Ihnen mindestens 98 %, dass sie selbstverständlich in der Lage seien, Kritik auszuhalten und sich dieser auch jederzeit objektiv stellen würden. Ist dies wirklich so? Nein! Gerade wenn es um Kritik an einem selbst entwickelten Konzept geht, sind die meisten Unternehmer dünnhäutiger, als sie es sich selbst eingestehen. Viele sind nach geäußerter Kritik beleidigt oder betrachten den Mitarbeiter, der es gewagt hat, Kritik zu äußern, in einem anderen Licht.

Sie sollten versuchen, Kritik zu äußern, wann immer sie notwendig ist, aber auch Kritik zu vermeiden, wenn sie überflüssig ist. Kritik ist eine Methode der Personalführung, aber keine Ansprache an den Mitarbeiter mit „Repeat-Funktion", d. h. irgendwann muss es mit der Kritik für einen Fehler auch gut sein und keine permanente Wiederholung nach dem Motto „Weißt du noch, damals ..." nach sich ziehen.

Kritikgespräche vorbereiten

Haben Sie keine Angst, Kritik zu äußern, wenn Sie der Meinung sind, dass diese angebracht ist. Behandeln Sie alle Mitarbeiter gleich und kritisieren Sie nicht immer die etwas schwächeren Mitarbeiter, sondern gehen Sie auch an die Meinungsführer innerhalb einer Gruppe heran. Kritikgespräche bedürfen – im Gegensatz zum Ausdruck von Lob – einer intensiven Vorbereitung. Sind Sie sich sicher, dass Ihre Art der Argumentation stimmig ist und dem vorgefallenen Sachverhalt entspricht? Waren Sie dabei oder haben Sie davon gehört? Es ist nichts peinlicher und von starkem Autoritätsverlust begleitet, wenn Sie ein Kritikgespräch führen und sich dabei herausstellt, dass sich der Vorfall in Wirklichkeit ganz anders abgespielt hat.

Trotzdem werden Sie in Ihrer Funktion als Gründer auch falsche Entscheidungen treffen. Dies gehört zum Unternehmertum dazu. Haben Sie keine Angst davor, Fehler zu machen – bekanntermaßen lernt man daraus am schnellsten. Viel wichtiger ist es, dass Sie überhaupt Entscheidungen treffen.

Entscheidungsfreude

Entscheidungsfreudigkeit hat auch etwas mit Mut und Selbstvertrauen zu tun. Immer dann, wenn unternehmerische Entscheidungen getroffen werden, sind direkte Auswirkungen für Ihren Gastronomiebetrieb greifbar. Sie besitzen als Inhaber die Entscheidungsgewalt. Sie entscheiden im Endeffekt, welche Strategie umgesetzt wird und in welche Richtung sich Ihr Restaurant oder Ihre Kneipe entwickelt. Die meisten Entscheidungen sind davon geprägt, dass man ihre Reichweite nicht oder nur sehr schwer abschätzen kann. Niemand, der Entscheidungen trifft, gerade im Bereich der Existenzgründung, kann wissen, wie sich sein Unternehmen in der Zukunft entwickelt – das nennt man „unternehmerisches Risiko" und gehört zu einer Unternehmensgründung einfach dazu.

Durch Entscheidungen unterstützen

Wichtig ist, dass Sie in der Lage sind, Entscheidungen zu treffen, wenn Ihre Mitarbeiter eine Frage haben: Sie erwarten, dass Sie als Gastwirt ihre Fragen beantworten können und sie von Ihnen eine Antwort darauf oder

Entscheidung darüber bekommen. Dies fängt bei Inhalten von Speisen an und geht bis hin zu Kundenreklamationen. Treffen Sie lieber einmal eine falsche Entscheidung, bevor Sie überhaupt keine treffen.

Ziele durch Entscheidungen erreichen

Entscheidungen werden meistens getroffen, um bereits im Vorfeld festgelegte Ziele zu erreichen. Sind diese Ziele „schwammig" und nicht aussagefähig, werden die Entscheidungen eine ganz andere Bedeutung bekommen, als wenn Ziele strukturiert und erfolgsfördernd festgelegt werden.

Ziele nach der SMART-Regel

Wichtige Eigenschaften von Zielen

Ziele sollten nach einem festgelegten Prinzip strukturiert werden. Hierbei hilft die in der betriebswirtschaftlichen Theorie angewandte SMART-Regel. Um effektiv und erfolgsfördernd zu sein, müssen Ziele folgende Eigenschaften erfüllen:

S = strukturiert, spezifisch

M = messbar

A = anspruchsvoll

R = realistisch

T = terminiert

Statisches Ziel, dynamischer Weg

Geben Sie Ihren Mitarbeitern Ziele nach der SMART-Regel vor und kontrollieren Sie diese auf dem Weg zum Ziel. Die Ziele, die Sie weitergeben oder deren Erreichung Sie verlangen, sollten so konzipiert sein, dass Sie persönlich diese Ziele jederzeit auch selbst erreichen könnten. Ansonsten verlieren Sie Glaubwürdigkeit und Autorität. Der Weg zum Ziel wird niemals starr und unflexibel sein. Die Ziele selbst haben vielleicht statischen Charakter, der Weg zum Ziel ist jedoch dynamisch und führt gerade im Umgang mit Kunden meistens nicht auf der kürzesten Strecke zur geplanten Lösung.

Beispiel Kundenzufriedenheit

Im Bereich Gastronomie wird der Weg zum Ziel in der Regel nicht vorgegeben. Wichtig ist an allererster Stelle die Kundenzufriedenheit und die ist bekanntlich von Kunde zu Kunde unterschiedlich und situativ geprägt. Dies bedeutet, dass Sie Ihren Mitarbeitern ein gewisses Feld der Eigenentscheidung zugestehen müssen. Sie delegieren Kompetenz und Verantwortung an Ihre Mitarbeiter, Entscheidungen im Sinne des Unternehmens selbstständig zu treffen.

Zielarten

Beachten Sie auch, dass es unterschiedliche Zielarten gibt. So unterscheidet man beispielsweise komplementäre, konkurrierende und indifferente Ziele:

- Komplementäre Ziele ergänzen sich und führen dazu, dass das eine Ziel das andere bedingt. Ziel 1: Umsatzsteigerung; Ziel 2: Gewinnsteigerung bei gleichbleibenden anderen Komponenten.
- Konkurrierende Ziele können in aller Regel nicht gleichzeitig erreicht werden. Ziel 1: Kostensenkung; Ziel 2: Erhöhung des Marketingbudgets.

- Indifferente Ziele sind völlig losgelöst voneinander und stehen in keinerlei Abhängigkeitsverhältnis. Ziel 1: Imageverbesserung in Nordamerika; Ziel 2: Einführung eines Gerichts für Vegetarier in der Kantine der Filiale in Berlin.

Delegieren

Verantwortung abgeben

Delegation von Kompetenz und Verantwortung ist ein Führungsinstrument, an das sich viele Führungskräfte erst gewöhnen müssen. Etwas von der eigenen Entscheidungsbefugnis abzugeben und seinen Mitarbeitern zuzugestehen, im Unternehmen selbstständig Entscheidungen treffen zu können, die womöglich noch Kosten nach sich ziehen, setzt ein hohes Maß an Vertrauen gegenüber dem Mitarbeiter und die Fähigkeit loslassen zu können voraus. Hierbei ist nicht gemeint, dass der Mitarbeiter den gesamten Einkauf übernimmt, sondern eher, dass er Kundenreklamationen – natürlich im Sinne des Gastronomiebetriebes – selbstständig bearbeiten darf.

Sicherheit durch Kontrolle

Die Delegation von Kompetenz und Verantwortung bedarf aber auch einer genauen und intensiven Kontrolle. Gerade bei dieser Form des Managements hat die Kontrolle einen überaus hohen Stellenwert – sie stellt Sicherheit für das gastronomische Unternehmen und den Unternehmer dar und gibt dem Mitarbeiter das Gefühl, dass seine autarken Handlungen durchaus mit Argusaugen kontrolliert werden, was wiederum dazu führt, dass der Mitarbeiter merkt, dass er nicht tun und lassen kann, was er will.

Trotz aller Freiräume, die sicherlich in der Gastronomie notwendig und sinnvoll sind, gibt es eine ganze Reihe von Dingen, bei denen weder Kreativität noch eigenverantwortliches Handeln gefragt sind.

Sales-Richtlinien

Pre-Sales-, At-Sales- und Afters-Sale-Richtlinien dienen dazu, gewisse notwendige Standards auf hohem Niveau in einem Restaurant oder in einem Café umzusetzen. Bei diesen Standards liegt der Schwerpunkt auf der Einhaltung und Umsetzung von identischen Strukturen und Richtlinien. Sicherlich sind auch hier Verbesserungsvorschläge erwünscht und gewollt, jedoch werden diese Standards täglich umgesetzt. Für die Einhaltung der Richtlinien sind Sie verantwortlich.

Kundenorientierte Richtlinien

Was ist mir Pre-Sales, At-Sales und After-Sales gemeint? Hierbei handelt es sich um Richtlinien, die vor Ladeneröffnung, während der Öffnungszeiten und nach Ladenschluss umgesetzt werden müssen, um eine einheitliche, kundenorientierte Form des Gastronomiebetriebes zu gewährleisten. Man spricht hier auch von der Abarbeitung von Checklisten. Beispielsweise lassen sich für ein Restaurant folgende Richtlinien aufstellen:

Pre-Sales-Richtlinien:

- Sauberkeit der Tische
- Verfügbarkeit der Speisekarten
- Verfügbarkeit der Waren
- Tagesangebote auf Tafeln vorbereiten, falls vorhanden
- Überprüfung der technischen Anlagen
- Sind alle eingeteilten Mitarbeiter da?
- Saubere Arbeitskleidung
- Check des Wechselgeldes
- Kinderspielecke aufräumen
- Sauberkeit der Toilettenanlage

At-Sales-Richtlinien:

- Wird jeder Gast gegrüßt?
- Möchte der Gast noch etwas trinken?
- Nachfrage nach der Qualität (ob alles passt)
- Sind die Teller und Gläser, die den Gästen gereicht werden, sauber?
- Check, ob noch Tische frei sind
- Wo kann abgeräumt und wo neu eingedeckt werden?
- Rechnungs-Check
- Service-Check
- Kontrolle der Toilettenanlage
- Aufmerksamkeits-Check (welcher Gast braucht was?)

After-Sales-Richtlinien:

- Stimmt die Kasse?
- Sind die Vorbereitungen für den nächsten Tag erledigt?
- Sauberkeit der Küche
- Sauberkeit der Theke
- Check der technischen Anlagen (Alarmanlage)
- Kontrolle der Lichter
- Kontrolle aller Räumlichkeiten, ob sich noch jemand darin befindet
- Steht der Personaleinsatzplan für den nächsten Tag?
- Was steht auf der To-do-Liste für den nächsten Tag?
- Gab es besondere Vorkommnisse?

Diese Vorschläge sind logischerweise ausbaufähig und auf verschiedene Arten der Gastronomiebetriebe und Gaststätten in verschiedenen Variationen übertragbar.

In Ihrer Funktion als Gründer und Inhaber übernehmen Sie auch die Funktion des Chefentwicklers bzw. des Chefentscheiders. Sie sind der Unternehmer vor Ort.

Unternehmer vor Ort

Präsenz zeigen

Als **Unternehmer vor Ort** haben Sie eine Art Vorbildfunktion und steuern den täglichen Ablauf:

- Sie geben Anweisungen, erhalten Feedback und wissen, was zu tun ist.
- Sie sind, gerade in den Anfängen, permanent vor Ort und verfügen über exzellente Warenkenntnisse.
- Sie arbeiten strukturiert, logisch und eigenständig, Sie sind flexibel im Arbeiten und Handeln und verfügen über ein hohes Maß an Verantwortungsbewusstsein.
- Sie sind belastbar und behalten in stressigen Situationen Ruhe und Übersicht.
- Sie treten sicher und gepflegt auf und sind rhetorisch fit.
- Ihr Arbeitsstil ist geprägt von Kooperationsfähigkeit. Teambildung steht bei Ihnen im Vordergrund.
- Ihre Herangehensweise an Neuerungen ist geprägt von Organisations- und Kommunikationsstärke sowie von Durchsetzungsvermögen, Flexibilität und Belastbarkeit.
- Die Merkmale Ihrer Persönlichkeit sind Offenheit, Ehrlichkeit und Freundlichkeit gegenüber Mitarbeitern und Kunden.
- Sie arbeiten gerne, sind morgens der Erste und abends der Letzte, Sie sind vertrauenswürdig und arbeiten gerne im Team.
- Sie nutzen Erfolgspotenziale und sind Ihr eigener Chef.
- Sie agieren öfter, als Sie reagieren, und führen Ihre Mitarbeiter immer im Sinne des Unternehmens.

Kernpunkte

Zusammenfassend lassen sich folgende Kernpunkte als Unternehmer vor Ort aufführen:

Der Unternehmer vor Ort

- Vorbildfunktion
- Steuerung der Abläufe
- Organisationsstärke
- Flexibilität
- Belastbarkeit
- Verantwortungsbewusstsein

Zentrale Steuerungseinheit

Personalführung ist eine zentrale Steuerungseinheit in einem Unternehmen. Führung gehört zu den komplexesten Managementaufgaben, denen Gründer gegenüberstehen. Die folgende Auflistung soll zwischen Führen und Nichtführen unterscheiden:

Führung ist ...	Keine Führung ist ...
Ziele festlegen, Ziele kontrollieren	Jeder macht, was er will.
Mut zu unpopulären Entscheidungen	Angst vor Entscheidungen
Führen durch Argumentation	Führen, weil ich Chef bin
Führung durch Vorbildfunktion	Regeln gelten nur für andere.
Eigene Fehler eingestehen	Nur die anderen sind schuld.
Faire Leistungsbeurteilung	Beurteilung nach Sympathie
Fachliche Qualifikation als Basis	Führen durch Unwissenheit
Führen heißt kontrollieren.	Keine Kontrolle

Natürliche Autorität durch Funktion

Personalführung – wer ist hier der Boss? Für alle Ihre Mitarbeiter muss von Anfang an klar sein, dass Sie der Boss im Restaurant oder in der Kneipe sind. Daran sollte und darf es keinen Zweifel geben. Natürliche Autorität aufgrund Ihrer Funktion im Unternehmen sollte gegeben sein. Wenn Mitarbeiter meinen, Sie wären mehr der Kumpel als der Vorgesetzte, muss man diese diskret, aber bestimmt in ihre Schranken verweisen und klarstellen, wer der Chef ist. Ein Gastronomiebetrieb ist nun mal keine Demokratie und wird auch nicht per Abstimmung geführt.

Wesentliche Elemente der Personalführung sind Motivation und Zufriedenheit der Mitarbeiter. Nur mitarbeiterorientierte Unternehmen werden langfristig Erfolg haben, da Mitarbeiter- und Kundenorientierung eng miteinander verbunden sind.

Personalmanagement – Motivation und Zufriedenheit

Gerade als Existenzgründer besteht zwischen den Mitarbeitern und Ihnen gegenseitige Abhängigkeit. Sie werden am Anfang von Ihren Mitarbeitern, d.h. von deren Leistungen und Einstellungen abhängig sein, um Ihre Gaststätte in die Erfolgsspur zu führen. Andererseits besteht für den Mitarbeiter Ihnen gegenüber als Arbeitgeber ein berufliches Abhängigkeitsverhältnis. Deshalb bietet es sich an, Ihre Mitarbeiter zu motivieren. Man unterscheidet zwischen intrinsischer und extrinsischer Motivation:

Intrinsische Motivation

- Unter intrinsischer Motivation versteht man die Motivation des Mitarbeiters, seine Arbeit möglichst gut zu erledigen, weil sie ihm Spaß macht und das Arbeitsklima besonders gut ist. Der Mitarbeiter will einfach dabei sein und fühlt sich in Ihrem Gastronomiebetrieb sehr wohl. Eine hohe Identifikation mit dem Unternehmen und den Kollegen stellt ebenfalls eine hohe intrinsische Motivation dar.

Extrinsische Motivation

- Das Gegenstück zur intrinsischen Motivation ist die extrinsische Variante: Hier stehen monetäre und Anerkennungsgründe im Vordergrund. Die Arbeitsleistung wird erbracht, weil man mit Geld und Anerkennung entlohnt wird.

In der Realität schließen sich diese beiden Modelle nicht aus – im Gegenteil, meist findet eine Kombination beider Elemente statt. Sie als Gastwirt haben unmittelbaren Einfluss auf die intrinsischen Motive Ihrer Mitarbeiter. Je wohler sich die Mitarbeiter fühlen, je mehr sie bei der „Sache" dabei sein wollen, desto höher die intrinsische Motivation und die Bereitschaft, auch einmal etwas mehr zu tun, als vielleicht im Normalfall verlangt wird.

Anerkennung aussprechen

Anerkennung: Häufig hat ein kleines „gut gemacht" oder „klasse Arbeit" eine größere Bedeutung, als man meint. Fast jedem Menschen tut es gut, wenn er öfter einmal hört, dass er seine Arbeit gut macht. Nur wenige Menschen zeigen sich hierbei emotionslos und scheinen kein Lob zu brauchen. Doch bei den meisten Menschen erzeugt Lob ein Gefühl der Wärme und der Freude. Mitarbeiter gehen in der Regel motivierter an ihre Aufgaben heran, wenn sie vorher gelobt wurden. Aber Achtung! Zu viel Lob wirkt unglaubwürdig und erzielt meist den gegenteiligen Effekt. Sie werden nicht mehr ernst genommen und die eigentlich beabsichtigte Wirkung eines Lobes läuft ins Leere.

Verantwortung übertragen

Übertragung von Verantwortung: Wenn Sie Ihren Mitarbeitern Verantwortung übertragen, ist dies gleichzusetzen mit der Bescheinigung von Vertrauen. Der Mitarbeiter weiß nun, dass Sie ihm zutrauen, die Aufgabe auch ohne Ihre Hilfe zu lösen. Vielen Menschen bedeutet die Übertragung von Verantwortung ein gewisses Maß an Freiheit und Selbstständigkeit (sein eigener Chef sein) und führt in den meisten Fällen zu einer gesteigerten Motivation.

Wertschätzung zeigen

Der Mitarbeiter ist wichtig. Oft sind es Kleinigkeiten, die vom Mitarbeiter in größerem Maße motivierend aufgenommen werden, als vielleicht gedacht: Ihren Mitarbeitern zum Beispiel persönlich zum Geburtstag zu gratulieren, ist ein Signal, das einfach wichtig ist.

In Entscheidungen einbeziehen

Einbeziehen in Entscheidungen: Beziehen Sie die Mitarbeiter Ihres Vertrauens in Ihre Entscheidungen mit ein. Versuchen Sie, „Bottom-up" (von unten herauf) zu führen, indem Sie die Meinungen und Vorschläge Ihrer Mitarbeiter ernst nehmen und sich mit diesen auseinandersetzen. Der Mitarbeiter gewinnt an Selbstbewusstsein und empfindet als wichtig für Ihren Gastronomiebetrieb. Er sieht sich als vollwertiges Mitglied innerhalb Ihres Systems.

Verbesserungsvorschläge

Verbesserungswesen: Nutzen Sie die Intelligenz Ihrer Mitarbeiter und entwerfen Sie ein innerbetriebliches Vorschlagswesen. Prämieren Sie jeden umgesetzten Vorschlag mit einem Preis und geben Sie damit Ihren Mitarbeitern das Gefühl der aktiven Beteiligung am operativen Geschäft.

Finanzielle Anreize

Monetäre Motivation: Es gibt ganz selten Mitarbeiter, die eine Gehaltserhöhung ablehnen – ganz ehrlich gesagt, ich habe noch niemanden kennengelernt, der so etwas getan hätte. Sicherlich ist dies die einfachste, aber auch teuerste Form der Motivation. Gehen Sie damit maßvoll um, da eine Erhöhung der Bezüge etwas ganz Besonderes sein sollte.

Durch Information motivieren

Motivation durch Information: Informierte Mitarbeiter sind motivierte Mitarbeiter. Oft werden anfangs motivierte Mitarbeiter vergrault, weil sie nicht genügend Informationen bekommen. Mitarbeiter wollen und brauchen als Entscheidungsgrundlage für ihr Tagesgeschäft ausreichende Informationen über Ihre Gaststätte und die damit verbundene Unternehmensphilosophie. Frustration macht sich breit, wenn Ihre Mitarbeiter von Kollegen oder, was noch schlimmer ist, von Ihren Gästen erfahren, was in der nächsten Zeit in Ihrem Restaurant geplant ist.

Zu wissen, was wann und mit wem passiert, gibt dem Menschen ein Gefühl der Sicherheit. Der Mitarbeiter kann verantwortungsvoll, unternehmensorientiert, aber auch kundenorientiert agieren und entscheiden. Das Fehlen von Informationen führt zur Unsicherheit und Unsicherheit führt zwangsläufig zu Fehlern.

Durch Erfolge motivieren

Motivation durch Erfolge: Nichts macht süchtiger als Erfolg – genau so geht es auch Ihren Mitarbeitern. Erfolg beflügelt und erhöht die Motivation: Jeder Mensch braucht Erfolge. Genau das Gegenteil tritt bei Misserfolgen ein, sie demotivieren, frustrieren und lassen an den eigenen Fähigkeiten zweifeln. Deshalb betrauen Sie Mitarbeiter mit Aufgaben, die das richtige Verhältnis von Schwierigkeitsgrad und Routine haben. Mitarbeiter müssen mit anspruchsvollen, aber auch realisierbaren Aufgaben betraut werden. Das Gefühl der Genugtuung und des Erfolgs stellt sich in aller Regel dann ein, wenn eine anspruchsvolle Aufgabe allein gelöst wurde. Dies wiederum führt dazu, dass der „Schwung" der Motivation für weitere Aufgaben genutzt wird. Der Erfolg ist ein außergewöhnlich starker Antrieb für neue Ideen.

Können Ihre Mitarbeiter Erfolge für sich und damit auch für den Gastronomiebetrieb verbuchen, wird nicht nur die Motivation steigen, sondern auch die Leistung Ihrer Mitarbeiter. Das gilt für nicht nur für Ihre Mitarbeiter, sondern auch für Sie als unmittelbaren Vorgesetzten, denn Sie haben den Mitarbeiter mit Aufgaben betraut bzw. ihm Aufgaben übertragen.

Vertrauensvolle Arbeitsatmosphäre

Partnerschaftliche Zusammenarbeit: Haben Sie für den Mitarbeiter immer ein offenes Ohr. Geben Sie ihm das Gefühl, dass er jederzeit zu Ihnen kommen kann. Hören Sie aktiv zu und fragen Sie im Detail nach, wenn etwas für Sie unklar ist. Schaffen Sie eine vertrauensvolle Arbeitsatmosphäre, in der der Mitarbeiter sich wohlfühlt.

Durch positive Einstellung motivieren

Motivation durch eine positive Einstellung: Positive Einstellungen ziehen positive Erfahrungen nach sich. Wenn Sie als Vorbild eine positive Einstellung und Optimismus vorleben, wird sich das auf Ihre Mitarbeiter übertragen – mit der Folge, dass diese ihre Arbeit motivierter angehen. Je wohler der Mitarbeiter sich bei Ihnen fühlt, desto motivierter wird er an die Arbeit gehen und seine Aufgaben erfüllen. Jedoch sollten Sie zwischen gutem Arbeitsklima und Gemütlichkeit unterscheiden. Gemütlich hat es der Mitarbeiter zu Hause, nicht in Ihrem Gastronomiebetrieb, denn Gemütlichkeit führt oft zur Verlangsamung der Tätigkeit und damit zum Verlust von Produktivität, sprich Kundenorientierung.

Durch Rückendeckung motivieren

Hilfe bei Fehlern: Am Anfang wird es vorkommen, dass Ihr Mitarbeiter Fehler macht, weil er entweder Dinge falsch verstanden oder das Kundenverhalten nicht richtig eingeschätzt hat. Helfen Sie ihm, diese Fehler in Zukunft zu vermeiden, und bauen Sie ihn wieder auf, anstatt ihn durch mangelnde Rückendeckung zu demotivieren.

Zusammenfassend lassen sich folgende Möglichkeiten der Mitarbeitermotivation herausstellen:

Möglichkeiten der Mitarbeitermotivation

- Anerkennung der Leistung Ihrer Mitarbeiter
- Übertragung von Verantwortung
- Anspruchsvolle Ziele setzen
- Der Mitarbeiter ist Ihnen wichtig (Gratulation zum Geburtstag)
- Teilnahme am Entscheidungsfindungsprozess
- Verbesserungswesen (nutzen Sie die Ideen Ihrer Mitarbeiter)
- Monetäre Ziele
- Motivation durch Information
- Motivation durch Erfolge
- Partnerschaftliche Zusammenarbeit (aktives Zuhören)
- Motivation durch die persönliche Einstellung
- Hilfe bei Fehlentscheidungen

Trotz aller Motivation kommt es leider oft – gerade in den Eröffnungsmonaten – zu einer erhöhten Fluktuation. Wenn Sie der Meinung sind, dass der Mitarbeiter nicht in Ihr Unternehmen passt, oder es ergeben sich durch das Verhalten eines Mitarbeiters für Sie untragbare Zustände, dann müssen Sie die Notbremse ziehen und sich von dem Mitarbeiter trennen.

Personalfreistellung – was tun, wenn ...?

Personalfreisetzung ist immer ein unangenehmes Thema, daher ist es umso wichtiger, offen und fair miteinander umzugehen. Gründe für Personalfreistellungen sind:

- betriebsbedingte Gründe
- verhaltensbedingte Gründe
- personenbedingte Gründe

Betriebs-bedingte Gründe

Unter **betriebsbedingten Gründen** versteht man die Notwendigkeit, Mitarbeiter zu entlassen oder deren Arbeitsstunden zu reduzieren, wenn struktur- oder konjunkturbedingte Veränderungen den Betrieb dazu zwingen, Personalkosten einzusparen. Weitere Gründe können Rationalisierungsmaßnahmen sein, wenn beispielsweise neue Wettbewerber den eigenen Marktanteil sinken lassen oder im Rahmen von Unternehmenszusammenschlüssen doppelt besetzte Stellen abgebaut werden müssen. Ebenso gehören Schließungen und Standortverlegungen zu den betriebsbedingten Gründen.

In der Gastronomie finden wir unter den Gründen für betriebsbedingte Kündigungen eher Umsatzrückgänge oder ein Nichteintreten der geplanten und erwarteten Umsätze, was meist eine zu hohe Personaldecke mit sich bringt. In diesem Fall müssen Sie als Unternehmer die „Reißleine ziehen", damit nicht Ihr gesamter Gastronomiebetrieb in Schieflage gerät. Wenn Sie in diesem Fall zum Mittel der Kündigung greifen, müssen Sie die vereinbarten Kündigungsfristen einhalten. Die sogenannte ordentliche Kündigung ist rechtsgültig, wenn sie dem Mitarbeiter nachweislich zugegangen ist. Hierbei spielt die Angabe von Gründen, warum es zur Entlassung kommt, eine wesentliche Rolle. Ebenso sind die sozialen Belange der Mitarbeiter zu berücksichtigen, d.h. Mitarbeiter, die schon länger in Ihrem Gastronomiebetrieb arbeiten oder ein anderes soziales Umfeld haben als andere Mitarbeiter, genießen einen höheren Schutz.

Verhaltens-bedingte Gründe

Verhaltensbedingte Gründe, die zu einer Kündigung führen, haben ihren Ursprung meist im Fehlverhalten der Mitarbeiter. Dies kann disziplinarische Vergehen ebenso einschließen wie kriminelle Machenschaften oder persönliche Streitigkeiten untereinander. Bei verhaltensbedingter Kündigung können Sie zwischen außerordentlicher (fristloser) Kündigung und ordentlicher Kündigung wählen. Die außerordentliche Kündigung hat nur dann Aussicht auf Erfolg, wenn ein wichtiger Grund vorliegt oder die Fortsetzung des Arbeitsverhältnisses als unzumutbar gilt. Die Kündigung muss innerhalb von zwei Wochen, nachdem man von dem entsprechenden Tatbestand Kenntnis erhalten hat, erklärt werden – danach ist eine fristlose Kündigung nicht mehr wirksam. Wichtige Gründe können beispielsweise sein:

- Vorsätzlich falsche Angaben beim Einstellungsgespräch (gefälschte Zeugnisse oder Dokumente)
- Diebstahl bei der Arbeit
- Unterschlagung von Geldern
- Keine Möglichkeit, die Arbeit anzutreten (Untersuchungshaft)
- Arbeitsverweigerung, nachdem bereits eine Abmahnung erfolgt ist
- Alkoholgenuss am Arbeitsplatz (Vollrausch)

Wichtig für Sie ist, dass eine mangelhafte Arbeitsleistung, ein Liebesbeziehungsverhältnis oder Unfähigkeit etc. keine wichtigen Gründe sind und somit nicht zur fristlosen oder außerordentlichen Kündigung berechtigen. Beachten Sie auch, dass der Arbeitnehmer bei einer fristlosen Kündigung in der Regel kein Arbeitslosengeld bekommt.

Der Weg der ordentlichen Kündigung unter Einhaltung der Kündigungsfristen steht Ihnen immer offen: Es bietet sich bei einer außerordentlichen Kündigung auf jeden Fall an – um auf der sicheren Seite zu sein –, eine ordentliche Kündigung „nachzuschieben". Dies geschieht in Form des Satzes: „Hiermit kündigen wir Ihr Arbeitsverhältnis fristlos, ersatzweise fristgerecht, zum ...". Der Hintergrund: Wenn die fristlose Kündigung vor Gericht nicht durchgeht, müssten Sie erst eine ordentliche Kündigung aussprechen. Da die Gerichtstermine aber oft mehrere Monate nach der (fristlosen) Kündigung stattfinden, müssten Sie für diese Zeit das Gehalt des Mitarbeiters weiter- bzw. nachbezahlen.

Vorher: Abmahnung

Bei verhaltensbedingter Kündigung muss in der Regel immer mindestens eine Abmahnung vorliegen und diese auch mit zeitlichem Abstand zur Kündigung, damit der Mitarbeiter die Möglichkeit hat, das Fehlverhalten zu ändern. Gründe für eine Abmahnung können sein:

- Alkoholgenuss am Arbeitsplatz
- Unpünktlichkeit
- Schwerwiegende Verfehlungen innerhalb der Tätigkeit

Personen-bedingte Gründe

Personenbedingte Gründe liegen vor, wenn starke Defizite im Bereich der fachlichen Eignung vorliegen und die Tätigkeit somit nicht mehr ausgeübt werden kann.

Für verschiedene Mitarbeitergruppen gelten Sonderrechte bei Kündigungen. Für Mitarbeiterinnen besteht ein Kündigungsschutz, wenn zum Zeitpunkt des Zugangs der Kündigung eine Schwangerschaft besteht. Weiterer Kündigungsschutz liegt vor, wenn Ihr/Ihre Mitarbeiter/in Elterngeld nach dem Bundeserziehungsgeldgesetz erhalten. Außerdem genießen Mitglieder des Betriebsrates Kündigungsschutz und die Kündigung von schwerbehinderten oder diesen gleichgestellten Arbeitnehmern bedarf der vorherigen Zustimmung des Integrationsamtes.

Bei Kündigungen seitens des Arbeitgebers werden des Öfteren viele Fehler gemacht. Um die gröbsten Fehler zu vermeiden, hier einige Empfehlungen:

„Richtig" kündigen

- Kündigungen müssen immer schriftlich erfolgen, eine mündliche Kündigung ist nicht rechtswirksam.
- Mitarbeitern nicht überstürzt kündigen (eine Nacht darüber schlafen, Emotionen abkühlen lassen)
- Immer eine Alternative zur Verfügung haben
- Information über Kündigungsfristen beschaffen
- Rechtlichen Beistand organisieren
- Eine Kündigung ist eine einseitige Willenserklärung und muss dem Mitarbeiter lediglich zugehen, der Arbeitnehmer muss nicht zustimmen.

- Kündigungen innerhalb der Probezeit unterliegen anderen Fristen (zwei Wochen)
- Die Kündigung innerhalb der Probezeit kann ohne Angabe von Gründen erfolgen.

Rechnen Sie immer damit, dass Mitarbeiter oder ehemalige Mitarbeiter mit der Freistellung oder Kündigung nicht einverstanden sind und den Weg der Klage vor dem Arbeitsgericht wählen.

Abschließend soll nochmals darauf hingewiesen werden, dass die Angaben zur Personalfreistellung in diesem Buch lediglich Hilfestellungen geben können und sollen. Bei ernsthaften Kündigungsabsichten, sollten Sie unbedingt einen Rechtsbeistand hinzuziehen. Sich auf die Inhalte dieses Buches zu beziehen wird bei einer gerichtlichen Auseinandersetzung nicht ausreichen.

Der Kunde – das unbekannte Wesen?

Den Kunden zu verstehen, zu wissen, was er will oder zu erkennen, worauf er Wert legt, gehört zu den elementaren und wünschenswertesten Eigenschaften eines Unternehmers. Der Kunde ist König, alles dreht sich um den Gast, dem Kunden jeden Wunsch von den Lippen ablesen etc. sind Leitsprüche, die überall in Unternehmen zur Genüge aushängen und zahlreiche Mitarbeiter beschäftigen – Customer-Relationship-Management oder Kundenhotline heißen die Zauberwörter.

Oder wird dem Gast generell zu viel Bedeutung beigemessen und es ist alles viel einfacher als erwartet und befürchtet? Wie immer wird die Wahrheit in der Mitte liegen – aber wo ist die Mitte? Der Kunde bleibt für eine Vielzahl von Gastwirten „das unbekannte Wesen". Die folgenden Kapitel sollen Ihnen helfen, den Gast besser zu verstehen und grundlegende Fehler bei der Kundenorientierung zu vermeiden.

Zielgruppendefinition

Die Zielgruppendefinition ist eine der wesentlichen und oft vernachlässigten Aufgaben, die **vor** der Unternehmensgründung in Betracht gezogen werden sollte. Hierbei wird nicht nur der strukturelle Aufbau der Zielgruppe beschrieben, sondern auch die Frage geklärt, ob es die von Ihnen gewünschte Zielgruppe in Ihrer Region überhaupt gibt. Ist die Zielgruppe vorhanden und reicht ein geringer Prozentsatz der Zielgruppe aus, um Ihr Geschäft aufrechtzuerhalten?

Privat- und Geschäftskunden

Kunden lassen sich grob in Privat- und Geschäftskunden einteilen. Der Privatkunde ist der uns bekannte Endverbraucher, der das letzte Glied der gesamten Wertschöpfungskette bildet. Im Gegensatz dazu stellt der Geschäftskunde in der Regel nur eine Übergangsstation zum Privatkunden dar, hier ist der Mensch nicht der Alleinentscheider, sondern in einem Gesamtsystem eingebunden. In der Gastronomie werden immer Endverbraucher in Ihrer Einzigartigkeit bedient. Sie sind entweder rein auf privater Basis Gast bei Ihnen oder als Mitglied eines Geschäftsprozesses (Firmenessen) und im Auftrag des Arbeitgebers – aber Ihnen gegenüber immer als Endverbraucher.

Gäste-Klassifizierung

Aber auch innerhalb der einzelnen Zielgruppen gibt es begriffliche und inhaltliche Unterschiede der einzelnen Kundengruppen. Bezogen auf die Gastronomie bedeutet das, dass sich eine Klassifizierung wie folgt aufstellen lässt:

- **Erstgast** (Kunde betritt zum ersten Mal Ihr Lokal – entweder aus Neugier oder er ist Tourist)

- **Einmalgast** (Tourist, kurzfristiger beruflicher Aufenthalt (Seminar, Weiterbildung) oder ein unzufriedener Kunde)
- **Mehrfachgast** (privat oder beruflich (Nähe der Arbeitsstätte), kann noch nicht als Stammkunde bezeichnet werden, da noch die Kundenbindung fehlt)
- **Empfehler** (Stammkunde, bester Kunde durch Mundpropaganda, weckt Erwartungen bei zukünftigen Kunden)

Laufkundschaft?

Bei der Zielgruppendefinition in der Gastronomie sollte unterschieden werden, ob die Zielgruppe zur „Laufkundschaft" gehört oder eher den Weg zu Ihnen finden muss. Je nachdem, wie Sie Ihre Zielgruppe festlegen, werden die entsprechenden Marketingstrategien eingesetzt. Eine von Ihnen vorgenommene Zielgruppendefinition sollte sich immer auch an den Wünschen der Kunden orientieren. Kennen Sie die Wünsche Ihrer Gäste, dann entwickeln Sie ein sicheres Gespür für Sortimentserweiterungen.

Was will der Kunde?

Viele Unternehmen glauben die Bedürfnisse ihrer Kunden genau zu kennen und machen sich daher nicht einmal die Mühe festzustellen, was ihre Kunden wirklich wollen. Die Frage, was der Kunde will, beschäftigt die Dienstleistungsbranche schon hunderte, wenn nicht gar tausende von Jahren. Was will der Kunde? Wie denkt er? Was leitet ihn? Warum entscheidet er sich so und nicht anders? Wie lässt er sich beeinflussen und lässt er sich überhaupt beeinflussen?

Statistiken zeigen, dass Frauen weniger Alkohol trinken und – wenn doch – lieber zu Wein oder Sekt greifen. Männer hingegen trinken gerne Bier und essen mehr Süßes als Frauen. Frauen essen bewusster, jedoch nicht unbedingt weniger als Männer.[39] – Es gibt zahlreiche Untersuchungen zum Ess- und Trinkverhalten von Frauen und Männern. Diese Erkenntnisse können Sie sich unter Umständen für Ihren Betrieb zunutze machen.

> Sie wollen ein Café bzw. Bistro vor allem für Frauen eröffnen. Dabei wäre es sicherlich vorteilhaft, wenn Sie leichte Kost, z. B. Salat oder Joghurtsnacks, anbieten. Außerdem sollten Sie ein angenehmes Ambiente schaffen – Frauen legen darauf mehr wert als Männer.

Entgegen aller Beteuerungen handelt der Kunde mehr emotional als rational. In den meisten betriebswirtschaftlichen Lehrbüchern der letzten Jahrzehnte finden Sie überwiegend Aussagen, dass sich der Kunde bei seiner Kaufentscheidung an rationale Komponenten wie Preis, Qualität oder Notwendigkeit klammert und seine Entscheidung rational begründet.

---

[39] Vgl. http://www.zeit.de/lebensart/essen-trinken/2011-04/maenner-frauen-essen, abgerufen am 02.05.2012

Emotionen entscheiden

Erst mit der Nutzung neurologischer Verfahren hat sich in den letzten Jahren ein teilweise völlig konträres und differenziertes Bild ergeben. In der heutigen Zeit geben Emotionen den Ausschlag, entscheiden Gefühle über Kauf oder Nichtkauf. Unser Unterbewusstsein fällt die Entscheidungen und – das wissen wir – ist sehr empfänglich für Reize und Informationen. Wenn Sie es schaffen, die emotionale Seite der Kunden zu erreichen, haben Sie große Chancen, den potenziellen Kunden als Gast in Ihrem Gastronomiebetrieb begrüßen zu können.

Sinus-Milieus

Eine erfolgreiche Methode, um Aufschluss über die emotionalen Entscheidungen einzelner Bevölkerungsgruppen zu erlangen, ist die Auswertung der sog. Sinus-Milieus (Copyright Sinus Socialvision): Darunter werden verschiedene Zielgruppen verstanden, in denen Menschen nach ihren Lebenseinstellungen und Interessen zusammengefasst sind. Untersucht werden hierbei vor allem Einstellungen zu Themen, mit denen der Mensch täglich konfrontiert wird, wie beispielsweise Familie, Beruf, Freizeit oder Konsum. Bei Kenntnis des Sinus-Milieus ist es möglich, mit gezielten Marketingauftritten in das Unterbewusstsein der Gäste „einzutreten".

Kennen Sie Ihren Kunden und seine Bedürfnisse? Wenn nicht, sollten Sie sich schnellstens um das Interesse Ihres Kunden kümmern. Der Gast entscheidet über den Erfolg oder Misserfolg Ihres Gastronomiebetriebes, der Kunde bezahlt Ihr Gehalt und das Ihrer Mitarbeiter.

Kunden-analyse

Hier bietet sich die Kundenanalyse an. Sie verrät Ihnen, welche Wünsche und Erwartungen der Kunde wirklich hat, und unterstützt Sie dabei, Ihre Dienstleistung an die Kundenwünsche anzupassen. Doch bevor Sie sich mit der Analyse der Verhaltensweisen der Kunden beschäftigen, ist eine Unternehmensanalyse unabdingbar. Lernen Sie Ihre eigenen Stärken und Schwächen kennen, bevor es der Gast tut. Das gilt vor allem für die Kundenorientierung in Ihrem Gastronomiebetrieb – und eventuellen Schwächen in diesem Bereich. Vergewissern Sie sich, dass Ihre Mitarbeiter die Kundenorientierung an den Tag legen, die Sie sich erwarten, und entwickeln Sie Maßnahmen, die dazu führen, dass der Gast zu Ihnen kommt.

Kundenanalyse ist das systematische Erfassen von Informationen von Kunden und die Interpretation des Kundenverhaltens. Tragen Sie so viele Informationen wie möglich zusammen, damit eine Bewertung möglich ist, aus der sich Erkenntnisse ziehen lassen, die dann in konkrete Maßnahmen umgesetzt werden können.

Mit den Ergebnissen der Kundenanalyse sollten folgende Fragen beantwortet werden:

Fragen für die Kundenanalyse

- Warum kommt der Gast in Ihr Lokal?
- Welche konkreten Möglichkeiten haben Sie, sich vom Wettbewerb abzuheben?

- Wie können Sie weitere Kundengruppen dazu bewegen, zu Ihnen in Ihre Gaststätte zu kommen?
- Welche Maßnahmen setzen Sie um, damit regelmäßig Neukunden in Ihren Betrieb kommen? Wo kommen die Neukunden her?
- Wie sieht für den Kunden das optimale Preis-Leistungs-Verhältnis aus?
- Wie können Sie sich das Kundenverhalten zunutze machen und Ihre Erkenntnisse den Gästen nahebringen?
- Wie werden unterschiedliche Kundentypen innerhalb Ihrer Zielgruppe behandelt?
- Welche Kunden sind für Ihr Unternehmen die wichtigsten und welche sind „weniger" wichtig? Achtung: Auch weniger wichtige Kunden sind Kunden und verdienen hohe Aufmerksamkeit!
- Welche Kundenbindungsprogramme gibt es?
- Welche Kundengruppe macht den größten Umsatz und wie vergrößern Sie dieses Klientel?
- Können Sie Ihr Werbebudget jetzt effizienter einsetzen?

Kundennutzen

Was der Kunde eigentlich will, ist nicht das Produkt oder die Dienstleistung allein. Der Gast möchte für ihn wichtigen Nutzen verspüren – doch was ist dieser „Kundennutzen"? Kundennutzen ist ein subjektives Empfinden, das jeder Mensch unterschiedlich bewertet. Aber auf die Bewertung kommt es gar nicht an, sondern auf die Tatsache, dass der Gast seine Bedürfnisse befriedigt sieht – und das in einem angenehmen Ambiente zu einem akzeptablen Preis –, er also einen Nutzen von Ihrer Dienstleistung hat.

- Er will sein Bedürfnis befriedigt haben: Er kommt zu Ihnen, weil er Hunger hat.
- Er möchte seinen Hunger in einer angenehmen Atmosphäre stillen: Er kommt zu Ihnen, weil es bei Ihnen gemütlich ist.
- Er will am Ende Zufriedenheit verspüren: Er kommt zu Ihnen, hat gut gegessen, war mit dem Ambiente zufrieden und ist von Ihrem Preis-Leistungs-Verhältnis überzeugt.

Dies gilt selbstverständlich in anderer Form bei Fast-Food-Anbietern und soll hier lediglich am Beispiel des Restaurants dargestellt werden. Im Bereich Fast Food entspricht der Kundennutzen eher den Komponenten: Schnelligkeit zu günstigen Preisen ohne großen Service. Der Kunde hat wenig Zeit oder möchte seine Zeit anders verbringen.

Lernen Sie Ihre Kunden kennen

Der Kunde will ernst genommen und respektiert werden. Lernen Sie, dem Gast zuzuhören und ihn nicht mit Monologen zu langweilen. Für Ihr Unternehmen wichtige Informationen und Verbesserungsvorschläge erhalten Sie nur dann, wenn Sie einerseits dem Kunden zuhören und andererseits die Meinung Ihres Gastes ernst nehmen. Gehen Sie bei solchen Überlegungen einfach von sich aus, das, was Sie gerne hätten, oder besser ausgedrückt, was Sie sich als Kunde in Unternehmen anderer Branchen erhoffen, wollen Ihre Kunden auch. Der gesunde Menschenverstand hilft in einfacher und unkomplizierter Art und Weise. Behandeln Sie Ihre Kunden und Gäste so, wie Sie behandelt werden wollen. Damit decken Sie als kundenorientierter Gastronom bereits über 85 % aller Kundenwünsche ab.

Erwartungen der Kunden übertreffen

Im vorherigen Kapitel haben wir uns mit dem Thema beschäftigt, was der Kunde will und welche Erwartungen er an Sie, Ihre Mitarbeiter und Ihre Gasträume hat. Haben Sie sich einmal mit der Frage beschäftigt, was passieren würde, wenn Sie nicht nur die Wünsche des Kunden erfüllen, sondern sogar seine Erwartungen übertreffen würden? Wie würde der Gast reagieren, wenn Sie Dinge tun, die er nicht erwartet? Können Sie seine Erwartungen überhaupt übertreffen und welcher Aufwand ist damit verbunden?

Gibt es sogar Situationen in der Gastronomie, in denen die Mehrheit der Kunden ihre eigenen Erwartungen als übertroffen ansieht und sich ein emotionaler Glückszustand bei Ihren Gästen einstellt? Welche Beziehung würde sich zwischen Ihnen und Ihren Gästen aufbauen?

Mögliche Einflussfaktoren in diesem Zusammenhang können sein:

- Zuverlässigkeit: Werden die Wünsche des Kunden wahrgenommen (z. B. besonderer Blumenschmuck beim Hochzeitstag des Gastes)
- Leistungsbereitschaft: Sind Sie bereit, sich für Ihren Kunden einzusetzen?
- Motivation: Ist es für Sie wichtig, den Kunden zufriedenzustellen?

Kundenerwartung – Kategorien

In der klassischen betriebswirtschaftlichen Literatur lassen sich zu den Fragen der Kundenerwartung drei Kategorien unterscheiden:

- **Kundenerwartungen werden nicht erfüllt**, was zur Folge hat, dass der Kunde über eine negative Mundpropaganda potenziellen Gästen von Ihrem Gastronomiebetrieb berichtet und sich negativ äußern wird.
- **Kundenerwartungen werden erfüllt:** Der Kunde verhält sich neutral und wird Sie weder positiv weiterempfehlen noch negative Erklärungen über Ihren Betrieb abgeben
- **Kundenerwartungen werden übertroffen:** Der Kunde empfiehlt Ihr Lokal aktiv weiter, ist von Ihrem Gastronomiebetrieb begeistert und wird „Fan".

Diese kurze Darstellung verdeutlicht, dass es heutzutage nicht mehr ausreicht, die Erwartungen der Kunden zu erfüllen. Dies wird in unserer heutigen Gesellschaft bestenfalls als Durchschnitt angesehen und als Selbstverständlichkeit zur Kenntnis genommen. Wer Erfolg haben will, muss eine Stufe weitergehen und damit auch eine Stufe weiterdenken. 08/15-Service ist nicht mehr angesagt.

Lassen Sie uns diesen Gedankengang durch ein praktisches Beispiel untermauern:

Erwartungen übertreffen

Sie befinden sich inmitten der Planungsvorbereitung zur Eröffnung Ihres Gastronomiebetriebes. An einem Abend sitzen Sie mit Ihren Mitarbeitern nach getaner handwerklicher Arbeit zusammen und diskutieren über die anstehenden Tätigkeiten für die nächsten Tage. Ihre Mitarbeiter sind hungrig und Sie beschließen gemeinsam, mit Ihren Mitarbeitern zu einem in der Nähe befindlichen Schnellimbiss zu gehen. Einer Ihrer Mitarbeiter gibt für alle Kollegen die Bestellung auf. Daraufhin merkt er, dass er die Vielzahl der Bestellungen nicht auf einmal transportieren kann. Ein Mitarbeiter des Schnellimbisses bemerkt das Problem Ihres Mitarbeiters und bietet an, ihm beim Tragen der Speisen zu helfen. Dieser Service ist nicht üblich und führt dazu, dass die Erwartungen Ihres Mitarbeiters übertroffen werden.

Würden Sie jedoch mit Ihren Mitarbeitern in ein Restaurant gehen, würden Sie es nicht als außergewöhnlichen Service empfinden, wenn Ihnen die Bedienung das Essen an den Tisch bringt. Somit hängt die Empfindung der Serviceleistung von den eigenen Erwartungen und von der Struktur des Anbieters ab.

Kundenerwartungen müssen bekannt sein

Um die Erwartungen Ihrer Kunden übertreffen zu können, müssen Sie zunächst herausfinden, welche Erwartungen der Gast an Ihr Unternehmen hat. Sie können nur dann die Erwartungen Ihrer Gäste übertreffen, wenn Sie die Basis der Erwartungen Ihrer Kunden gefunden haben. Jedoch besteht hier auch eine große Gefahr für Ihr Unternehmen. Der Kunde, dessen Erwartungen Sie regelmäßig erfüllen bzw. übertreffen, hält diesen Service irgendwann für Standard und setzt ihn bei Ihnen voraus. Sollten Sie dann, aus irgendwelchen Gründen, einmal nicht in der Lage sein, die Erwartungen zu übertreffen oder voll zu erfüllen, wird der Kunde schneller enttäuscht sein, als wenn er die Serviceleistungen erst gar nicht erwartet.

Zunehmende Globalisierung, auch im Dienstleistungssektor, schneller technischer Fortschritt und Überflutung mit Informationen führen dazu, dass der Kunde in seinen Entscheidungen unsicher wird. Mittlerweile gibt es über unterschiedliche Netzwerke Studien, die unterschiedliche Anbieter von Dienstleistungen unter differenzierten Gesichtspunkten miteinander vergleichen. Denken Sie beispielsweise nur an die unterschiedlichen Bewertungsplattformen, die es über Hotels und Reiseveranstalter gibt. Dies war vor 10 oder 15 Jahren noch überhaupt nicht möglich. Immer mehr Testberichte im Internet oder in den Printmedien führen zu einer immer größer werdenden Transparenz der einzelnen Unternehmen – aufgrund der Fülle der Angebote und Informationen aber auch zu einer verstärkten Unsicherheit.

Somit wächst selbstverständlich auch die Anforderung an den eigenen Gastronomiebetrieb, die eigene Darstellung und natürlich auch an die eigenen Mitarbeiter. Die Kundenerwartung entscheidet. Entspricht die erbrachte Leistung nicht der Erwartungshaltung der Kunden, sind die Gäste sehr schnell unzufrieden.

Wie entstehen Erwartungen?

Aber woher stammen Kundenerwartungen, wie entwickeln sich Erwartungen seitens eines Gastes und welche Voraussetzungen müssen erfüllt sein?

- **Erfahrungswerte**: Je mehr die Gäste vergleichen können, umso höher sind die Erwartungen an die nächste Lokalität. Außendienstmitarbeiter, die das ganze Jahr quer durch Deutschland unterwegs sind und in einer Vielzahl von Gastronomiebetrieben speisen, verfügen über mehr Erfahrung als andere, die immer bei einem bestimmten Betrieb oder einfach selten essen gehen.
- **Kommunikation:** Gezielte Werbeaussagen, in denen auf besondere Serviceleistungen Bezug genommen wird, sensibilisieren Kunden und wecken Neugier und Erwartungen, ob diese vollmundigen Ankündigungen auch den Tatsachen entsprechen.
- **Empfehlungsmarketing:** Neugier, „Da musst du hin – das ist was ganz Besonderes". In-Sein ist ein Schlüssel zum Erfolg, den alle gerne hätten, den aber nur einige erreichen. Mit der persönlichen Empfehlung aus dem beruflichen oder privaten Umfeld steigt auch die Erwartungshaltung.

Die Erwartungen der Kunden zu übertreffen ist keine Selbstverständlichkeit und sogar der x-te Versuch scheitert oft. Erwartungen, die zur Zufriedenheit der Kunden erfüllt werden, besitzen in der Regel keinen großen Erinnerungsfaktor und werden in der heutigen schnelllebigen und informationsüberfluteten Gesellschaft schnell wieder vergessen.

Begeistern Sie Ihre Gäste!

Was in den Köpfen Ihrer Gäste hängen bleibt, sind außergewöhnliche Serviceideen, ein unerwarteter Zusatznutzen und besonders gute Leistungen. Nur wenn Sie also mehr bieten, als Ihre Kunden erwarten, werden Sie es schaffen, Ihre Gäste zu begeistern. Der Begeisterungseffekt hat außerdem noch den Vorteil, dass sich Ihre außergewöhnliche Leistung schnell herumspricht. Oft sind es nicht die ganz großen Dinge, sondern eher kleine Gesten und Handlungen, die das Herz der Gäste treffen und damit einen „Dominoeffekt" erzielen. Vielleicht sind es aber auch Dinge, die der Kunde noch nie zuvor erlebt hat und die durch die Neuartigkeit dazu führen, in seinem Bewusstsein das Gefühl des Besonderen hervorzurufen.

Für die Gastronomiebranche lassen sich zahlreiche Beispiele finden, wie Kundenerwartungen übertroffen werden können:

So übertreffen Sie die Erwartung Ihrer Kunden:

- Nach dem Essen wird ein kostenloser Kaffee oder ein Eis für die Kinder angeboten.
- Beim Tanzabend dürfen sich die Gäste bestimmte Lieder wünschen.
- Es gibt ein kleines Geschenk für die Kinder (z.B. Spielzeug) oder es ist eine Betreuungsperson in der Spielecke vorhanden.

Kunden emotional binden

Sehr gute Qualität und eine hohe Kundenorientierung führen dazu, Ihre Gäste zu begeistern. Man sollte sich aber nicht zu sicher sein, dass die Begeisterung der Kunden ewig währt. Genauso wie die Begeisterung geweckt wurde, kann sie wieder verschwinden, insbesondere dann, wenn neue Wettbewerber in den Markt drängen, die etwas Besseres als Sie zu bieten haben – wenn also genau die Situation eintritt, in der Sie sich momentan befinden. Kunden sind in solchen Fragen für neue Dinge sehr offen. Nur wenn sie das Gefühl haben, wichtige Gäste zu sein oder einen ganz besonderen Service von Ihnen zu bekommen, werden sie einen regelmäßigen Besuch beim Mitbewerber nicht in Betracht ziehen. Die emotionale Bindung des Kunden an Ihre Gaststätte oder Ihr Café macht Ihren Kunden zum Stammgast und Sie dürfen darauf hoffen, die Gäste regelmäßig in Ihrem Gastronomiebetrieb begrüßen zu dürfen.

Generell können Sie es nicht vermeiden, dass der Kunde auch andere Gaststätten oder Restaurants aufsucht. Das liegt allein schon in der Natur des Menschen, der Abwechslung bei seinen kulinarischen Speisen bevorzugt. Wichtig ist jedoch, dass der Gast immer wieder zu Ihnen zurückkehrt, weil er hier einen außergewöhnlichen Service vorfindet.

Ideen und Vorschläge

Die folgende Liste beinhaltet Vorschläge und Ideen, mit denen Sie die Erwartungen Ihrer Kunden übertreffen können. Hierbei muss natürlich immer wieder die Realisierbarkeit überprüft werden. Was nutzen die tollsten Ideen und Servicemaßnahmen, wenn sie nicht wirtschaftlich und bezahlbar sind? Die Liste ist erweiterbar und soll nur einen Einblick in mögliche Kundenmaßnahmen geben:

- Ab einer Rechnung über 50 € schenken Sie Ihrem Gast einen Gutschein im Wert von 5 € oder 10 €.
- „Würfle deine Prozente“: Bei der Rechnung erhält der Gast einen großen Würfel und würfelt seine Prozente, die dann umgehend von der Rechnung abgezogen werden.
- Jeder hundertste Gast erhält die Getränke kostenlos – er erfährt es, wenn er seine Rechnung bezahlen möchte.
- Kooperationen mit anderen Geschäften aus unterschiedlichen Branchen. Wer bei Ihnen speist, erhält 10 % auf alle Artikel im Schuhgeschäft X.
- Jedes Kind bekommt ein Überraschungsgeschenk (z. B. ein Überraschungsei).
- Stammkunden erhalten zu ihrem Geburtstag einen Gutschein für ein Essen zu zweit.
- Bonuskarte (10-mal essen, das elfte Essen ist dann umsonst)
- Passive Kinderbetreuung (Kinderecke oder Kinderspielzeug)
- Kostenloses Getränk bei Verlangen der Rechnung
- Mit der Rechnung verbundenes Präsent (Merci-Schokolade)

- Sie übernehmen die Rechnung für die Tiefgarage oder steuern einen Beitrag dazu bei (Sie können Karten beim Betreiber der Tiefgarage kaufen).
- Garderobe bringen und in den Mantel/die Jacke helfen.
- Verteilen von Losen nach jedem Essen mit Kleingewinnen (ein kostenloses Getränk beim nächsten Besuch).

Die Erwartungen der Kunden zu übertreffen ist eine der größten Herausforderungen in der heutigen Dienstleistungsgesellschaft. Viele Gastronomiebetriebe kämpfen damit, die Erwartungen der Kunden und Gäste überhaupt zu erfüllen. Erst wenn die Basis gelegt ist, wenn Sie also die Wünsche Ihrer Kunden erfüllen, sollten Sie darüber nachdenken, sie noch zu übertreffen. Die Erwartungen Ihrer Gäste voll zu erfüllen oder sogar zu übertreffen bedeutet eine gewisse Klarheit in der Begegnung mit dem Kunden. Eine einheitliche Richtlinie für Mitarbeiter und Führungskräfte bildet hierfür die Voraussetzung. Auch wenn der Kunde bereits von einem Kollegen bedient wird, hat jeder Mitarbeiter die Pflicht, den Kunden zu grüßen – denn jeder Kunde ist „mein Kunde".

„Jeder Kunde ist mein Kunde" – die zehn Gebote der Kundenorientierung

Jeder Kunde ist wichtig

Ein Gefühl für den Kunden zu entwickeln, ihm das Gefühl zu geben, wie wichtig er ist, hat auch viel mit der Einstellung zu den einzelnen Kundentypen zu tun. „Jeder Kunde ist mein Kunde" bedeutet, dass der Kunde, egal welche finanziellen Voraussetzungen gegeben sind, mit offenen Armen empfangen wird. „Jeder Kunde ist mein Kunde" ist nicht nur Einstellungssache, sondern gehört bei systematischer Anwendung zu den Erfolgsfaktoren in der Gastronomie. Denken Sie daran, dass der Kunde Sie nach Ihrer Wirkung und nach Ihrer Ausstrahlung beurteilt, nicht nach Ihrer guten Absicht. Der Gast kauft in der Regel nicht das Produkt allein, sondern auch Sie.

Um den Kunden ernst zu nehmen und die Botschaft „Jeder Kunde ist mein Kunde" realistisch umsetzen zu können, müssen von Anfang an Regeln festgelegt werden. Zur Umsetzung der erfolgreichen Kundenbindung können folgende zehn Gebote der Kundenorientierung angewendet werden. Natürlich besteht kein Anspruch auf Vollständigkeit – Sie haben jederzeit die Möglichkeit, die Anzahl zu erhöhen oder zu verringern.

Die zehn Gebote der Kundenorientierung

- Begrüßen Sie den Kunden mit einem Lächeln und bringen Sie den Gast an einen freien Tisch.
- Stellen Sie sicher, dass sich der Gast vom ersten Moment an wohlfühlt. Für den ersten Eindruck gibt es keine zweite Chance.

- Weisen Sie Ihre Mitarbeiter darauf hin, dass Kaugummikauen (bzw. Vergleichbares) nicht gern gesehen bzw. untersagt ist.
- Vermitteln Sie, dass Sie Spaß an Ihrem Gastronomiebetrieb haben und dass Ihnen der Gast wichtig ist.
- Richten Sie Ihre Aufmerksamkeit auf den Kunden. Privatgespräche der Mitarbeiter sollten sich im angemessenen Rahmen halten. Dies gilt auch für das Privathandy.
- Fragen Sie während des Essens nach, ob beim Gast alles in Ordnung ist und ob er noch Wünsche hat.
- Stellen Sie sicher, dass Sie und Ihre Mitarbeiter einheitlich und ordentlich gekleidet sind.
- Sorgen Sie dafür, dass sich Tische und Gedecke in einem einwandfreien Zustand befinden.
- Seien Sie zu Ihren Gästen und Mitarbeitern stets freundlich und hilfsbereit. Sollten Sie einmal sitzen und ein Gast kommt auf Sie zu, stehen Sie auf.
- Verabschieden Sie Ihre Gäste persönlich und wünschen Sie Ihnen einen schönen Tag (Abend).

Mit Kundenorientierung zur Kundenbindung

Mit diesen zehn Geboten der Kundenorientierung ist der erste Schritt in Richtung Kundenbindung getan. Das gesamte Feld der Kundenorientierung umfasst jedoch deutlich mehr detaillierte Strukturen, als dies in diesem Kapitel beschrieben werden konnte. Die Serviceorientierung allgemein ist ein Geschäftsfeld, dessen Wichtigkeit erst in den letzten 20 Jahren wirklich erkannt wurde und dessen Bedeutung immer mehr zunimmt. Die Grundlagen der Kundenorientierung sollten in jedem Dienstleistungsbetrieb, egal in welcher Branche, vorhanden sein.

ABC der Kundenorientierung

Unternehmen – und auch Gastronomiebetriebe –, die erfolgreich im Wettbewerb bestehen wollen, müssen sich zunehmend den Kriterien Servicequalität und Kundenfreundlichkeit stellen. Die langfristige Bindung vorhandener Kunden hat, neben der Gewinnung neuer Kunden, für den Erfolg eines Unternehmens fundamentale Bedeutung.

Viele reden davon, aber nur wenige wissen eigentlich, worauf es bei der Kundenorientierung überhaupt ankommt. Was ist Kundenorientierung? Wozu braucht man Kundenorientierung? Was bringt Kundenorientierung?

Dreistufiges System

Unter „strukturierter Kundenorientierung" wird ein System von drei Stufen verstanden:

- Hierbei wird auf Stufe 1 das Kümmern um den Kunden (Gast) geplant, d. h. alle vorbereitenden Maßnahmen werden analysiert und auf den Kunden abgestimmt.
- Auf der zweiten Stufe erfolgt das Kümmern um den Gast während des Restaurantbesuchs.

- Auf der dritten Stufe wird das Kümmern um den Gast nach Abschluss des Kaufakts, also nach Einnahme der Speisen und Getränke im Restaurant, verstanden.

Bei kundenorientierten Unternehmen orientieren sich **alle** Entscheidungen im operativen und auch teilweise im strategischen Bereich an den Bedürfnissen und Interessen der Kunden. Kundenorientierte Handlungen innerhalb der Gastronomie sind so strukturiert, dass der für den Gast größtmögliche Nutzen im Vordergrund steht. Die Erwartungen des Kunden werden erfüllt.

Fast alle Firmen werben ausgeprägter Kundenorientierung. Sätze wie „Der Kunde ist König, aber die Monarchie wurde bekanntlich abgeschafft" oder „Der Kunde steht im Mittelpunkt – und damit allem anderen im Weg" sind allerdings in vielen Branchen noch an der Tagesordnung. Vielleicht ist es Ihnen auch einmal so ergangen, dass Sie jeglichen Service vermisst haben?! – Machen Sie es in Ihrem Betrieb einfach besser!

Alle müssen kundenorientiert arbeiten

Kundenorientierung wird zwar als unternehmerisches Konzept gefordert, von den einzelnen Mitarbeitern (und nur die können es erfolgreich umsetzen) aber nicht immer angewandt. Kundenorientierung ist nur möglich, wenn jeder im Betrieb sein Bestes für den Gast gibt. Der Erfolg in der Gastronomie wird von drei Faktoren bestimmt: vom Kunden, dem Produkt und der Dienstleistung, die parallel angeboten werden. Produkte oder Dienstleistungen sind vergleichbar oder austauschbar, das Bemühen um den Gast nicht.

Kundenperspektive einnehmen

Um Kundenwünsche richtig zu erfassen, müssen alle Mitarbeiter eines Gastronomiebetriebes lernen, aus Sicht des Gastes zu denken und zu handeln. Kundenorientierung im Restaurant oder in der Kneipe zu praktizieren heißt, den Gast absolut in den Mittelpunkt zu stellen. Ausgangspunkt sind die Bedürfnisse, Anliegen und Wünsche des Gastes. Erst dann werden die Produkte und Dienstleistungen entwickelt, mit denen die Kundenerwartungen erfüllt oder sogar übertroffen werden.

Aktive und passive Kunden

Wir unterscheiden zwischen aktiven und passiven Kunden:

- Aktive Kunden bestimmen ihr Umfeld mit und stellen den eigenen Nutzen (aus Ihrer Perspektive den Kundennutzen), in den Vordergrund.
- Passive Kunden hingegen akzeptieren den Zustand, so wie er ist, weil er sich aus Tradition oder anderen Gründen so entwickelt hat.

Lassen Sie uns diese unterschiedlichen Verhaltensweisen eines Kunden an einem kleinen Beispiel verdeutlichen.

Nehmen Sie ein Blatt Papier und schreiben Sie die Antwort auf folgende Frage auf: Bei welcher Bank haben Sie Ihr Konto? Dann schreiben Sie drei Gründe darunter, warum dies so ist.

Sind Sie dort Kunde, „weil das schon immer so ist" oder „weil meine Familie schon immer dort Kunden war" oder „weil ich dort jemanden kenne"? Falls einer dieser Gründe zutrifft, gehören Sie zur Gruppe der passiven Kunden.

Gehören Sie jedoch zu denjenigen, die nach zahlreichen Vergleichen entschieden haben, diese Bank auszuwählen, weil sie die günstigsten Konditionen bietet, dann sind Sie ein aktiver Kunde, der seine Vorstellungen und Erwartungen zum Ausdruck bringt.

Aber keine Angst, die meisten Menschen handeln so wie oben beschrieben (also eher passiv), wenn es sich um Themen handelt, bei denen sie sich nicht auskennen oder mit denen sie sich nicht auseinandersetzen wollen.

In der Gastronomie: aktive Kunden

In der Gastronomie hingegen haben Sie es in nahezu 98 % der Fälle mit aktiven Kunden zu tun, die genau wissen, was sie wollen, und dementsprechend auch exakte Erwartungen haben. Wir sprechen in diesem Zusammenhang von einem „Käufermarkt", d. h. der Käufer, hier der Gast, ist gegenüber dem Verkäufer, hier dem Gastwirt (also Ihnen), wirtschaftlich im Vorteil. Auf diesem Marktsektor ist das Angebot größer als die Nachfrage: Damit sind Sie gezwungen, sich – neben Ihren Gerichten und Serviceleistungen – durch den gezielten Einsatz von Marketinginstrumenten am Markt durchzusetzen, zum Beispiel durch einen außergewöhnlichen Service oder ein einmaliges Preis-Leistungs-Verhältnis.

Alt- und Neukunden

Nicht zu vernachlässigen ist die Frage, ob es sich bei Ihrem Gast um einen Alt- oder Neukunden handelt. Bei einem Altkunden kennen Sie dessen Geschichte und können mit Kenntnissen über Hobby, Privatleben oder Gewohnheiten „punkten". Bei Neukunden bewegen Sie sich diesbezüglich immer auf unerforschtem Gebiet.

Lernen Sie Ihre Kunden kennen

Um Ihre Kunden besser kennenzulernen, gehören kurze Gespräche dazu. Werfen Sie den Ball ins Spiel und eröffnen Sie das Gespräch – meist lassen sich Brücken über Wetter, Sport, Kinder oder aktuelle gesellschaftliche Ereignisse bauen. Versuchen Sie beispielsweise, etwas über das soziale Umfeld oder die Hobbys Ihrer Gäste zu erfahren. In dieser Situation übernehmen Sie immer die Rolle des Zuhörenden, da sonst der Eindruck entstehen könnte, dass Sie Ihre Gäste ausfragen wollen, was als sehr negativ aufgefasst wird. Sind Ihnen die Hobbys des Kunden bekannt und haben Sie eine Affinität zu diesem Hobby, dann lassen Sie den Gast erzählen. Wenn es Ihnen gelingt, Zugang über die „Schiene" soziales Umfeld zu erlangen, ist das Eis so gut wie gebrochen. Der Gast betrachtet Sie dann als Freund oder Leidensgenossen. Häufig erleben wir dieses Phänomen auf dem Land und bei älterer Kundschaft. Nicht umsonst werden Friseurgeschäfte in der ländlichen Region auch als „kleine Post" bezeichnet, da hier alle Informationen zusammenlaufen und die Neuigkeiten im dorfinternen Umfeld schnell weitergegeben werden. Viele Kunden sind auskunftsbereit, wenn man die richtigen Fragen stellt. Hinter jedem Kunden steht eine Geschichte!

Flexibilität ist gefragt

Ein weiterer Aspekt im Bereich der Kundenorientierung ist das Zusammentreffen von Gästen mit unterschiedlichen Voraussetzungen. Sie werden Kunden haben, die genau wissen, was sie wollen, und in der Regel immer das gleiche Gericht bestellen. Andererseits werden Sie Gäste haben, die nicht wissen, was sie essen möchten, und eventuell Beratung durch Ihre Mitarbeiter benötigen. Jede dieser Gruppen hat andere Erwartungen und wird sich anders verhalten, was Flexibilität und ein klares Konzept erfordert.

Kunden sind nicht zufrieden, wenn sie gute Produkte bekommen – diese erhalten sie auch beim Wettbewerb. Kunden erwarten darüber hinaus exzellenten Service und ungeteilte Aufmerksamkeit. Übertreffen Sie die Erwartungen Ihrer Kunden, werden Sie diese langfristig an sich binden. Zum ABC der Kundenorientierung gehören auch Maßnahmen, den Kunden zu überraschen und in gewisse Abläufe mit einzubeziehen: Überprüfen Sie regelmäßig die Zufriedenheit Ihrer Kunden, entweder durch Zettel wie „Ihre Meinung ist uns wichtig" oder suchen Sie das persönliche Gespräch. Die Grundelemente der Kundenorientierung sind überall die gleichen. Sie unterscheiden sich lediglich aufgrund der unterschiedlichen Abläufe in den verschiedenen Branchen. Erhöhen Sie die Wertschöpfung Ihrer Gäste, indem Sie permanent Qualität und Service verbessern und in Ihren Bemühungen um den Kunden immer schneller werden. Oft sind es Kleinigkeiten, die den Unterschied ausmachen.

Vor geraumer Zeit fuhr ich mit meinem PKW durch eine größere Stadt in der Nähe meines Wohnortes. Es war ca. 22:00 Uhr und ich kam gerade von einem Vortrag über erfolgreiches Verkaufen zurück. Da mein Benzin zur Neige ging, musste ich tanken und fuhr eine Tankstelle an. Als ich mit meiner EC-Karte bezahlt hatte, verabschiedete mich der Mitarbeiter mit Namen und wünschte mir noch einen schönen Abend. Völlig verwirrt, aufgrund der persönlichen Ansprache, erwiderte ich die abendlichen Grüße und machte mich auf den Weg zu meinem Wagen. Auf dem Weg dorthin überlegte ich die ganze Zeit, woher mich der Tankstellenmitarbeiter kannte. War er einmal Teilnehmer an einem meiner Seminare oder bestand auf früherer beruflicher Basis ein Kontakt? Diese Gedanken ließen mir keine Ruhe und ich drehte kurz vorm Einsteigen um, ging wieder in die Tankstelle und fragte, woher er mich kannte, da ich, dabei bat ich um Verzeihung, mich nicht mehr an ihn erinnern konnte. Der junge Mann lächelte und teilte mir mit, dass er mich nicht kenne, dass es aber für ihn selbstverständlich sei, wenn ein Kunde mit seiner Karte bezahle, er den Kunden namentlich verabschiede, da der Name auf der EC- oder Mastercard stünde. Überwältigt von so viel Service kam ich mit dem Mitarbeiter ins Gespräch und wir unterhielten uns noch ein paar Minuten über Kundenservice und allgemeine Dinge, bevor ich die Tankstelle wieder verließ. Was glauben Sie, wo ich seit diesem Zeitpunkt immer zum Tanken hinfahre, wenn ich in der Nähe bin?

Mund-propaganda ist alles

Machen Sie auf sich aufmerksam, liefern Sie exzellenten Service, schenken Sie kleinen Kindern etwas zum Spielen – am Anfang, nicht am Ende des Besuches. Die Eltern werden es Ihnen danken. Seien Sie kreativ in der Ausübung Ihrer Serviceleistungen. Pflegen Sie zu Ihren Kunden persönlichen Kontakt. Immer wenn sich die Möglichkeit ergibt, führen

Sie ein Gespräch oder laden Ihren Kunden zu einer Tasse Kaffee ein. Werden Sie aber nicht aufdringlich und reden Sie nicht über den Beruf. Lassen Sie, wenn möglich, den Kunden sprechen und hören Sie zu. Der zufriedene Kunde wird das Unternehmen weiterempfehlen. So ergeben sich unzählige weitere Kontakte. Kostenlose Werbung durch gute Kundenorientierung. Mundpropaganda wird sehr häufig unterschätzt. Seien Sie sich immer bewusst, dass der Kunde Ihr Gehalt und das Ihrer Mitarbeiter bezahlt.

„Schwierige" Kunden

Natürlich gibt es auch Kunden, die als schwierig eingestuft werden dürften. Gäste, die an allem herummäkeln, die das Essen nicht besonders gut finden, die die Getränke als zu kalt oder zu warm empfinden oder der Meinung sind, dass die Preise in Ihrem Gastronomiebetrieb zu hoch seien.

Denken Sie immer daran, dass gerade solche Gäste auch Mundpropaganda betreiben, daher lautet die wichtigste Regel im Kontakt mit schwierigen Kunden: Gedanken sind frei, Worte nicht! Zeigen Sie für Ihren Gast Verständnis: Bieten Sie ihm eine Lösung an. Auch „schwierige Kunden" können zufriedengestellt werden. Sehen Sie es als besondere Herausforderung an, diese Kunden als Stammkunden an das Unternehmen zu binden. Schenken Sie diesen Kunden zum Geburtstag einen Gutschein für ein romantisches Essen zu zweit oder nehmen Sie Ideen dieser Kunden in Ihre Überlegungen zur Optimierung Ihres Betriebes mit auf. Kümmern Sie sich persönlich um diese Kunden.

Jeder von uns ist Kunde, jeden Tag. Ob im Supermarkt, am Kiosk oder an der Tankstelle. Wir müssen nur unsere eigenen Erwartungen auf unsere Kunden übertragen. Tun wir das auch? Sie haben sich bestimmt in einem Geschäft oder einem Dienstleistungsunternehmen schon einmal geärgert oder wurden enttäuscht. Haben Sie daraus Ihr Verhalten den eigenen Kunden gegenüber geändert? Gary Comer (Gründer von Land's End) hat es einmal treffend beschrieben: „Don't worry about what is the best for the company. Worry about what is the best for the customer." Er gibt die Empfehlung, das ganze Bemühen und Streben nach Verbesserungen mehr auf den Kunden zu beziehen als auf das eigene Unternehmen.

Kunden- statt Wettbewerbsorientierung

Wer auf allen Gebieten gut sein will, der ist allenfalls Durchschnitt. Versuchen Sie, Ihre Strategie der Kundenorientierung zu fokussieren. Konzentrieren Sie sich auf das, was Sie am besten können, und darauf, womit Sie Ihrem Kunden den größten Nutzen bieten. Das Ziel muss sein, in einem bestimmten Bereich die Nummer 1 zu werden. Trotz aller anderslautenden Beteuerungen stellt Kundenorientierung in vielen Unternehmen noch keinen zentralen Wert dar. Auch wenn fieberhaft daran gearbeitet wird, besser, schneller oder vielleicht günstiger als die Konkurrenz zu sein, geht es um Wettbewerbsorientierung und nicht um Kundenorientierung. Viele Anstrengungen innerhalb gastronomischer Unternehmen orientieren sich immer noch am Wettbewerb und werden kopiert. Die Kundenorientierung an sich bleibt auf der Strecke. Um den Kundenbedürfnissen gerecht zu werden und den Kunden in den Mittelpunkt zu stellen, bedarf es der uneingeschränkten Unterstützung seitens der Führungsebene. Alles andere ist sinnlos und frustriert die Mitarbeiter.

„Absolute Kunden-orientierung"

Es gibt Unternehmen, denen die allgemeine Kundenorientierung nicht weit genug geht. Der Gedanke der **absoluten Kundenorientierung** macht die Runde. Dabei werden alle Überlegungen hinsichtlich des Speisen- und Getränkeangebots, des Personals etc. dem Wohle des Kunden untergeordnet.

Für viele Menschen hat „absolute Kundenorientierung" einen faden Beigeschmack und ist negativ besetzt. Viele verstehen darunter Opferbereitschaft, Erniedrigung, ein Auffangbecken für die schlechte Laune der Gäste oder Unterwerfung, Anbiederung etc. Absolute Kundenorientierung verbreitet Angst und wirft bei vielen die Frage auf „Muss ich mir alles gefallen lassen?". Führt bedingungslose Kundenorientierung zu Demotivation der eigenen Mitarbeiter, die dann Angst haben, alles tun zu müssen, was der Gast will?

Absolute Kundenorientierung hat nichts mit Anbiederung oder Demut zu tun, sondern richtet einen Gastronomiebetrieb auf den Kunden aus: Nicht weil es der Kunde so will – nein, weil Sie es so wollen.

Im Folgenden werden 20 Thesen der absoluten Kundenzufriedenheit aufgestellt, die Ihnen bei der Entwicklung Ihrer Maßnahmen zur Kundenorientierung helfen sollen. Um dem Gedanken der absoluten Kundenzufriedenheit Nachdruck zu verleihen, werden die Thesen als Garantien formuliert.

20 Thesen der absoluten Kundenzufriedenheit

- **Umsetzungsgarantie:** Wir haben Mut, uns der Aufgabe zu stellen – wir sind mutiger als der Wettbewerb, wenn es darum geht, Dinge umzusetzen, vor denen der Wettbewerb Angst hat.
- **Umtauschgarantie:** Hat Ihnen Ihr Essen bei uns nicht geschmeckt, erhalten Sie Ihr Geld zurück oder zahlen nur den halben Preis.
- **Präsenzgarantie:** Wir sind für unsere Gäste da!
- **Vertrauensgarantie:** Auf uns kann man sich verlassen, wir stehen zu unserem Wort!
- **Hilfsgarantie:** Wir helfen, egal wann und wo!
- **Schnelligkeitsgarantie:** Wir sind besser und schneller als der Wettbewerb!
- **Mittelpunktgarantie:** Bei uns steht der Gast im Mittelpunkt!
- **Zufriedenheitsgarantie:** Wenn Sie unseren Gastraum verlassen, sind Sie zufrieden.
- **Qualitätsgarantie:** Wir verwenden nur die besten Produkte!
- **Erfüllungsgarantie:** Ihr Wunsch wird erfüllt, ohne Diskussion, auch wenn Sie nicht im Recht sein sollten.
- **Kontrollgarantie:** Wir hinterfragen uns ständig und kontrollieren uns selbst, aber auch unsere Lieferanten und Partner.

- **Verbesserungsgarantie:** Wir sind bemüht, unsere Leistungen ständig zu verbessern. Helfen Sie uns dabei.
- **Entscheidungsgarantie:** Bei uns dürfen die Mitarbeiter entscheiden.
- **Vier-Augen-Garantie:** Wir sehen Dinge, die auf keiner Checkliste stehen.
- **Sauberkeitsgarantie:** Niemand muss uns darauf hinweisen, dass unsere Arbeitskleidung, Gasträume und Toiletten gesäubert werden müssen.
- **Pro-Kunde-Garantie:** Wir packen Probleme an und entscheiden immer für den Kunden.
- **Vorbildgarantie:** Wir leben Kundenorientierung und gehen als Vorbild voran.
- **Reklamationsgarantie:** Beschwerden und Reklamationen werden von uns schnell, sachlich, ruhig und unkompliziert in Ihrem Sinne gelöst.
- **Freundlichkeitsgarantie:** Wir grüßen und verabschieden jeden Gast immer mit einem Lächeln und mit Namen, falls wir ihn kennen.
- **Lerngarantie:** Wir lernen täglich von den kritischsten Menschen, unseren Gästen, und nehmen Verbesserungsvorschläge gerne an.

Zusammenfassend lässt sich feststellen, dass Kundenorientierung ein weiterer Baustein für den Erfolg eines Gastronomiebetriebes ist. Aus der Kundenorientierung entwickelt sich bei erstklassigem Service und dem Erfüllen der Kundenerwartungen Kundenzufriedenheit, die dann in Kundenbindung münden kann.

Kundenbindung entsteht auch, wenn Beschwerden oder Reklamationen schnell und problemlos abgewickelt werden. Viele Unternehmen sind sich der Bedeutung einer professionellen Reklamationsbearbeitung noch nicht bewusst und vernachlässigen dieses Terrain. Dabei ist der richtige Umgang mit Reklamationen relativ einfach, wenn die Grundregeln beachtet werden.

Umgang mit Reklamationen

Der Kunde, der mit einem Problem zu Ihnen kommt, hat von vornherein eine negative Grundstimmung. Gelingt es Ihnen, sein Problem schnell, diskret und zu seinem Wohlgefallen zu lösen, erhalten Sie einen sehr zufriedenen Kunden. Zu einem sinnvollen und effektivem Beschwerde- oder Reklamationsmanagement gehören Regeln, die den Ablauf und die Struktur der Vorgehensweise bei Konflikten, Beschwerden und Reklamationen klar beschreiben.

Beschwerde und Reklamation

Zuvor sollte jedoch die Frage geklärt werden, was der Unterschied zwischen einer Beschwerde und einer Reklamation ist. Die Begriffe „Beschwerde“ und „Reklamation“ werden oft synonym verwendet, jedoch gibt es einen Unterschied in der Definition:

- Als Beschwerde wird allgemein die Äußerung eines Kunden bezeichnet, in der Unzufriedenheit zum Ausdruck gebracht wird, mit der Bitte oder Forderung, den Sachverhalt zu ändern, zu verbessern oder abzustellen. Beschwerden haben keinen rechtlich bindenden Charakter, beispielsweise können Sie sich über das Wetter, Ihren Namen, die Farbe des Himmels oder über die Farbe Grün Ihres Rasens beschweren. Eine erfolgreiche Veränderung werden Sie damit kaum erzielen. Allerdings sollten solche Beschwerden, die Ihren Betrieb betreffen, aufgenommen und geprüft werden.

- Eine Reklamation hingegen ist der Hinweis eines Kunden auf einen Zustand, der tatsächlich mangelhaft oder fehlerhaft ist. Somit besteht ein Rechtsanspruch auf Reparatur, Nachbesserung oder Umtausch.

Im Folgenden werden die Begriffe „Beschwerde" und „Reklamation" synonym verwendet.

Fehler passieren immer

„Wo gehobelt wird, fallen Späne." Wo Menschen arbeiten, passieren Fehler, das kann vorkommen. Wichtig ist jedoch der Umgang mit den Fehlern, d. h. mit Reklamationen und Beschwerden.

Kunden äußern selten offen Kritik

Kunden beschweren sich oft, nur nicht bei denen, die den Grund dafür geliefert haben. In der Regel wird das Negativerlebnis im Bekannten- und Verwandtenkreis weitererzählt. Im Grunde ihres Wesens sind die meisten Menschen eher zurückhaltend darin, Beschwerden offen und direkt zu äußern. Auf die Frage, ob es geschmeckt hat, erhalten Sie in 98 % der Fälle eine positive Aussage, ob das jedoch stimmt, sei dahingestellt. Viele denken sich vielleicht: „Warum soll ich mich beschweren? Vielleicht muss ich mich dann auch noch rechtfertigen? Die werden schon sehen, was sie davon haben."

Wenn sich aber einmal jemand beschwert, müssen Sie professionell reagieren. Auch wenn Sie eine Beschwerde nicht nachvollziehen können, sollen und müssen Sie alle Reklamationen ernst nehmen. Doch wie geht man damit um?

Der richtige Umgang mit Reklamationen und Beschwerden

R = Regeln festlegen
E = Ehrlichkeit zeigen
K = Keine falschen Erwartungen wecken
L = Lösungen suchen und umsetzen
A = Alle Beschwerden ernst nehmen
M = Machtspiele produzieren nur Verlierer
A = Analyse der Beschwerde
T = Toleranz gegenüber Mitarbeitern
I = Innovationen nutzen
O = Ohne Kompetenz der Mitarbeiter keine Ergebnisse
N = Netzwerke nutzen

(in Anlehnung an: Haeske Udo, Kommunikation mit Kunden. Cornelsen Verlag 2008, S. 101)

Regeln

R = Regeln festlegen!

Verbindliche Regeln der Beschwerdebearbeitung geben den Mitarbeitern Sicherheit und Orientierung. Dazu zählen Schnelligkeit, Art der Ansprache, Verständnis und Kulanzspielräume. Sorgen Sie dafür, dass alle

Mitarbeiter bei einer Beschwerde den gleichen Maßstab anlegen und die gleiche Vorgehensweise an den Tag legen, da sich Ungleichbehandlung schnell herumspricht und für Kundenunzufriedenheit sorgt.

Ehrlichkeit

E = Ehrlichkeit zeigen!

Fehler müssen eingestanden werden, nur daraus kann man lernen. Sind Sie dem Gast gegenüber glaubwürdig.

Keine Versprechungen

K = Keine falschen Erwartungen wecken!

Versprechungen wecken Erwartungen und führen zu Enttäuschungen, wenn sie nicht eingehalten werden. Behandeln Sie alle Kunden gleich.

Lösung anbieten

L = Lösungen suchen!

Nicht über die Ursache reden, sondern Lösungen anbieten. Ursachenforschung hat ihre Berechtigung, um interne Prozesse zu durchleuchten und zu verbessern, jedoch sollte die Diskussion mit dem Gast vermieden werden. Wichtig für den Kunden sind nur akzeptable Lösungen.

Kunden ernst nehmen

A = Alle Beschwerden ernst nehmen!

Menschen, die eine Beschwerde vorbringen, haben in der Regel ein Problem. Deshalb wird jede Beschwerde ernst genommen, bearbeitet und im Sinne des Kunden gelöst.

Keine Machtspiele

M = Machtspiele produzieren nur Verlierer!

Gewonnene Machtspiele schaffen vielleicht kurzfristige Gewinne, langfristig sind sie der Tod des Gastronomiebetriebes. Fühlt sich der Kunde als Verlierer, wird er Ihren Gastronomiebetrieb in Zukunft meiden und Negativpublicity betreiben, auch wenn er im Unrecht war.

Beschwerdeanalyse

A = Analyse der Beschwerde!

Zuhören und „Reinhören" sind Basiskenntnisse bei einem erfolgreichen Beschwerdemanagement. Wichtiges von Unwichtigem trennen und den Kern der Beschwerde finden sind die Hauptaufgaben bei der Beschwerdeanalyse.

Mitarbeiter verteidigen

T = Toleranz gegenüber Mitarbeitern!

Ein Mitarbeiter, der vor aller Augen als Schuldiger abgestempelt wird, lässt sich für das Thema Kundenorientierung nicht mehr begeistern. Der Mitarbeiter muss offiziell nach außen verteidigt werden und erst später intern Farbe bekennen.

Aus Beschwerden lernen

I = Innovationen nutzen!

Aus Beschwerden zu lernen ist die größte Innovationsquelle, die es gibt. Bedeutung erlangt die Thematik Beschwerdemanagement dadurch, dass Sie als Gastwirt dafür sorgen, dass sich diese Fehler über Schulungen und Verbesserungen nicht mehr einstellen.

Kompetente Mitarbeiter

O = Ohne Kompetenz der Mitarbeiter keine Ergebnisse!

Freundliche, kompetente Mitarbeiter wirken hilflos, wenn sie keine Befugnisse haben. Mitarbeiter müssen und sollen in ihrem Bereich Entscheidungen treffen, wenn der Rahmen vorher abgesteckt wurde.

N = Netzwerke nutzen!

Netzwerke nutzen

Kontakte zu anderen Restaurants oder Gastronomiebetrieben außerhalb des eigenen Betriebs, aber innerhalb einer Branche oder zu anderen Filialen, können bei der Lösung einer Reklamation helfen.

Ein Gast beschwert sich bei Ihnen, dass ihm die Wege zum Buffet zu weit sind. Jetzt können Sie sich mit anderen Gastronomen austauschen, wie diese ihr Buffet aufbauen oder ob es eine andere Möglichkeit der Gestaltung des Buffets gibt (z. B. größere Teller anbieten, damit der Gast den Weg nur zweimal gehen muss).

Schuldfrage ausklammern

Versuchen Sie, die Schuldfrage auszuklammern – die Klärung der Schuldfrage bewirkt keine Lösung der Beschwerdesituation. Widerstände bei der Aufnahme der Beschwerde sind zu minimieren. Gewöhnen Sie sich an, dem Gast nicht ins Wort zu fallen, nicht arrogant zu wirken und sich nicht wegzudrehen. Außerdem sollten Sie es vermeiden, den Gast zu belehren. Hören Sie ihm einfach zu. Achten Sie ganz besonders darauf, dass das Wie und das Was entscheidend sind. Stimmlage, Mimik und Gestik sind oft wichtiger als der Inhalt eines Gesprächs mit dem Gast.

Im Folgenden werden Ihnen einige Hilfsmittel zur Bearbeitung von Beschwerden an die Hand gegeben, die Sie je nach Gewichtung zur Lösung der Beschwerde verwenden können.

Wichtige Grundprinzipien im Beschwerdemanagement

- **Schnelligkeit:** Bei der Bearbeitung von Beschwerden zählt Geschwindigkeit. Viele Menschen, die eine Beschwerde haben, werten es als positiv, wenn Sie sich der Sache umgehend annehmen. Wörter wie „schnell", „sofort" oder „jetzt gleich" verstärken den Eindruck des Kunden, dass auf der Stelle reagiert wird.
- **Verbindlichkeit:** Jede Beschwerde muss ernst genommen werden, auch wenn man persönlich das ein oder andere für lächerlich und indiskutabel hält. Das Auftreten muss seriös sein und die Zusagen verbindlich.
- **Initiative ergreifen:** Initiativ zu werden heißt, Dinge anstoßen und entscheiden zu können. Im Beschwerdemanagement gibt es das Prinzip des „complaint ownership". Es besagt, dass der Mitarbeiter der Eigentümer (owner) der Beschwerde (complaint) ist und diese (soweit möglich) bis zum Ende selbst bearbeitet. Versuchen Sie, wenn möglich, den Beschwerdeführer immer mit Namen anzusprechen.
- **Ehrlichkeit:** Fehler zuzugeben ist eine Stärke, Fehler zu vertuschen ist eine Schwäche. Viele Mitarbeiter, die versuchen, eigene Fehler unter den Tisch zu kehren, sind hilflos oder haben Angst vor dem Management.
- **Freundlichkeit:** Freundlichkeit hat nichts mit Dauergrinsen zu tun, sondern äußert sich in Höflichkeit, Hilfsbereitschaft, Ernsthaftigkeit und Entgegenkommen.
- **Flexibilität:** Flexibilität im Umgang mit unterschiedlichen Beschwerdeführern. Es gibt keine Standardvorgehensweise zur Lösung von Beschwerden und Reklamationen, da die Menschen, die diese äußern, unterschiedlich sind.

- **Geduld und Nervenstärke:** Geduld ist eine unbezahlbare Kompetenz und äußert sich in der Fähigkeit, den Gesprächspartner ausreden zu lassen. Die Fähigkeit, auch in stressigen Situationen bei Beschwerden und Reklamationen Ruhe zu bewahren, entkrampft oft sich zuspitzende Situationen.
- **Engagement:** Engagement und Hilfsbereitschaft bedeuten, sich um Kunden und dessen Probleme zu kümmern und selbst aktiv zu werden. Kein Dienst nach Vorschrift, verschiedene Alternativen der Problemlösung suchen. Unnötige Diskussionen mit den Gästen sollten vermieden werden.

Reaktionsschema bei Beschwerden

Die Reaktion auf Beschwerden und Reklamationen sollte immer folgendem Schema folgen: Entschuldigen – Verständnis äußern – Lösung herbeiführen.

Sich entschuldigen

Sich **entschuldigen** bedeutet nichts anderes, als die Annahme der Beschwerde und den Versuch, den ersten Kontakt aufzubauen. Lassen Sie den Gast ausreden, sprechen Sie das Wort „Entschuldigung“ aus und hören Sie ihm zu. Dies führt zu einer Situation, in der der Gast das Gefühl bekommt, ernst genommen zu werden.

Verständnis signalisieren

Verständnis zeigen bedeutet nichts anderes, als Vertrauen aufzubauen. Verstärken Sie Ihr Verständnis durch leichtes Kopfnicken oder durch das Wort „Ja“. Nehmen Sie die Formulierungen des Kunden auf. Achtung! Übertreiben Sie es nicht, sonst fühlt sich der Gast verschaukelt.

Gast: „Der Fisch ist versalzen.“

Chef: „Entschuldigung, das tut mir wirklich leid. Darf ich Ihnen einen neuen bringen oder möchten Sie sich ein Dessert aussuchen, das natürlich aufs Haus geht?“

Gast: „Vielen Dank. Ich möchte gerne einen nicht versalzenen Fisch.“

Lösung finden

Bei dem Versuch, **Lösungen herbeizuführen,** müssen Sie zuerst, wie im vorherigen Kapitel beschrieben, die Beschwerde analysieren und das Wesentliche vom Unwesentlichen trennen. Fragen Sie gezielt nach und grenzen Sie die Ursache der Beschwerde ein. Jetzt muss eine Lösung gefunden werden. Die Vorschläge des Kunden müssen berücksichtigt werden – suchen Sie mit ihm gemeinsam nach Lösungen. Denken Sie in Lösungen und nicht in Problemen, nehmen Sie die Vorwürfe nicht persönlich und äußern Sie dem Gast gegenüber keine Vorwürfe. Nachdem Sie gemeinsam eine Lösung gefunden haben, signalisieren Sie Ihre Hilfsbereitschaft auch für die Zukunft und bedanken Sie sich, dass Sie weiterhelfen konnten. Der Gast verlässt Sie als Freund.

Zusammenfassend lassen sich die einzelnen Stufen der Beschwerdebearbeitung wie folgt darstellen:

Stufen der Beschwerdebearbeitung

- Entschuldigen Sie sich bei Ihrem Gast.
- Lassen Sie den Gast ausreden und hören Sie zu.
- Zeigen Sie Verständnis durch Bejahen und leichtes Kopfnicken.

- Trennen Sie das Wesentliche vom Unwesentlichen.
- Nehmen Sie die Formulierungen des Kunden auf.
- Denken Sie in Lösungen, nicht in Problemen.
- Schlagen Sie eine Lösung im Sinne des Kunden vor.
- Der Gast sollte Sie als Freund verlassen.

Wenn alles nichts hilft …

Genug ist genug. Manchmal läuft nicht alles so glatt ab. Wenn Sie merken, dass sich das Gespräch im Kreis dreht, fragen Sie den Gast, welche Lösung er vorschlagen würde. Es gibt auch Momente, in denen Sie erkennen, dass es keinen Sinn mehr macht, ein Gespräch fortzuführen. Wenn Sie das Gefühl (noch besser: das Wissen) haben, dass Ihr Gegenüber mehr an Streit als an einer Lösung interessiert ist, dann fassen Sie das Gespräch zusammen und modifizieren noch einmal Ihre Lösungsvorschläge. Teilen Sie dem Kunden mit, dass Sie das Gespräch jetzt abbrechen werden, da Sie keine Möglichkeit einer für beide Seiten akzeptablen Lösung sehen. Vielleicht wiederholen Sie noch einmal den letzten Vorschlag Ihrerseits, um erneut Lösungsbereitschaft zu signalisieren. Diese Vorgehensweise sollte aber nur in der absoluten Ausnahmesituation gewählt werden.

Marketing – mit der richtigen Strategie zum Erfolg

Das Einmaleins des Marketings

Marketing ist nicht nur Werbung. Durch den Ansatz „Was habe ich? Was will ich? Und womit erreiche ich es?" werden die Grundlagen eines erfolgreichen Marketings auf einfache Art und Weise dargestellt. Im Marketing werden alle wesentlichen Managementkomponenten, wie Preis, Sortiment, Logistik, Qualität und Kommunikation bis hin zur Kundenorientierung analysiert und in klare Marketingkonzepte übertragen.

Die 4 Ps

Die vier Säulen des Marketings werden auch als „4 Ps" bezeichnet und kennzeichnen seit Jahrzehnten die Vermarktung von Produkten und Dienstleistungen. Die 4 Ps im Marketing lauten:

- **Product** = Produktpolitik
- **Price** = Kontrahierungspolitik
- **Promotion** = Kommunikationspolitik
- **Place** = Distributionspolitik

Und noch einmal 3 Ps

Die Umsetzung dieser Marketinginstrumente reicht im Zeitalter der Globalisierung und der offenen Grenzen innerhalb Europas nicht mehr aus. In der heutigen Zeit werden diese klassischen Elemente des Marketings durch zusätzliche 3 Ps ergänzt:

- **People** = Mensch
- **Physical Factors** = Umgebung
- **Process** = Abläufe

Im folgenden Kapitel werden die einzelnen Instrumente ausführlich beschrieben und auf die praktische Anwendung in der Gastronomie bezogen.

Produktpolitik

Wichtigstes Instrument des Marketings

Die Produktpolitik wurde im Kapitel „Produkte und Service – Was haben Sie zu bieten?" bereits angesprochen. Es sei nochmals darauf hingewiesen, dass es sich bei der Produktpolitik um das wichtigste Instrument der Marketingpolitik in der Gastronomie handelt. Ohne Produkt kein Preis, ohne Produkt keine Werbung und auch keine Verteilung. Das Produkt steht in der Gastronomie an der Spitze aller Bemühungen und ist das entscheidende Kriterium, um erfolgreich einen Betrieb leiten zu können. Gastronomische Produkte sollen (fast) alle Sinne ansprechen und zum Kauf oder Verzehr anregen.

- Visuell – das Auge isst mit.
- Auditiv – das Hören ist in der Gastronomie weniger wichtig, höchstens bei der Hintergrundmusik sollte die zu vermittelnde Stimmung berücksichtigt werden.
- Haptisch – der Tastsinn kommt in der Gastronomie vor allem bei Brot ins Spiel.
- Olfaktorisch – der Geruch/Geschmack hat in der Gastronomie sehr große Bedeutung.

Qualität

Vor allem die Optik und der Geruch/Geschmack prägen den Eindruck der Leistungsfähigkeit eines Gastronomiebetriebes. Diese Leistungsfähigkeit ist u. a. abhängig von der Qualität der verwendeten Produkte. Der Qualitätsbegriff wird in allen Branchen immer konsequent herausgehoben – doch was ist eigentlich unter „Qualität" zu verstehen? DIN 8402 gibt hierüber Auskunft. Sie beschreibt „Qualität" als „die Gesamtheit von Merkmalen einer Einheit bezüglich ihrer Eignung, festgelegte und vorausgesetzte Erfordernisse zu erfüllen. Der Vergleich zwischen erwarteter und wahrgenommener Qualität bestimmt schließlich die Kundenzufriedenheit. Aufgabe des Marketingentscheiders im Unternehmen ist es, die beurteilungsrelevanten Merkmale festzustellen (Marketinginformation), für die Einhaltung der Qualitätsstandards zu sorgen (Qualitätsmanagement) und die Eignung der Produkte für den Nachfrager wahrnehmbar zu machen (Aufgaben der Kommunikationspolitik)".

Nicht an der Qualität sparen!

Einsparungen an der Qualität der Produkte oder den Dienstleistungen führen mittelfristig zu existenzgefährdenden Situationen. Der Kunde wird Ihnen diese Entscheidung der Qualitätsreduzierung nicht verzeihen.

Eine erfolgreiche Produktpolitik ist durch eine deutlich spürbare Verbesserung der Wettbewerbssituation gegenüber der Konkurrenz gekennzeichnet und hilft, Marketingziele, wie Absatz- und Umsatzsteigerung, umzusetzen. Als Konsequenz werden Sie mit Ihrem Gastronomiebetrieb Kundenzuwächse verzeichnen können. Die Produktpolitik wird abgerundet durch die Beleuchtung der einzelnen Sortiments- bzw. Produktprogramme (z. B. verschiedene Arten von Fisch). Hier wird festgelegt, welche und wie viele Artikel Sie anbieten werden.

Kontrahierungspolitik

Die Kontrahierungspolitik besteht aus der Preispolitik, der Rabattpolitik und der Konditionspolitik, wobei der Schwerpunkt auf der Preispolitik liegt. Die Preise können in der heutigen Zeit nicht mehr frei festgelegt werden – zu viele Einflussfaktoren bestimmen die Festsetzung des Preises: angefangen von den Wettbewerbern, den Kunden, den eigenen Kosten, bis hin zu den eigenen Unternehmenszielen und gesetzlichen Regelungen. Von dieser Vielzahl der Einflüsse auf die Preispolitik haben die Kosten, die Kunden und der Wettbewerb die größte Bedeutung. Wenn man sich diese Faktoren näher anschaut, wird schnell klar, warum.

Kostenorientierte Preisgestaltung

Bei der **kostenorientierten Preisgestaltung** werden Sie von den betriebsindividuellen Kosten der Gastronomie dazu veranlasst, die Verkaufspreise über den Stückkosten zu halten. Sie können über einen gewissen Zeitraum, vielleicht gerade in der Anfangszeit, „Kampfpreise" umsetzen, sollten sich jedoch früher oder später auf Preise festlegen, die Ihnen Gewinne bescheren. Gastronomiebetriebe, die langfristig keine kostendeckenden Preise erzielen, werden im knallharten Wettbewerbskampf nicht überleben. Zur Berücksichtigung der eigenen Kosten in den Verkaufspreisen kann die Vollkostenrechnung oder die Deckungsbeitragsrechnung (Preis – variable Kosten) herangezogen werden.

Konkurrenzorientierte Preisgestaltung

Anders wirkt sich die **konkurrenzorientierte Preisgestaltung** aus. Hierbei können Sie Ihre Verkaufspreise nicht, unter Berücksichtigung der eigenen Kosten, frei wählen, sondern unterliegen bei vergleichbaren Produkten und Dienstleistungen den Regeln des Marktes und somit auch den Preisen des Wettbewerbs. Immer dann, wenn auf den regionalen oder überregionalen Handelsplätzen die Voraussetzungen eines polypolistischen Marktes gegeben sind, was bei vielen Anbietern und vielen Nachfragern in der Gastronomie der Fall ist, erscheint es sinnvoll, auf das Preisverhalten der unmittelbaren Wettbewerber einzugehen oder es zumindest zu berücksichtigen. Sie sollten nur dann die Preise des Wettbewerbs überbieten, wenn Sie ein signifikantes und vom Gast geschätztes Alleinstellungsmerkmal besitzen, das einen höheren Preis rechtfertigt.

Kundenorientierte Preisgestaltung

Der letzte Aspekt der Preisgestaltung ist die **kundenorientierte Preisgestaltung**. Die vielleicht wichtigste Betrachtungsweise orientiert sich an der Verhaltensweise der Kunden. Was sind die Gäste bereit für welches Produkt zu bezahlen? Hierbei steht der individuelle Nutzen des Gastes im Vordergrund und somit immer auch die Subjektivität des Einzelnen. Die von Kunden beeinflusste Preisgestaltung ist abhängig vom Aufbau der Zielgruppe, den Preisvorstellungen der Kunden, der Kaufkraft der Gäste und dem Image des Gastronomiebetriebes.

Die Preisfestlegung erfolgt in der Regel nach einem Mix aus den einzelnen Preisbeeinflussungskriterien.

Preispolitische Instrumente

Preispolitische Instrumente sind neben der Preisdifferenzierung, die Preispsychologie, die mehrstufige Preispolitik und die preispolitischen Strategien.

Preisdifferenzierung

Bei der **Preisdifferenzierung** haben unterschiedliche Differenzierungsarten Auswirkungen auf den Preis.

- Die **mengenmäßige Preisdifferenzierung** besagt, dass bei höherer Abnahme von Produkten der Preis pro Stück sinken wird. Dieses Phänomen greift in der Gastronomie vor allem in der Einkaufspolitik.
- Bei der **räumlichen Preisdifferenzierung** werden unterschiedliche Preise in unterschiedlichen Regionen oder Städten erzielt. In einer

Großstadt wie München, Berlin oder Hamburg sind andere Preise möglich und nötig als in ländlichen Gebieten – allein schon wenn man die Kosten für Miete oder Pacht betrachtet.

- Die **zeitliche Preisdifferenzierung** kann sich auf unterschiedliche Saisonzeitpunkte beziehen: Reisen in der Vor- oder Nachsaison kosten deutlich weniger als in der Hauptsaison. Im Bereich der Gastronomie bedeutet dies, dass Speisen und Getränke in einer Tourismusregion durchaus zeitlichen Preisunterschieden unterliegen können.
- Durch **personelle Preisdifferenzierung** entstehen verschiedene Preise für unterschiedliche Altersstrukturen. Dies trifft in der Gastronomie weniger zu und bezieht sich in der Regel auf Sonderpreise für Studenten, Senioren oder Auszubildende etc.

Preispsychologie

Innerhalb der Preispsychologie werden Phänomene beschrieben, die nicht auf rationalen Überlegungen beruhen. Beispielsweise werden Artikel, Produkte und Dienstleistungen für einen Preis mit einer 9er-Endung deutlich stärker verkauft als Artikel, die vielleicht nur 2 Cent teurer sind. Gehen wir einmal davon aus, dass ein Artikel 9,99 € kostet und der gleiche Artikel in einem anderen Geschäft 10,01 €, der Kunde nimmt nicht die 2 Cent Unterschied wahr, sondern registriert lediglich die Preisschwelle von 9,99 € auf über 10 €. Der Gast bekommt das Gefühl, für den gleichen Artikel deutlich mehr bezahlt zu haben. Dieses Phänomen nutzen fast alle Anbieter von Produkten und Dienstleistungen, auch die Gastronomie.

Preispolitik

Bei der Preispolitik liegen die Anstrengungen auf der Vermeidung des Verramschens und der möglichen Aufrechterhaltung des Preisimages. Es wird versucht, ein Absinken des Preises zu verhindern. Sie finden diese Art der Preispolitik heute noch bei Verlagsprodukten (Zeitungen und Bücher) und Zigaretten, die überall in Deutschland gleich teuer oder gleich günstig sind. Man spricht dabei von „Preisbindung". Für die Gastronomie ist dieser Eckpfeiler der Preispolitik eher uninteressant, da Sie Ihre Produkte preislich frei anbieten können.

Preispolitische Strategien

Als letzter Baustein in der Preispolitik werden in der Wirtschaft unterschiedliche preispolitische Strategien angewandt. Hierbei werden vor allem folgende unterschieden:

- **Hochpreisstrategie** (Skimmingstrategie), die die Abschöpfung hoher Preise bei Luxus- und Markenprodukten beinhaltet
- **Niedrigpreisstrategie** (Preis-Mengenstrategie), die versucht, durch niedrige Preise hohe Mengen zu verkaufen
- **Mittelpreislagenstrategie** (Mischkalkulation), die zum Inhalt hat, manche Produkte mit höherer Marge und manche mit niedrigerer Marge zu verkaufen, sodass sich ein Mix aus hoch kalkulierten und niedrig kalkulierten Produkten ergibt

Ebenfalls zur Kontrahierungspolitik gehören die Bereiche Rabatte und Konditionen.

Rabatte sind in der Regel eine finanzielle Würdigung für besondere Leistungen des Abnehmers, die sich meist auf größere Abnahmemangen oder auf Stammkundenbeziehungen erstrecken. Es handelt sich hierbei um eine Feinjustierung der preispolitischen Absatzinstrumente zur Kundenorientierung und Kundenbindung. Zu den Rabattarten gehören Zeitrabatte (Saisonrabatt), Aktionsrabatte (Nimm 3, zahl 2) oder Mengenrabatte (bei größerer Abnahmemenge).

Rabatte

Unter „Konditionspolitik" oder „Konditionen" hingegen sind Lieferbedingungen (Lieferung frei Haus etc.), Zahlungsbedingungen (Skonti) oder die klassische Absatzfinanzierung (Leasing) zu verstehen.

Konditionen

Neben dem Instrument der Produktpolitik bilden die Werbung, die Verkaufsförderung, die Öffentlichkeitsarbeit etc. die zweite große Säule der Marketinginstrumente – zusammengefasst werden die einzelnen Komponenten in der Kommunikationspolitik.

Kommunikationspolitik

Um ein Produkt oder eine Dienstleistung am Markt zu etablieren, müssen auch Wege und Maßnahmen festgelegt werden, um die Zielgruppen, im positiven Sinne, auf sich aufmerksam zu machen. Diese Aufgabe übernimmt die Kommunikationspolitik. Sie beinhaltet alle Formen der Kommunikation zwischen dem Unternehmen und den potenziellen bzw. entsprechenden Zielgruppen. Jede Art der Darstellung des Gastronomiebetriebes nach außen, sei es über Flyer oder Werbeanzeigen, ruft bei der Zielgruppe gewisse Reaktionen hervor. Diese Reaktionen sollten in die richtigen Bahnen gelenkt werden. All diese Wirkungen laufen nach einem bestimmten Schema ab. Die AIDA-Formel stellt die – aus Ihrer Sicht – wünschenswerte Verhaltensweise der Gäste dar:

A – Aufmerksamkeit (Attention) erregen!

AIDA-Formel

Dies geschieht im Allgemeinen durch besondere Aktionen, günstige Preise, ein besonderes Ambiente oder eine hohe Qualität der angebotenen Speisen.

I – Interesse (Interest) wecken!

Neugier erzeugen und die Kunden dazu bringen, dass diese sich durch Ihre Aktionen und Werbemaßnahmen für Ihren Gastronomiebetrieb interessieren.

D – Kaufwunsch (Desire) wecken!

„Must have" ist das Schlagwort, das hier dem Gast durch den Kopf geht. Der Kunde hat das Bedürfnis, Ihr Restaurant in der nächsten Zeit zu besuchen und zu testen. Sie stehen jetzt kurz davor, dass der Gast den Schritt in Ihren Gastronomiebetrieb wagt und sich von der Botschaft Ihrer Werbeaussagen überzeugen möchte.

A – Kauf abwickeln, Bestellung (Action) entgegennehmen!

Der Gast hat gewählt und bei Ihnen eine Bestellung aufgegeben. Jetzt liegt es an Ihnen, aus dem „Besucher" einen zufriedenen Stammkunden zu machen.

Werbung

Die Werbung zählt zu den ältesten Versuchen, Menschen von Produkten und Dienstleistungen zu überzeugen und sie dazu zu bewegen, diese Produkte zu kaufen oder die angebotenen Dienstleistungen in Anspruch zu nehmen. Werbung ist in der heutigen Zeit vor allem durch die Medien Fernsehen, Radio und Internet überall verbreitet. In zahlreichen Werbebotschaften werden Eigenschaften von Produkten und Dienstleistungen angepriesen und dem Kunden erklärt, welchen Nutzen er von dem angebotenen Produkt habe. In der Gastronomie unterliegt die Werbung den gleichen Regeln wie in anderen Branchen. Sie umfasst festgelegte Faktoren und aus der Summe der Einzelelemente ergibt sich ein in sich geschlossenes Bild. Die Werbung unterteilt sich in folgende Komponenten:

Ziele

- **Werbeziele**: Die Frage nach dem Werbeziel ist die Antwort auf die Marketingüberlegungen des Unternehmens. Werbeziele innerhalb der Gastronomie bestehen darin, Kunden zu gewinnen. Daraus sollen dann höhere Umsätzen und damit einhergehend höhere Gewinne resultieren. Gewinne und Umsätze werden hierbei in der Regel als Sekundärziele angegeben, da sie meist eine Folge der Kundengewinnung sind. Je mehr Kunden Sie in Ihrem Gastronomiebetrieb begrüßen, desto höher werden der Umsatz und damit auch der Gewinn ausfallen.

Objekte

- **Werbeobjekte:** Um ein Werbeziel zu erreichen, müssen die eigentlichen Träger der Werbung, die sog. Werbeobjekte, genau definiert und exakt beschrieben werden. Wollen Sie beispielsweise mit Ihrem Restaurant werben oder sich eher auf einzelne Gerichte beziehen? Werben Sie in diesem Zusammenhang eher für die Nähe zu regionalen Sehenswürdigkeiten oder doch eher für Ihren außergewöhnlichen Service? Als Werbeobjekte können Produkte, Dienstleistungen, das Unternehmen selbst, Sortimente oder Branchen verstanden werden. Auch ein Wechselspiel innerhalb zeitlich unterschiedlich strukturierter Werbungen ist möglich. Werbeobjekte bestimmen auch den Kern der Werbebotschaft.

Botschaft

- **Werbebotschaft**: Die Werbebotschaft beschäftigt sich mit der Frage der inhaltlichen und formalen Darstellung. Was wird wie übermittelt? Die Werbebotschaft enthält die zentrale Aussage und muss glaubhaft, aktuell, klar und einzigartig und natürlich auf Ihr Lokal zugeschnitten sein. Was die formale Gestaltung anbelangt: Achten Sie auf Übersichtlichkeit und die stimmige Zusammenführung von Personen, Gebäuden, Speisen und Gerichten innerhalb der Anzeige. Neben der visuellen Darstellung bleibt die Kernaussage im Gedächtnis Ihrer künftigen Kunden „hängen" und stellt die Behauptung auf, an der Sie und Ihr Gastronomiebetrieb sich messen lassen müssen.

- **Werbeträger und Werbemittel:** Die Werbeträger transportieren die Werbebotschaft des Gastronomiebetriebes zum Kunden. Zu den bekanntesten gehören Zeitschriften, Fernsehen, Radio oder Internet. Zu weiteren Werbeträgern zählen: Außenwerbung, wie Einkaufswagenwerbung und Buswerbung oder Kinowerbung. Werbemittel hingegen sind Bestandteile der Werbeträger und konkretisieren die einzelnen Werbeträger. Beispielsweise sind Anzeigen und Beilagen die Werbemittel innerhalb des Werbeträgers Zeitschriften und Hörfunkspots oder -sponsoring Bestandteile des Werbeträgers Hörfunk. Medien
- **Werbebudget:** Sämtliche Werbemaßnahmen unterliegen dem Wirtschaftlichkeitsprinzip und können nur umgesetzt werden, wenn das entsprechende Budget vorhanden ist. Planen Sie innerhalb Ihres Liquiditätsplans einen Betrag für Ihre Werbemaßnahmen ein. „Wer nicht wirbt, der stirbt" ist eine Aussage, die auch heute noch ihre Gültigkeit besitzt. Das Werbebudget kann sich an den generierten Umsätzen oder an den Werbeaktivitäten des Wettbewerbs orientieren. Behalten Sie Ihr Budget im Auge und überlegen Sie genau, für welche Werbemaßnahmen Sie sich entscheiden. Sie können das Geld nur einmal ausgeben. Oft wird die Bedeutung von Werbemaßnahmen unterschätzt und das Werbebudget zu gering angesetzt. Setzt sich dann die Erkenntnis durch, doch mehr Werbeaktivitäten durchführen zu wollen, wird das Budget aufgestockt und es entstehen nicht kalkulierte Kosten, die schnell den Gesamtrahmen sprengen können. Budget
- **Werbekontrolle**: Jede Werbemaßnahme muss nach dem Verhältnis von Kosten und Ergebnis kontrolliert werden. Ist der gewünschte Effekt eingetreten? Ja oder nein? Sie sollten jedoch beachten, dass Werbemaßnahmen auch einen verspäteten Effekt haben können und Gäste erst einige Zeit nach Ihrer Werbemaßnahme den Weg in Ihr Lokal finden. Deshalb sollten Sie immer einen gewissen Zeitraum, beispielsweise vier Wochen, für die Analyse und Beurteilung Ihrer Werbemaßnahme wählen. Gerade in der Gastronomie lassen sich die erzielten Werbeumsätze von den „regulär" erzielten Umsätzen nicht einfach trennen. Mehrumsätze könnten beispielsweise auch erzielt worden sein, weil der Wettbewerb „schwächelt" oder Baumaßnahmen den Zugang zum Wettbewerb beeinträchtigen. Neben dem wirtschaftlichen Erfolg besteht aber auch die Möglichkeit, den außerökonomischen Erfolg zu messen. Hierbei geht es um Verbesserungen des eigenen Images oder um die Erhöhung des Bekanntheitsgrades. Mögliche Messverfahren sind die aus der Marktforschung abgeleiteten Methoden, wie Befragungen oder Beobachtungen. Kontrolle

Verkaufsförderung

Maßnahmen zur Umsatzsteigerung

Unter „Verkaufsförderung" versteht man alle Maßnahmen, die zur Steigerung des Umsatzes ergriffen werden. In der Gastronomie profitieren Sie von Hersteller- oder Händler-Promotion (Werbeaktionen der Hersteller oder Händler), die bei Neueinführung eines Produkts, beispielsweise im Getränkebereich, Sonderkonditionen ermöglichen. Verkaufsförderungsmaßnahmen innerhalb der Gastronomie betreffen den Sektor der Verbraucherpromotion: zum Beispiel die kostenlose Verteilung von Proben bei neuen Gerichten, das Verteilen von Gutscheinen, allgemeine Verkostungsaktionen bei Speisen und Getränken oder Gewinnspiele. Im Gegensatz zur Werbung bedient sich die Verkaufsförderung der absatzpolitischen Maßnahmen, die in der Regel mit direktem Kundenkontakt verbunden sind. Ebenso ist der Zeithorizont bei einer Verkaufsförderungsmaßnahme eher kurzfristig angelegt. In der Gastronomie hat sich die Verkostung von neuen Gerichten oder der kostenlose Ausschank von neu gelisteten Getränken als Verkaufsförderungsmaßnahme durchgesetzt.

Public Relation

Ihr Bild in der Öffentlichkeit

Die Öffentlichkeitsarbeit ist ein weiterer Bestandteil der Kommunikationspolitik, der in der Gastronomie zu wenig Bedeutung beigemessen wird. Es handelt sich bei der Public Relation um den Auftritt in der Öffentlichkeit, um Sympathie und Vertrauen zu gewinnen. Im Bereich der Öffentlichkeitsarbeit sind auch soziales Engagement und Pressepräsentanz angesiedelt. Gerade der Auftritt in der Presse, verbunden mit sozialem Engagement, verhilft Ihrem Unternehmen zu Ansehen und Sympathie in der Bevölkerung und kann dazu führen, dass deswegen mehr Gäste Ihren Gastronomiebetrieb besuchen. Positive Berichte in den Medien erhöhen nicht nur den Bekanntheitsgrad Ihres Unternehmens, sondern fördern auch die Motivation und den Stolz der eigenen Mitarbeiter. Den genau gegenteiligen Effekt erzielen Sie aber, wenn in den Medien negativ über Ihr Unternehmen berichtet wird.

Sponsoring

Sponsoring ist eine Unterstützung eines Partners, meist über finanzielle Mittel, die eine konkrete Gegenleistung erfordert. Die weitverbreitete und bekannteste Form ist das Sport-Sponsoring, bei dem Vereine gegen Zahlung von meist hohen Summen das Logo des Sponsors auf dem Trikot tragen. Neben dem Sport-Sponsoring gibt es noch Kultur-, Event- oder Sozial-Sponsoring. Das damit bezweckte positive Image wird auf den Sponsor übertragen.

Ihr Logo auf dem Trikot

Sponsoring ist im Vergleich zur Werbung in Printmedien eine echte Alternative, da eine dauerhafte Platzierung des eigenen Firmennamens oder Logos gewährleistet ist. Mit dem Sponsoring werden die gleichen

Ziele verfolgt wie mit anderen Werbemaßnahmen: Vor allem soll der Bekanntheitsgrad erhöht werden, das Image des Unternehmens verbessert oder Engagement in der Region signalisiert werden.

Sponsoring kann aber auch „nach hinten losgehen", wenn der gesponserte Verein oder die gesponserte Veranstaltung nicht den Erwartungen entspricht.

Für die Gastronomie ist es durchaus eine Überlegung wert, sich mit dem Thema Sponsoring zu beschäftigen. Im unmittelbaren Umfeld gibt es, gerade auf sportlicher Ebene, viele kleine Vereine, die für wenig Geld mit dem Logo oder dem Namen Ihres Gastronomiebetriebes werben. Auch sollten Sie über ein gezieltes Sponsoring bei Kultur- oder sozialen Veranstaltungen in Form eines Banners oder anderer alternativer Unterstützungsmöglichkeiten nachdenken. Erstens unterstützen Sie eine gute Sache, zweitens wird Ihr Name im Besucherkreis bekannt und drittens sind solche Sponsoren-Veranstaltungen relativ günstig zu bekommen.

Als letztes klassisches Marketinginstrument wir im folgenden Abschnitt ein grober Überblick über distributionspolitische Auswirkungen auf die Gastronomie gegeben. Die Distributionspolitik spielt innerhalb der Gastronomie allerdings eine eher untergeordnete Rolle.

Distributionspolitik

Die Distribution kümmert sich um den Prozess, in dem die Waren vom Ort der Produktion zum Ort des Verkaufs gelangen. Da es sich in der Gastronomie weitestgehend um innerbetriebliche Distribution handelt, kann dieses Thema bis auf den Lieferservice vernachlässigt werden.

Grundsatz der Distribution

Beim Lieferservice jedoch wird großen Wert auf Pünktlichkeit, Richtigkeit der Bestellung (Fehler sind hierbei, im Gegensatz zum Restaurantbetrieb, nicht mehr zu korrigieren) und Qualität (die Speisen sollten noch heiß sein) gelegt. Deshalb gilt auch in der Gastronomie, sowohl im Lieferbereich, als auch in den Räumlichkeiten der Grundsatz der Distribution:

- die richtige Ware
- zum richtigen Zeitpunkt
- in der richtigen Menge
- in der richtigen Qualität
- am richtigen Ort

dem Gast zur Verfügung zu stellen. Die innerbetriebliche Logistik, wie beispielsweise das rechtzeitige Servieren von Speisen und Getränken, steht eher im Mittelpunkt der gastronomischen Distribution als die Frage nach dem indirekten oder direkten Vertriebsweg.

Neben den klassischen Marketinginstrumenten, den 4 Ps, spielen die sogenannten weichen Faktoren eine immer größere Rolle. Hierbei werden der Mensch, das Betriebsklima und die Abläufe in den Vordergrund gestellt.

Mensch, Umgebung, Abläufe

Die Marketinginstrumente Mensch (Personal), Umgebung (Arbeitsumfeld, Arbeitsklima) und Abläufe (Prozesse) haben sich in den letzten Jahren immer mehr durchgesetzt und sind neben den klassischen Marketinginstrumenten als gleichberechtigt anerkannt worden.

Mitarbeiter – Kapital des Unternehmens

Das beste Produkt, der günstigste Preis und die beste Werbung helfen nichts, wenn der zuständige Mitarbeiter durch mangelnde Höflichkeit und Inkompetenz den guten Ruf Ihres Unternehmens ruiniert. Ihr Mitarbeiter muss besser sein als die Mitarbeiter des Wettbewerbs, er sollte die beste Schulung bekommen und in puncto Kundenorientierung echte Meilensteine setzen. Der Mitarbeiter ist heutzutage das Kapital des Unternehmens. Dies gilt noch umso mehr, wenn es sich um einen Dienstleistungsbereich handelt, was bei der Gastronomie durchaus der Fall ist.

Gute Arbeitsatmosphäre

Ein weiterer Faktor ist die Umgebung, sprich die Arbeitsatmosphäre, in der sich der Mitarbeiter und Sie selbst sich bewegen. Gelingt es Ihnen, für ein angenehmes Arbeitsumfeld zu sorgen, und schaffen Sie es, ein Arbeitsklima herzustellen, in dem sich der Mitarbeiter wohlfühlt, so werden Sie innerhalb Ihres Mitarbeiterstabes eine geringe Fluktuation verzeichnen und somit Stabilität und einen gleichbleibend hohen Servicegrad in Ihrem Gastronomiebetrieb generieren können. Ein gesundes Arbeitsklima sollten Sie nicht unterschätzen, da Mitarbeiter in der heutigen Zeit auf ein angenehmes Betriebsklima viel Wert legen. Sie sind bereit, sich stärker für Ihren Gastronomiebetrieb zu engagieren, wenn die Zusammenarbeit mit den Kollegen und der Chefetage Spaß macht.

Gut strukturierte Abläufe

Die Abläufe und Prozesse innerhalb eines Gastronomiebetriebes sind genauso wichtig wie eine gut durchdachte Werbung und innerbetrieblich ein enormer Erfolgsfaktor. Die Abläufe gehören klar gegliedert, unmissverständlich dokumentiert und die Mitarbeiter in allen Belangen der Prozesse geschult. Improvisation und die Möglichkeit, selbstständig Entscheidungen zu treffen, sind in der Gastronomie an der Tagesordnung, jedoch sollten diese Freiheiten auf einer festen Basis klarer Strukturen fußen. Als bewährtes Hilfsmittel haben sich hier Checklisten erwiesen, die genau festlegen, inwieweit die Behandlung von Reklamationen durch den Mitarbeiter erlaubt und wie weit sein Kulanzspielraum geht. Weiterhin gehört die Festlegung der Tischordnung und anderer Regeln auf jede gute Checkliste, die jeder Mitarbeiter (laminiert) immer mit sich zu führen hat.

Im Endeffekt bestimmen die Kombination der einzelnen Marketinginstrumente und deren gemeinsame Anwendung den Erfolg der Marketingpolitik. Nur wer heute in der Lage ist, die gesamte Klaviatur der Marketinginstrumente zu spielen, wird sich langfristig am Markt durchsetzen. Dies wird in der Betriebswirtschaft „Marketing-Mix“ genannt.

Marketing-Mix

Schnelllebiger Markt

Die Gastronomie ist im Bereich des Konsumgütermarktes tätig. Dieses Segment ist gekennzeichnet von enormem Wettbewerbsdruck und steigender Dynamik, da der Wettbewerberwechsel in den letzten Jahren stark zugenommen hat und auch die Ansprüche der Gäste stetig wachsen. Um sich diesem sich permanent verändernden Markt zu stellen und nicht nur kurzfristig zu überleben, sondern sich auch mittel- bis langfristig am Markt durchzusetzen, ist eine ausgeklügelte und effektive Marketingstrategie notwendig.

Kombination verschiedener Instrumente

Heutzutage reicht eine ausgefeilte Produktpolitik oder eine ausgeklügelte Werbestrategie ebenso wenig aus wie der Versuch, den Erfolg einzig und allein über den Preis zu steuern. Vielmehr wird ein Marketing benötigt, das alle Komponenten moderner Marketingpolitik vereint. Die Kombination aus den einzelnen Elementen des Marketings und das Wissen um die eigenen Stärken und Schwächen sowie die Einschätzung des Wettbewerbs und des Gesamtmarktes ermöglichen langfristigen Erfolg. Die Verbindung der einzelnen Komponenten Produkt, Preis, Kommunikation, Distribution, Mensch, Arbeitsumfeld, Abläufe und Prozesse wird als „Marketing-Mix“ bezeichnet.

Die Schwierigkeit besteht nun darin, die einzelnen Marketinginstrumente auch anwenden zu können und zu wissen, welche Instrumente zu welchem Zeitpunkt zum Einsatz kommen sollten.

Das folgende Beispiel soll die sinnvolle Kombination der einzelnen Instrumente verdeutlichen und ist hier nur als Muster einer möglichen Marketingpolitik aufgeführt.

Marketing-Mix für „Pizza zum Selbstzusammenstellen“

Geschäftsidee: Pizza zum Selbstzusammenstellen

Produktpolitik: Einheitlicher Teigboden mit einer Vielzahl von unterschiedlichen Belägen, die der Gast selbst wählen kann. Insgesamt bieten Sie 25 unterschiedliche Waren an, mit denen die Pizza belegt werden kann.

Preispolitik: Jede Pizza mit einem Durchmesser von 24 cm kostet 9,00 €.

Kommunikationspolitik: Werbeslogan: „Warum essen, was vorgeschrieben ist – stellen Sie Ihre Pizza selbst zusammen.“ Als besondere Werbemaßnahme bieten Sie an, dass jeden Dienstag „2 für 1“ in Ihrem Restaurant gilt, zwei Pizzen kreieren – eine bezahlen. Der Volleyballverein um die Ecke wird mit einem Satz Trikots gesponsert. Die Volleyballer spielen in einer Liga, deren Mannschaften genau Ihr Einzugsgebiet abdecken. Sie werben regelmäßig mit einer Kleinanzeige in den regionalen Tageszeitungen (zweimal im Monat).

Distributionspolitik: Alle angebotenen Zutaten sind immer in ausreichender Menge vorhanden, was eine exakte Steuerung des Einkaufs voraussetzt. Weiterhin bieten Sie einen „Take away"-Verkauf und einen Lieferservice an.

Mensch: In Ihrem Restaurant arbeiten sehr freundliche und gut ausgebildete Mitarbeiter. Die Erwartungen der Gäste werden übertroffen.

Arbeitsumfeld: Sie sind bekannt für ein ausgesprochen gutes Arbeitsklima, die Mitarbeiter sind stolz, bei Ihnen zu arbeiten, und Sie zahlen faire Stundenlöhne. Außerdem gibt es einmal im Monat einen Mitarbeiterabend, an dem jeder Mitarbeiter seinen Partner mitbringen kann und dieser eine Pizza kostenlos bekommt.

Abläufe: Sie verfügen über genau definierte Abläufe und jeder Mitarbeiter besitzt eine Checkliste mit den wichtigsten Inhalten zu seiner Aufgabe. Dies betrifft sowohl den Pre-Sales-, den At-Sales- als auch den After-Sales-Aufgabenbereich.

Klappern gehört zum Handwerk und erfolgreiches Klappern kommt nicht von alleine und will gelernt sein. Über den Erfolg eines Gastronomiebetriebes entscheiden nicht nur die angebotenen Produkte, die einzelnen Verkaufsförderungsmaßnahmen oder die einzigartige Preisstrategie, sondern das Gesamtpaket der Vermarktung. Hierzu zählt die Anwendung erfolgreicher Marketingstrategien.

Erfolgreiche Marketingstrategien

In der betriebswirtschaftlichen Theorie wird eine Vielzahl von unterschiedlichen Marketingstrategien beschrieben. Jede dieser Theorien hat mit Sicherheit ihre Berechtigung, jedoch würde es den Rahmen sprengen, hier alle erfolgreichen Marketingstrategien näher zu beschreiben – deshalb gehen wir hier nur auf eine Auswahl der bekanntesten und erfolgreichsten Marketingstrategien ein: Die Strategien von Ansoff und Porter. Sie werden genauer unter die Lupe genommen und der Praxisbezug zur Gastronomie hergestellt. Sie genießen heute in der allgemeinen Betriebswirtschaftslehre einen sehr guten Ruf und finden in der Praxis Anwendung. Außerdem werden die bekanntesten Verhaltensstrategien des Marketings beschrieben.

Porter

Drei wesentliche Wettbewerbsstrategien

Mitte der 1970er-Jahre entwarf Michael Porter an der Harvard University in den USA Strategien, die sich im Speziellen mit dem Wettbewerb beschäftigten. Nach Porter bestimmen drei Wettbewerbsstrategien, wie Sie sich erfolgreich am Markt behaupten und etablieren können.

Strategie der Kostenführerschaft

Für Systemgastronomie geeignet

Die Strategie der Kostenführerschaft basiert, wie der Name schon sagt, auf der These, dass ein Kostenvorteil in allen Bereichen dazu führt, sich langfristig gegenüber dem Wettbewerb zu behaupten. Alle Abläufe im Unternehmen werden analysiert und hinsichtlich der Kosten optimiert, was zwangsweise dazu führt, dass höhere Gewinne als beim Wettbewerber erzielt werden. Sie sind somit eher in der Lage, wirtschaftlich schwierigere Zeiten zu überstehen und profitieren eventuell davon, dass andere Mitwettbewerber aufgeben müssen. Die Kostenführerschaft darf aber nicht dazu führen, dass Qualität und Service leiden. Sie arbeiten dann vielleicht hoch profitabel, allerdings ohne große Kundenbindung. In der Gastronomie gilt diese Strategie von Porter eher für die Systemgastronomie oder für Massenproduktionen mit großem Kundenstamm, die nicht so sehr auf Service angewiesen sind. Für Restaurants, die über ein stark ausgeprägtes Serviceverhalten verfügen und durch exklusives Ambiente den Gast an sich binden, ist diese Strategie weniger realisierbar. Aber auch hier spielt die Optimierung der Wertschöpfungskette hinsichtlich der Kosten eine bedeutende Rolle.

Strategie der Differenzierung

Für Gourmetrestaurants geeignet

Bei der Wettbewerbsstrategie der Differenzierung wird auf Profilierungsmöglichkeiten gegenüber den Konkurrenten abgezielt. Wenn es Ihnen gelingt, sich mit Ihrem Gastronomiekonzept von anderen Konzepten abzuheben, werden Sie in den Köpfen Ihrer Gäste positive und bleibende Eindrücke hinterlassen. Kunden sind dann auch unter Umständen bereit, für Ihre Produkte einen höheren Preis zu bezahlen. Damit schaffen Sie es, der ausufernden Preisschlacht zu entgehen. Schwierigkeiten kann Ihnen das subjektive Empfinden des Gastes bereiten, der abwägt, ob ihm die Differenzierung und der dadurch höhere Preis den Zusatznutzen versprechen, den er sich erhofft. Vor allem im Segment der Gourmetrestaurants findet sich diese Strategie wieder.

Strategie der Fokussierung

Für exotische Restaurants geeignet

Bei der Strategie der Fokussierung handelt es sich um die Ausnutzung von Nischen und der Profilierung in Randbereichen. Innerhalb dieser Nische, beispielsweise in einer Sushibar, kennen Sie die Vorlieben Ihrer Zielgruppe genau und können sich in die Wünsche und Bedürfnisse Ihrer Gäste hineinversetzen. Sie sind innerhalb Ihrer Fokussierung besser als der Wettbewerb und haben einen Know-how-Vorsprung, der es Ihnen erlaubt, Ihr Marktwachstum zu steigern und Ihren Marktanteil zu erhöhen. Die Strategie der Fokussierung birgt aber auch die Gefahr, dass bei lukrativen Margen der Wettbewerb in den Markt eindringen wird und damit Ihr Marktanteil rapide sinken kann. Nischen in der Gastronomie sind alle Arten von Restaurants oder Gaststätten, die eher außergewöhnliche Speisen und Getränke anbieten oder sich auf exotische Länderspezialitäten konzentriert haben. Hierzu zählen afrikanische, asiatische oder nordeuropäische Restaurants, die Fisch und Meeresfrüchte anbieten.

Verhaltensstrategien

Im Allgemeinen sind Sie mit Ihrem Restaurant nicht der einzige Anbieter von Speisen und Getränken. In einem polypolistischen Markt ist die Anzahl der Anbieter und Nachfrager sehr hoch, was dazu führt, dass viele Anbieter um die Gäste werben. In diesem Fall können Sie Ihre Strategie an unterschiedlichen Verhaltensweisen ausrichten.

Offensive

Zum einen können Sie die Angriffsvariante wählen und Ihre Wettbewerber preislich bekämpfen. Sie versuchen, über die Preis- oder Servicekomponente Ihre Mitkonkurrenten „in die Knie zu zwingen", um sich dann langfristig Marktanteile zu sichern.

Defensive

Zum anderen können Sie die gegenteilige Strategie fahren und auf große Werbemaßnahmen verzichten, um keine „schlafenden Hunde zu wecken". In diesem Fall spricht man von der „Defensivstrategie", die zu verhindern versucht, den „übermächtigen" Wettbewerber herauszufordern, und die davon lebt, dass der Markt für alle groß genug ist.

Kooperation

Eine weitere Verhaltensstrategie ist die Kooperationsstrategie, bei der sich mehrere Gastronomiebetreiber zusammentun, um den Markt gemeinsam abzudecken. Sie können auch Markteintrittsbarrieren schaffen, die es „Eindringlingen" erschwert, in diesem Marktsegment Fuß zu fassen.

Ansoff

Wenn es sich um Produkte und Dienstleistungen handelt und dies in Verbindung mit alten und neuen Märkten gesehen wird, dann eignet sich die Ansoff-Matrix hervorragend zur Beschreibung der einzelnen Kombinationen.

	Bestehende Märkte	Neue Märkte
Bestehende Produkte	Marktdurchdringung	Marktentwicklung
Neue Produkte	Produktentwicklung	Produktdiversifikation

Abbildung 23: Ansoff-Matrix[40]

[40] In Anlehnung an http://www.methode.de/st/ws/Strategie_Ansoff_Matrix.htm, abgerufen am 07.03.2012.

Die Ansoff-Matrix basiert auf der These, dass Produkte und Märkte in unterschiedlichen, aber klar abgrenzbaren Verhältnissen stehen. Ansoff unterteilt die Märkte in bestehende und neue Märkte und die Produkte und Dienstleistungen ebenfalls in bereits bestehende und neue. Jedes einzelne Segment unterliegt eigenen Gesetzmäßigkeiten und Strategien.

Marktdurchdringung

Erhöhung der Marktanteile

Die **Marktdurchdringungsstrategie** setzt auf Umsatz- und Wachstumssteigerung mit bestehenden Produkten bei bestehenden Märkten und zielt damit auf eine Erhöhung der Marktanteile ab, die wiederum dem Wettbewerb entzogen werden sollen. Mögliche Maßnahmen sind:

- Kostensenkung und damit Preissenkung,
- Steigerung der Kundenzufriedenheit durch besonderen Service,
- neue und ungewöhnliche Werbemaßnahmen wie z. B. Clubmitgliedschaft mit der Möglichkeit, einmal im Monat kostenfrei zu speisen; Mitgliedsbeitrag 10 € pro Person etc.

Marktentwicklung

Neue Märkte

Die **Marktentwicklungsstrategie** beschäftigt sich mit der Erschließung neuer Märkte – mit den vorhandenen Produkten und Dienstleistungen. Erfolgspotenziale liegen hier in der Erschließung neuer Zielgruppen und der Generierung von Präsenz in neuen Regionen. Ein klassisches Beispiel hierfür ist die Expansion, die Eröffnung eines weiteren Gastronomiebetriebes mit dem bisherigen Konzept.

Produktentwicklung

Neues Produkt

Anders sieht die Situation aus, wenn Sie mit einem neuen Produkt oder einer neuen Dienstleistung in bestehenden Märkten Erfolg haben wollen. Hier spricht man von der **Produktentwicklungsstrategie**. Sie testen ein neues Produkt in Ihrem bestehenden Kundenkreis und nehmen die Wünsche und Anregungen der Gäste auf, um Ihre Speisen oder Getränke zu verbessern. Sie könnten z. B. zusätzlich entstandene Kundenbedürfnisse erfüllen, etwa vegetarische Gerichte oder Produkte aus ökologischem Anbau. Aber auch die Weiterentwicklung eines bisherigen Produkts zählt zu dieser Strategie. Diese Weiterentwicklung könnte zu einer Steigerung des Nutzens bei Ihren Gästen führen, daher wären Sie gut beraten es bei Ihren Stammgästen erst ausgiebig zu testen – natürlich kostenlos. Was wiederum bei Ihren Gästen sehr gut ankommen wird.

Diversifikation

Ganz neues Angebot

Die letzte Strategie, die Ansoff in seinem Modell beschreibt, ist die **Diversifikation:** Hier geht es um neue Produkte auf neuen Märkten. Innerhalb der Diversifikation unterscheidet man die horizontale, die vertikale und die laterale Diversifikation. Das treffendste Beispiel für Diversifikation in der Gastronomie ist die Situation der Eröffnung eines Restaurants in einem fremden Land. Hier werden neue Produkte in der Region eingeführt und zugleich Neuland im gastronomischen Bereich beschritten. Die ersten Sushi-Restaurants, die vor mehreren Jahrzenten Einzug in die deutsche Gastronomie hielten, sind hier ein gutes Beispiel.

Jeder Gastronom muss innerhalb seiner Unternehmensphilosophie die ihm entsprechende Marketingstrategie wählen. Hierbei sollte aber auch das Augenmerk darauf gelegt werden, wo sich sein Produkt oder seine Dienstleistung momentan befindet. Dabei helfen ausgewählte Marketinganalysemethoden.

Marketinganalysemethoden

Woher nehmen Sie die Einschätzung, wie sich Ihr Unternehmen entwickelt und wo Ihre Produkte und Dienstleistungen stehen? Sind Sie mit Ihrer Strategie noch „in" oder befinden Sie sich mit Ihrem Gastronomiebetrieb bereits in einer degenerativen Phase, in der Umsätze und Margen sinken? Hat Sie der Wettbewerb bereits überholt oder sind Sie noch Marktführer in Ihrer Region?

Auf diese Fragen liefern Ihnen der Produktlebenszyklus und die Portfolio-Matrix der Boston Consulting Group (BCG) zuverlässige Antworten.

Produktlebenszyklus

„Lebensphasen" eines Gerichts

Der Produktlebenszyklus beschreibt die einzelnen Phasen eines Produkts von der Einführung bis hin zur eventuellen Herausnahme aus dem Markt. Übersetzt für den Gastronomiebereich bedeutet dies die Darstellung der einzelnen Phasen – zum Beispiel eines Gerichts – von der Entwicklung und Einführung in Ihrem Gastronomiebetrieb bis hin zur Eliminierung aufgrund fehlender Roherträge oder Umsätze. Der Produktlebenszyklus wird meist in Form einer Umsatz- und einer Gewinnkurve dargestellt.

Neues Gericht wird eingeführt

Der Produktlebenszyklus beginnt mit der **Einführungsphase**, in der das Produkt (Speise oder Getränk) in den Markt eingeführt wird. In der Gastronomie werden neue Gerichte auf der Speisekarte in der Regel mit dem Hinweis „neu" versehen. In dieser Phase entsteht zunächst noch kein Gewinn, da das Produkt zunächst einmal sog. Vorlaufkosten generiert hat (Entwicklung, Versuche mit Zutaten, Warenbestände, Werbemaßnahmen). Der Kunde entscheidet, ob das Produkt angenommen wird oder nicht. Am Anfang werden nur wenige Gäste das Produkt nachfragen und somit werden die Umsätze in der Einführungsphase relativ gering ausfallen. Die Kurve steigt langsam an und die Gäste werden, oft von

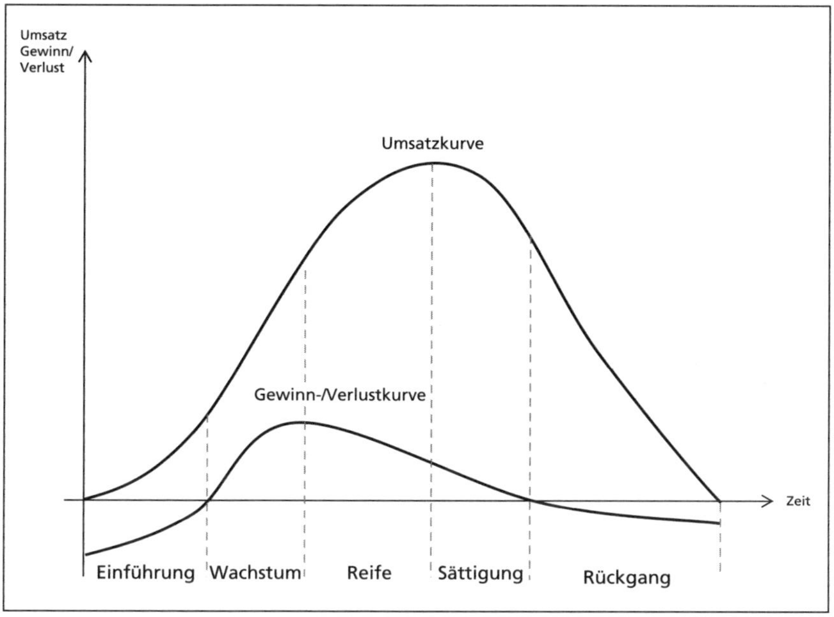

Abbildung 24: Der Produktlebenszyklus[41]

Neugier getrieben, das Gericht probieren. Beachten Sie aber, dass die Menschen in der Regel immer wieder das Gleiche essen, weil ihnen die Gefahr zu groß erscheint, ihr Geld für etwas auszugeben, was vielleicht nicht schmeckt. Jetzt sind Sie gefordert, indem Sie Ihren Gästen immer wieder einmal kleine Kostproben Ihres neuen Gerichtes beispielsweise kostenlos als Appetitanreger anbieten. Die Phase endet mit dem Eintritt in die Gewinnzone, d. h. mittlerweile gibt es so viele Gäste, die Ihr Gericht bestellen, dass Sie damit Gewinn erzielen.

Jetzt beginnt die **Wachstumsphase**, in der die Gäste das Produkt immer häufiger nachfragen und die Umsätze kontinuierlich steigen. Kundenempfehlungen und eine Vielzahl von zufriedenen Kunden rufen den Wettbewerb auf den Plan. Sie sind nicht mehr der Einzige, der die neuen Produkte führt, profitieren aber von der Tatsache, dass Sie der Erste am Markt waren, der dieses Produkt eingeführt hat. Dieses Phänomen ist zum Beispiel bei Eisdielen zu beobachten, wenn eine neue Geschmacksrichtung angeboten wird. Da die Stückkosten stark sinken, steigen die Gewinne kräftig. Die Wachstumsphase endet mit dem Erreichen des Gewinnmaximums.

Gericht wird häufig nachgefragt

Mittlerweile verlangsamt sich das Umsatzwachstum, prozentuale Zuwächse werden geringer. Sie befinden sich jedoch hinsichtlich der Umsatzsituation auf sehr hohem Niveau. In der **Reifephase** werden die

Gericht hat sich etabliert

[41] Becker, J.: Marketing. Konzeption, 9. Aufl., München: Vahlen 2009, S. 724.

Umsätze weiter steigen, aber mit deutlich geringerem prozentualem Wachstum. Der Wettbewerb versucht, das von Ihnen auf den Markt gebrachte Produkt preislich zu unterbieten und sich damit Marktanteile zu sichern. Es werde weiterhin stabile Gewinne erzielt, die jedoch kontinuierlich abnehmen. Die Reifephase geht zu Ende, wenn das Maximum des Umsatzes erreicht wird.

Andere Gerichte werden interessant

Die **Sättigungsphase** ist gekennzeichnet durch Umsatz- und Deckungsbeitragsrückgänge. Der Markt ist gesättigt und die Gäste fangen langsam an, sich anderen neuen Gerichten zuzuwenden. Die Gefahr in dieser Produktlebenszyklusphase besteht in einer Übersättigung des Marktes durch ein Überangebot des Produktes durch viele Anbieter. Mit konkreten Werbemaßnahmen für dieses Produkt lässt sich diese Phase verlängern, aber nicht ewig ziehen. Die Sättigungsphase endet, wenn sich durch Maßnahmen des Wettbewerbs und durch verändertes Kundenverhalten die Nachfragesituation in Ihrem Gastronomiebetrieb ändert und keine Gewinne bei fallenden Umsätzen mehr erzielt werden können. Es werden noch Umsätze erzielt, jedoch nähert sich der Gewinn der „Nullgrenze".

Gericht wird von der Karte genommen

Die letzte Phase des Produktlebenszyklusses ist die sogenannte **Degenerationsphase** oder Rückgangsphase, in der die Produkte vom Markt genommen werden, weil die Kosten die Erträge übersteigen und die Umsätze rapide abnehmen. Es wird Zeit, sich von diesem Produkt zu trennen. Charakteristisch ist hierbei, dass die Ware im Lager liegt und große Teile, aufgrund schwindender Frische, vernichtet werden müssen. Jetzt ist es eine strategische Entscheidung, das Produkt am Leben zu halten, weil einige wenige Gäste das Gericht nachfragen, oder es einfach aus dem Sortiment zu nehmen.

Eine weitere Form, um festzustellen, wo sich Ihre Produkte befinden und wie sich die Situation der Marktanteile verhält, ist das Produktportfolio der BCG.

Produktportfolio der BCG

Das Produktportfolio der BCG setzt sich aus den beiden Dimensionen Marktanteil und Marktwachstum zusammen. Sie positioniert die eigenen Produkte sowohl innerhalb der Beziehung zum allgemeinen Marktumfeld als auch zum stärksten Wettbewerber. Der relative Marktanteil stellt die Beziehung des eigenen Umsatzes im Verhältnis zum stärksten Wettbewerb dar. Liegt der Wert über eins, sind Sie beim jeweiligen Produkt Marktführer. Innerhalb der Entwicklung beim Marktwachstum ist entscheidend, ob sich Ihr Produkt ober- oder unterhalb des durchschnittlichen Marktwachstums befindet.

Das Marktanteils- und Marktwachstumsportfolio besteht aus vier Feldern oder sog. strategischen Geschäftseinheiten, die jeweils die Situation der einzelnen Produkte oder Gerichte beschreiben.

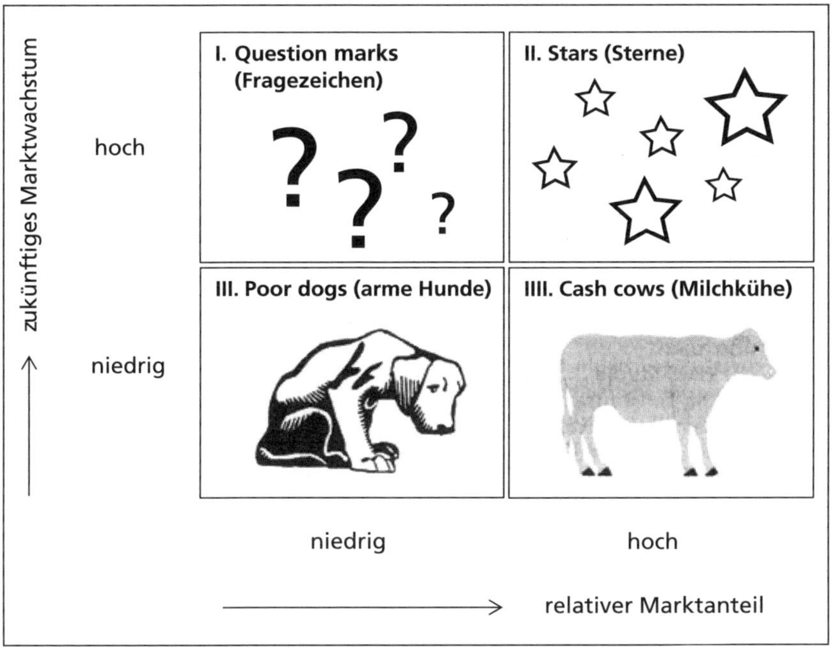

Abbildung 25: Produktportfolio der BCG[42]

Question Marks

Die Matrix beginnt im Feld der **Fragezeichen** (Question Marks) – innerhalb dieses Feldes ist es nicht ersichtlich, wie sich Ihr neues Produkt entwickeln wird. Sie müssen viel Geld in die Werbung und in die Bekanntmachung des Produkts investieren und mit der Aufnahme des neuen Gerichts in Ihre Karte viel Geduld beweisen. Ihr Produkt verspricht hohes Marktwachstum und der Markt ist bereit für das Produkt.

Stars

In der nächsten Zeit erreicht Ihr Produkt einen immer größeren Marktanteil, immer mehr Gäste trauen sich an das Produkt heran und die Umsätze steigen kontinuierlich. In diesem Feld spricht man von **Sternen** (Stars), die hohes Marktwachstum mit hohem relativem Marktanteil (Marktführerschaft) verbinden. Trotzdem ist immer noch Investition in Werbung nötig und die Kosten sind noch relativ hoch. Sie können davon ausgehen, dass sich Ihr Gericht am Markt etablieren wird und sich auch bei nachlassender Werbung in der nächsten Zeit Gewinne einstellen werden.

Cash Cows

Diese Gewinne werden im Feld der **Milchkühe** (Cash Cow) generiert. Ein hoher relativer Marktanteil mit nachlassendem Marktwachstum führt dazu, dass Sie die Gewinne abschöpfen können. Ihre Gerichte und Speisen werden in dieser Phase ohne Werbung nachgefragt und haben im subjektiven Empfinden Ihrer Gäste einen hohen Stellenwert. Der Kun-

[42] In Anlehnung an Dunst: Portfolio-Management, S. 97; Theis, H. J.: Handbuch Handelsmarketing, 2. Aufl., Deutscher Fachverlag 2008, S. 523.

de kommt eben wegen dieser Gerichte zu Ihnen, jetzt heißt es „Kasse machen“ und hohe Margen erzielen.

Poor Dogs

Das letzte Feld innerhalb der Portfolio-Matrix wird als **arme Hunde** (Poor Dogs) bezeichnet. Es symbolisiert Produkte mit schwachem Marktwachstum und rückläufigem Marktanteil. Für die Gastronomie bedeutet dies, dass Sie sich die Frage stellen müssen, ob Sie diese Produkte weiterhin anbieten, vielleicht als Abrundung Ihres Sortiments, oder aufgrund der schwachen Deckungsbeiträge das Gericht von der Speisekarte nehmen.

Sowohl der Produktlebenszyklus, als auch die Portfolioanalyse sind Verfahren zur Standortbestimmung Ihrer Produkte oder Ihres Unternehmens. Nicht immer müssen hohe Marktanteile oder ausgedehnte Wachstumsphasen mit viel Geld, sprich Werbung, erkauft werden. Es besteht auch die Möglichkeit, gezielte Positionierungen hinsichtlich Ihres Sortiments (Ihrer Gerichte) oder Ihres Bekanntheitsgrades mit relativ wenig Kapital zu realisieren.

Viel Werbung für wenig Geld

Kreativität ist gefragt

Gute Werbung ist oft weniger eine Frage des Geldes als eine Frage der Kreativität. Werbung muss nicht teuer sein, oft ist es sogar ratsamer, auf Nischenbereiche auszuweichen, um die eigene Zielgruppe zu erreichen, als überstürzt hohe Summen in Standardwerbung, wie Zeitungsanzeigen und Rundfunkwerbung, zu investieren. Ein großes Werbebudget ist nicht automatisch ein Garant für Erfolg. Eher sind ein gut durchdachtes Konzept und ein starkes Produkt oder eine überragende Dienstleistung entscheidend. Es gibt eine Fülle von Maßnahmen, die Ihnen gerade am Anfang – beim Start in Ihre Selbstständigkeit – helfen können, potenzielle Gäste zu erreichen. Sie müssen nicht werben wie die Branchen- und Marktführer – dazu fehlt Ihnen am Anfang sowieso das Budget. Dort, wo sich diese Gastronomiebetriebe befinden, wollen Sie ja erst hin. Teilen Sie Ihren Kunden nur dann über kostspielige Werbung etwas mit, wenn Sie auch tatsächlich etwas zu sagen haben, was den Mehrwert der Gäste steigert – ansonsten beschränken Sie sich auf Imagewerbung. Hier sind einige Ideen für kostenbewusste Werbung – zielgerichtet eingesetzt erzielen Sie meist die erhofften Effekte:

Ideen für kostenbewusste Werbung

- Sponsoring von Kleinveranstaltungen
- Teilnahme bei Veranstaltungen als Co-Sponsor
- Suchmaschinenoptimierung mit hochwertigen Inhalten
- Google Adwords
- Social-Media-Marketing (Facebook, XING)

- Werbebriefe und Newsletter über Ihre Homepage (Sammlung von Kundendaten)
- Kochkurse an Volkshochschulen geben
- Kleinanzeigen in Regionalzeitungen
- Fassen Sie Ihre Interessen mit „Gleichgesinnten" zusammen, so sind die Kosten um ein Vielfaches geringer (z. B. Gründung eines Gaststättenvereins mit den örtlichen Gastronomiebetreibern, um hohe Investition in das Marketing aufzuteilen)
- Handzettel
- Visitenkarten und Flyer
- Postwurfsendungen
- Grußkarten an Stammkunden zum Geburtstag mit einem Gutschein für ein Essen zu zweit oder alleine
- Weihnachtskarten, etwa mit dem Text: „Wir wünschen Ihnen und Ihrer Familie ... und würden uns freuen, Sie auch nächstes Jahr wieder bei uns begrüßen zu dürfen." Legen Sie vielleicht noch ein Stück Schokolade dazu. „Anbei unsere Schlemmerangebote für die Ferientage: Genießen Sie die Zeit zu zweit ..." Natürlich wirft der Kunde die Karte weg, was soll er auch sonst damit anfangen? Aber Sie haben auf sich aufmerksam gemacht, ein konkretes Angebot benannt und bleiben somit im Gedächtnis des Gastes.
- Gewinnspiele für ein Essen zu zweit in den Postwurfsendungen oder in den Kleinanzeigen Ihrer regionalen Zeitung
- Aufnahme ins regionale Gutscheinbuch

Werbung muss nicht immer teuer sein. Gerade Nischenwerbung für Ihre Zielgruppe ist meist effektiver als groß angelegte Massenwerbung. Zeigen Sie Präsenz bei regionalen Veranstaltungen und definieren Sie Ihre Zielgruppe möglichst genau. Haben Sie den Mut zu werben, bedenken Sie aber, dass Sie Ihr Geld nur einmal ausgeben können. Lassen Sie sich von anfänglichen Misserfolgen nicht entmutigen – es ist bekanntlich noch kein Meister vom Himmel gefallen. Analysieren Sie ggf., warum Ihre Werbung nicht funktioniert hat und ändern Sie dann langsam und sukzessive Ihre Strategie. Bedenken Sie aber auch, dass erst ein Wiederholungseffekt und ein gewisses Maß an Marktdurchdringung eintreten müssen, damit der Kunde Sie und Ihre Werbeaussage wahrnimmt.

Sie können eine erfolgreiche Marketingstrategie fahren, wenn Sie sich an die elementaren Grundsätze des Marketings halten. Der folgende Abschnitt soll ein Leitfaden sein, an dem Sie sich bei der Gestaltung Ihrer Marketingaktivitäten orientieren können.

10 Thesen für ein erfolgreiches Marketingkonzept

Im Folgenden werden Ihnen zehn Thesen an die Hand gegeben, die Ihnen helfen sollen, die für Sie geeignete Strategie zu finden.

1. **Sie sind nicht allein.**
   In der Gastronomielandschaft gibt es eine Vielzahl von Wettbewerbern und jährlich werden es mehr. Sind Sie sich darüber im Klaren, dass der Kunde unter vielen gastronomischen Angeboten wählen kann. Warum soll er ausgerechnet zu Ihnen kommen? – Weil Sie besser sind! Heben Sie sich von der Masse durch besondere Leistungen oder einen speziellen USP ab.
2. **Wenn Sie mit der Masse „mitschwimmen", werden Sie mit großer Wahrscheinlichkeit untergehen.**
   Versuchen Sie, Nischen in der Gastronomiestruktur Ihrer Region zu finden und zu besetzen. Lassen Sie sich nicht von „Besserwissern" beeinflussen.
3. **Verfolgen Sie die Strategie der effizienten Zielgruppenansprache.**
   Definieren Sie Ihre Zielgruppe genau und richten Sie Ihre Werbung genau auf diese Zielgruppe aus.
4. **Verwässern Sie Ihren Auftritt nicht.**
   Haben Sie sich einmal für eine Richtung entschieden, weichen Sie nicht davon ab und schärfen Ihr Profil. Sie müssen für den Kunden identifizierbar sein. Eine Ansammlung von Ausrichtungen (Kinderrestaurant und gleichzeitig First-Class-Restaurant) trägt nur zur Verwirrung des Kunden bei. Haben Sie sich einmal für eine Richtung entschieden, haben Sie sich automatisch gegen alle anderen Richtungen entschieden. Das darf Ihnen nicht leidtun, sondern sollte Sie darin bestärken, den eingeschlagenen Weg fortzusetzen.
5. **Haben Sie immer „die Nase im Wind".**
   Achten Sie auf Veränderungen im Käuferverhalten, erkennen Sie Trends frühzeitig und gehen Sie mit offenen Augen durch die Wettbewerbslandschaft. Achtung! Nicht jeder neue Trend ist auch erfolgreich.
6. **Betrachten Sie alle Maßnahmen, die Sie innerhalb Ihres Gastronomiebetriebes veranlassen, immer mit den Augen Ihrer Gäste.**
   Nur der Wunsch des Kunden und die damit verbundene Umsetzung bringen Ihnen den ersehnten Wettbewerbsvorsprung und den erhofften Erfolg.
7. **Beschreiben Sie in Ihrer Kommunikation nach außen genau, was Sie wollen und wofür Sie stehen.**
   Nennen oder besser zeigen Sie konkrete Beispiele auf, durch die der Kunde einen spürbaren Zusatznutzen empfindet.
8. **Vermitteln Sie nach außen ein einheitliches Bild (Corporate Design)** und führen Sie Ihre Mitarbeiter zu Höchstleistungen, indem Sie klare Richtlinien vorgeben und mit gutem Beispiel vorangehen.
9. **Qualität und Service müssen bei Ihnen immer an erster Stelle stehen.**
   Für Ihre Gäste bereiten Sie immer alles mit höchster Qualität vor, mal mit weniger Gewinn in wirtschaftlich schlechteren Zeiten, mal mit mehr Gewinn in wirtschaftlich guten Zeiten, aber immer mit höchster Qualität.
10. **Jedes erfolgreiche Marketingkonzept muss finanziert werden.**
    Planen Sie nur das an Werbemaßnahmen ein, was Sie auch finanzieren können. Behalten Sie immer Ihre Finanzen im Auge.

Strategien im Einkauf

Bei den meisten Gastronomieunternehmen beträgt der Kostenblock für Waren bis zu 70 % der Gesamtkosten. In diesem Fall ist der Einkauf Chefsache! Gelingt es Ihnen, im Bereich des Einkaufs 5 bis 10 % der Kosten einzusparen, sind Margensteigerungen in gleicher Dimension möglich. Die meisten Gastronomen kaufen bei Großhändlern ein und versuchen, über den Einkauf von Großpackungen die Kosten pro Gericht möglichst gering zu halten. Manche Gastronomen entscheiden sich aber auch, Ihre Produkte gezielt bei unterschiedlichen Einzelhändlern einzukaufen. Bei dieser Strategie sind clevere Verhandlungstaktiken wichtig.

Verhandlungstaktiken

Im Folgenden werden einige Taktiken angesprochen, die Ihnen helfen können, Ihre Ziele zu erreichen. Bei allen Verhandlungstaktiken gilt das Prinzip der intensiven und genauen Vorbereitung. Nur wenn Sie sich bei den Einkaufsverhandlungen vorbereiten, Ihre Ziele genau definieren und sich eine Taktik zurechtlegen, werden Sie am Ende Erfolg haben.

Gespräch dominieren

Agieren statt reagieren! „Wer das Gespräch führt, der regiert" ist eine alte Weisheit aus dem Einkauf. Sie sollten sich hierbei aber nicht auf belanglose Phrasen konzentrieren, sondern Ihre Argumentation vorbereitet haben. Fragen Sie nach logistischen Rahmenbedingungen, liefern Sie Fakten über Ihre Gastronomie, stellen Sie Abnahmemengen in den Raum und fordern Sie weitere Informationen über mögliche Konditionen. Lassen Sie sich hierbei aber nicht auf feste Absatzmengen festlegen. Versuchen Sie, das Gespräch zu dominieren.

Schweigen gezielt einsetzen

Schweigen ist Gold! Manchmal entwickeln sich innerhalb eines Gesprächs Situationen, in denen Schweigen als Waffe eingesetzt werden kann. Viele Menschen können mit Schweigen nicht umgehen und fürchten sich davor. Lassen Sie einmal 30 Sekunden Stille walten – gefühlt werden aus den 30 Sekunden mehreren Minuten. Setzen Sie nach dem Schweigen einen „Nadelstich" und fassen Sie Ihre Forderungen noch einmal detailliert zusammen. Geben Sie etwas nach und verlangen Sie Ihrem Gegenüber auch ein Entgegenkommen ab. Meist kommt es dann zur Einigung.

Offensive Taktik

Auf Angriff setzen! Sprechen Sie Forderungen ohne langes Zögern direkt an und bringen Sie sie mit Selbstvertrauen und geradlinigem Auftreten vor. Ängstlichkeit und ein ausgeprägtes Harmoniebedürfnis sind oft Gift für Verhandlungen. Vielen Menschen sind Konflikte – und seien sie noch so klein – unangenehm.

Erfolg auf Umwegen

Verlange das Unmögliche, um das Mögliche zu erhalten! Je nachdem, wie wichtig Ihnen die einzelnen Bereiche sind, ist eine gute Verhandlungstaktik notwendig. Verhandeln Sie über Artikel, die Sie eigentlich nicht brauchen, und versuchen Sie, Preise zu erzielen, die jenseits „von Gut und Böse" liegen. Sie wissen bereits im Vorfeld, dass Sie diese Waren zu den geforderten Preisen nicht bekommen werden. Brechen Sie den Verhandlungsversuch dann geschickt ab und konzentrieren Sie sich nun auf die für Sie wichtigen Produkte. Geben Sie Ihrem Verhandlungspartner das Gefühl, dass jetzt „etwas gehen müsse", da Sie schon beim letzten Verhandlungspunkt nicht zu einer Einigung gekommen sind. In der Regel wird Ihr Gegenüber jetzt eher geneigt sein, Ihnen entgegenzukommen.

Beeindrucken Sie durch Ihr Äußeres

Kleider machen Leute! Achten Sie beim ersten Kontakt mit dem Verhandlungsführer der Gegenseite auf Ihr Äußeres. Es gilt immer noch der Satz „Kleider machen Leute". Sie werden, so unverständlich dies auch klingt, von Ihrem Gesprächspartner ernster genommen, wenn Sie in einem dunklen Anzug erscheinen, als in Jeans und Freizeithemd.

Jahresrückvergütungen

Viele Gastronomen vergessen, bei den Verhandlungen auf Jahresrückvergütungen hinzuweisen und zu bestehen. Der Sinn dieser Jahresrückvergütungen besteht darin, dass Ihnen am Ende des Jahres ein vorher auf den Umsatz verhandelter Prozentsatz gutgeschrieben oder ausgezahlt wird. Dieses zusätzliche „Weihnachtsgeld" wird von vielen Gastronomen verschenkt. Ein Beispiel verdeutlicht diese Verhandlungsmethode.

Jahresrückvergütungen

Zu Beginn der Verhandlung schätzen Sie Ihr Einkaufsvolumen beispielsweise auf 20.000 €. Sie verhandeln die Einkaufskonditionen Ihrer einzelnen Produkte pro Stück oder pro Kilogramm. Am Schluss verhandeln Sie noch 5,0 % Jahresrückvergütungsbonus. Der Vorteil für Ihren Verhandlungspartner liegt darin, dass Sie logischerweise möglichst viel bei ihm einkaufen und Ihre Produkte nicht beim Wettbewerb beziehen werden. Je höher Ihre Einkaufssumme, desto höher der Bonus am Jahresende. Sie würden bei obigem Beispiel am Jahresende 1.000 € erhalten. Viele bieten auch an, den Jahresrückvergütungsbonus als Naturalrabatt für das nächste Jahr zu gewähren – das ist ebenfalls gängige Praxis. Sie sollten dann aber mindestens 50 % auf den verhandelten Bonus aufschlagen, da der Lieferant Ihnen diese Prozente auf seinen Verkaufspreis gewährt, wohingegen die Barauszahlung ein Netto-Betrag wäre. In diesem Fall würde der Aufschlag 2,5 % ausmachen und insgesamt einen Bonus von 7,5 % bedeuten.

Bierlieferverträge

Grundsätzlich sollten Sie beim Thema Bierlieferverträge vorsichtig sein. Hier lauern viele Fallen und Tücken.

Viele Brauereien bieten Existenzgründern ein sogenanntes „Brauereidarlehen" an. Die Frage, ob dieses Darlehen für Sie günstiger ist als ein Darlehen bei Ihrer Hausbank, kann nicht pauschal beantwortet werden. Sie sollten sich hier mehrere Angebote von verschiedenen Banken und vor allem von verschiedenen Brauereien einholen. Jede Brauerei kalkuliert ein anderes Risiko und so kommt es zu nicht unwesentlichen Unterschieden zwischen den einzelnen Verträgen.

Brauerei-darlehen

In der Regel sieht ein Brauereidarlehen so aus, dass die Brauerei Ihnen die Inneneinrichtung, wie Tische, Stühle, Schankanlage, ... usw. stellt. Meistens oder fast immer ist ein Bierbezugsverpflichtungsvertrag an diesen Vertrag gekoppelt:

Bierbezugs-verpflich-tungsvertrag

- Diese Verpflichtung umfasst meistens auch alkoholfreie Getränke, wie Wasser, Limonade, Säfte und alle alkoholhaltigen Getränke wie Bier oder Wein.
- Es fällt ein Mehrpreis bei den Getränken an.
- Meistens ist man monatlich oder jährlich verpflichtet, eine bestimmte Menge an Ware abzunehmen.

Vorteile eines Bierliefervertrages

Ein Bierliefervertrag hat einige Vor-, aber auch einige Nachteile. Zu den Vorteilen zählen: Sie können sichergehen, dass Sie von Ihrer Brauerei jederzeit beliefert werden. Bierfilze, Gläser und/oder Stühle und Tische werden gestellt und Sie sparen sich hier hohe Investitionen in das Inventar. Ein großer Vorteil ist, dass Brauereien Ihnen für ein Fest (z. B. Gartenfest) Bierbänke und ein Festzelt zur Verfügung stellen.

Grundsätzlich ist es so, dass bekannte Brauereien, wie z. B. Warsteiner, Bitburger usw., nicht auf Sie zukommen werden, sondern Sie müssen sich um einen Brauereivertrag bemühen. Somit ist es leichter, bei kleineren mittelständischen Brauereien, die ortsansässig sind, ein Brauereidarlehen zu bekommen.

Nachteile eines Bierliefervertrages

Die Palette der Nachteile von Bierlieferverträgen ist leider lang. Immer wieder kommt es zu Komplikationen, die sich nicht zuletzt auf den Umsatz auswirken. Wenn Sie eine relativ unbekannte Biermarke vertreiben, kann es passieren, dass Sie mit Umsatzeinbußen rechnen müssen. Viele Biertrinker (auch diejenigen, die alkoholfreie Getränke bevorzugen) kennen bereits ihre „Lieblingsmarke" und wollen nicht auf eine Alternative umsteigen.

Ein weiterer Punkt, der diskutiert werden sollte, ist, dass Sie sich längerfristig auf bestimmte Biersorten (Radler, Weizen usw.) festlegen. So können Sie aktuelle Trends (wenn das die Brauerei nicht anbietet) wie Bier mit Saft oder sonstiges nicht aufgreifen. Ein Zukauf von anderen Biermarken ist in der Regel vertragswidrig.

Oft müssen Sie laut Vertrag Fassbier anbieten, d. h. Sie können keine Flaschen ausgeben. Dies ist vor allem bei jüngerem Publikum ein Problem, da diese es oft bevorzugen, Flaschen mitzunehmen anstatt ein Glas.

Übernahme eines Bierliefervertrages

Ob Sie bei der Übernahme eines Gastronomiebetriebs den bereits bestehenden Bierliefervertrag übernehmen müssen, kommt auf die jeweilige Situation an. Teilweise müssen die bestehenden Verträge oder der noch bestehende Bestand an Getränken und Inventar übernommen werden. Dies ist jedoch von Brauerei zu Brauerei verschieden. Informieren Sie sich vorab über solche Regelungen!

Das sollten Sie beachten!

Lesen Sie die Verträge genauestens durch und ziehen Sie eventuell einen Sachverständigen (Rechtsanwalt oder Gründungsberater) hinzu. Gehen Sie auch alternative Finanzierungsformen durch. Lassen Sie sich eine Kündigungsoption in den Vertrag einbauen, sodass Sie den Vertrag einseitig und vorzeitig lösen können, indem Sie die restlichen Forderungen der Brauerei auf einmal bezahlen.

Betriebswirtschaftliche Grundkenntnisse

Jedes Unternehmen, ob groß oder klein, ist nur dann zu führen, wenn zumindest elementare betriebswirtschaftliche Kenntnisse vorhanden sind.

Ökonomisches Prinzip

Die Grundlage und der Antrieb für das Wirtschaften sind menschliche Wünsche und Träume. Leider stehen der Erfüllung der zahlreichen Bedürfnisse nur begrenzte Mittel (Geld, Zeit ...) gegenüber. Dies zwingt uns zu wirtschaftlichem Handeln, das heißt, mit den uns zur Verfügung stehenden Mitteln planvoll, vernünftig und sinnvoll umzugehen. Dieses Grundprinzip des wirtschaftlichen Handelns bezeichnet man als „ökonomisches Prinzip". Es lässt sich in zwei mögliche Prinzipien unterteilen:

- **Maximalprinzip:** Bei vorgegebenem Mitteleinsatz soll ein größtmöglicher Erfolg erreicht werden.
- **Minimalprinzip:** Mit geringstem Mitteleinsatz soll ein vorgegebener Erfolg erreicht werden.

Ein Beispiel soll beide Formen des ökonomischen Prinzips, das Maximal- und Minimalprinzip, beschreiben.

Beispiele für Maximal- und Minimalprinzip

- Für ein kaltes Buffet sollen mit einem festgelegten Budget von 250 € möglichst viele Waren, wie Wurst, Käse, Tomaten und Brot, eingekauft werden (Maximalprinzip).
- Für ein kaltes Buffet werden 150 Schnitzel, 210 Semmeln und 8 kg Tomaten benötigt. Sie kaufen beim preisgünstigsten Großhändler ein (Minimalprinzip).

Eine Kombination von Maximal- und Minimalprinzip ist nicht möglich, d. h. Sie sind nicht in der Lage, mit minimalem Einsatz maximalen Erfolg zu erzielen. Eine Zielvorgabe ist zwingend.

Unmögliche Kombination von Maximal- und Minimalprinzip

Mit möglichst wenig Benzin möglichst weit fahren. Was heißt „möglich wenig Benzin"? Was versteht man unter „möglichst weit"? Sie sehen, dies lässt sich ohne festgelegte Basis nicht realisieren. Nach dem ökonomischen Prinzip würden die Anforderungen folgendermaßen lauten: Mit einer vollen Tankfüllung möglichst weit fahren (Maximalprinzip), und mit möglichst wenig Benzin 250 km weit kommen (Minimalprinzip).

Das ökonomische Prinzip ist die Basis jeglichen wirtschaftlichen Handelns. Um wirtschaftliche Zusammenhänge zu verstehen, ist das ökonomische Prinzip maßgebend, da jegliches Wirtschaften auf dieser Theorie beruht.

Deckungsbeitragsrechnung

Fixe und variable Kosten

Bei der Deckungsbeitragsrechnung wird das einzelne Produkt nur mit solchen Kosten belastet, die ihm direkt zuzuordnen sind. Voraussetzung für ein funktionierendes Kostenrechnungssystem im Sinne der Deckungsbeitragsrechnung ist die Aufgliederung in fixe und variable Kosten.

Die Deckungsbeitragsrechnung dient der Deckung der fixen Kosten, wobei der Preis und die variablen Kosten zur Ermittlung des Deckungsbeitrags eine entscheidende Rolle spielen. Mithilfe der Deckungsbeitragsrechnung lassen sich die Gewinnschwelle (Break-even-Point = Nutzschwelle = kritische Menge) eines Unternehmens und der Gewinn ermitteln.

Umsatzerlöse
– variable Kosten der Produkte

= Deckungsbeitrag
– gesamte fixe Kosten der Periode

= Betriebsergebnis
= Gewinn

Kalkulation

Selbstkosten ermitteln

Die Kalkulation der Verkaufspreise enthält alle Kostenkomponenten, die innerhalb Ihres Unternehmen anfallen. Angefangen von fixen Kosten, wie Pacht oder Mietnebenkosten, bis hin zu variablen Kosten, wie Wareneinsatz für Speisen und Getränke. Eine Kalkulation ist nichts anderes als die Ermittlung der Selbstkosten, d.h. aller für Sie in der Gastronomie anfallenden Kosten, und der Ermittlung des Verkaufspreises, der die Selbstkosten und einen angemessenen Gewinn beinhalten sollte.

Hilfreiche Software

Die Schwierigkeit besteht darin, dass die sogenannten Gemeinkosten zunächst ermittelt und dann auf die einzelnen Verkaufspreise der Gerichte übertragen werden müssen. Im Klartext: Sie zahlen Pacht und Stromkosten für Ihre gesamte Gastronomie. Wie können Sie diese Kosten bei den einzelnen Gerichten berücksichtigen bzw. auf die Verkaufspreise umlegen? Hierfür gibt es heutzutage Computerprogramme, die Ihnen die Arbeit deutlich erleichtern. Wenn Sie in der Gastronomie unerfahren sind, sollten Sie sich ein solches Programm zulegen, da ansonsten die Gefahr zu groß ist, dass Sie Ihre Produkte zu günstig oder zu teuer anbieten. An einem Beispiel soll die Komplexität der Kalkulation in der Gastronomie dargestellt werden.

Kalkulation des Gerichts „Schweinelendchen mit Ananas und Käse überbacken, Pommes Frites und kleiner gemischter Salat"

Zunächst ermitteln Sie den Netto-Einkaufswert von einem Kilogramm Schweinelende, dann legen Sie fest, wie viel Gramm eine Portion Schweinelende bei Ihnen hat. Kostet Sie ein Kilogramm 5,00 € und Sie verwenden 200 g für eine Portion, so haben Sie einen Wareneinsatz von 1,00 €. Die gleiche Vorgehensweise wählen Sie bei der Ermittlung des Preises für die Pommes Frites, die Ananasscheibe und den verwendeten Käse. Beim Salat sollten Sie die Kalkulation getrennt durchführen und ihn als eigenständiges Produkt ermitteln – wahrscheinlich gibt es ihn auch als Beilage bei anderen Gerichten, dann haben Sie gleich die Kalkulation mit erledigt. Die Vorgehensweise ist dieselbe. Zum Schluss legen Sie noch einen Wareneinsatz für Garnitur und Zutaten, wie Gewürze etc., fest. Somit erhalten Sie für das Gericht Ihren gesamten Wareneinsatz.

Ware	Netto-EK	Portionierung	Wareneinsatz
Schweinelende	5,00 €/kg	200 Gramm	1,00 €
Ananas	0,60 €/Dose	1 von 6 Scheiben	0,10 €
Pommes	2,99 €/kg	100 Gramm	0,29 €
Salat	Separat kalkuliert		0,80 €
Käse	4,00 €/kg	100 Gramm	0,40 €
Garnitur	pauschal		0,10 €
			2,69 €

Nach der Ermittlung des Wareneinsatzes müssen Sie noch die allgemeinen Kosten, wie Pacht, Abschreibung Ihrer Geräte, Betriebs- und Verwaltungskosten, Instandhaltung, Steuern, Versicherungen und die Personalkosten berücksichtigen.

Allgemeine Kosten

Wenn Sie einen Verkaufspreis von 12,90 € (oftmals wird der Wareneinsatz mal drei genommen, um einen Richtwert zu erhalten) wählen, rechnen Sie zunächst die Umsatzsteuer heraus und erhalten so einen Nettowert von 10,84 € (12,90 : 1,19). Von diesem Nettowert ziehen Sie den Wareneinsatz ab – in unserem Beispiel 2,69 € – und erhalten einen Deckungsbeitrag von 8,15 €.

Von diesem Deckungsbeitrag ziehen Sie nun die Personalkosten ab, die sich wie folgt berechnen: Summe der Personalkosten (Küche, Reinigung, Service etc.) pro Monat geteilt durch die Anzahl der verkauften Portionen. Hier gehen wir von einem Wert von 3,50 € aus. Somit erhalten Sie den Deckungsbeitrag II (Deckungsbeitrag I – Personalkosten) von 4,65 €.

Nun müssen noch die übrigen Kosten (Energie, Abschreibung, Instandhaltung, Versicherungen, Zinsen etc.) vom Deckungsbeitrag II abgezogen werden, um den Gewinn pro Gericht zu erhalten. Hierzu werden einzelne Prozentsätze errechnet, die dann vom Netto-Verkaufswert abgezogen werden. Beispielsweise werden die Energiekosten durch die Gesamtkosten geteilt, dieser daraus ermittelte Prozentsatz wird dann vom Deckungsbeitrag II abgezogen.

Übrige Kosten

Folgendes Beispiel ermittelt den Gewinn pro Gericht:

Gewinn pro Gericht	
Bruttoverkaufspreis:	12,90 €
– Umsatzsteuer (19 %)	2,451 €
= Nettoverkaufspreis	**10,84 €**
– Wareneinsatz	2,69 €
= Deckungsbeitrag I	**8,15 €**
– Personalkosten	3,50 €
= Deckungsbeitrag II	**4,65 €**
– Energiekosten (3 %)	0,33 €
– Pacht (8,5 %)	0,92 €
– Versicherungen (1,5 %)	0,16 €
– Verwaltungskosten (9 %)	0,98 €
– Abschreibung (2,5 %)	0,27 €
– Instandhaltung (2 %)	0,22 €
– Zinsen (0,5 %)	0,05 €
= Gewinn pro Gericht	**1,72 €**

Diese Rechnung müssen Sie für jedes einzelne Gericht durchführen, um sicherzustellen, dass Ihre Kalkulation den realen Tatsachen entspricht, sonst laufen Sie Gefahr, Ihre Gerichte zu niedrig (Verlust von Margen) oder zu hoch (weit weg vom Wettbewerbspreis) zu kalkulieren.

Nun wird es Zeit, die erzielten Umsätze und die Kosten gegenüberzustellen. Dies erfolgt in der BWA, der betriebswirtschaftlichen Auswertung. Die Zahlen Ihres Unternehmens werden dabei monatsweise und kumuliert dargestellt.

Betriebswirtschaftliche Auswertung (BWA)

Steuerberater hinzuziehen

Die Betriebswirtschaftliche Auswertung (BWA) verschafft Ihnen einen Überblick über Ihre monatliche Erfolgsrechnung und weist Ihnen außerdem den wirtschaftlichen Erfolg oder Misserfolg aus. Die BWA wird in der Regel von einem Steuerberater erstellt – natürlich gibt es mittlerweile auch hierfür Computerprogramme. Trotzdem sollten Sie dies über den Steuerberater abwickeln, damit Fragen geklärt und Erläuterungen eingefordert werden können.

Betriebseinnahmen und -ausgaben

In einer BWA werden die Betriebseinnahmen und die Betriebsausgaben gegenübergestellt. Zu den Betriebseinnahmen gehören die Erlöse aus der betrieblichen Tätigkeit und die sonstigen Erlöse. Hiervon wird die Umsatzsteuer abgezogen. Bei den Betriebsausgaben wird die Vorsteuer ausgewiesen, die dann mit der Umsatzsteuer verrechnet wird. In den

Bereich der Betriebsausgaben fallen u. a. der Wareneinkauf, die Werbekosten, die Personalkosten und die Abschreibungen.

Pflichtlektüre BWA

Am Ende der BWA erhalten Sie einen Überblick über einen Liquiditätsüberschuss oder eine Liquiditätsunterdeckung. Auf jeden Fall gehört die BWA zur Pflichtlektüre jedes Unternehmers und stellt die Basis für weitere operative oder strategische Entscheidungen dar. Fremdkapitalgebern dient die BWA zur Einschätzung Ihres Gastronomiebetriebes.

Franchise in der Gastronomie

Immer größerer Beliebtheit erfreuen sich die unterschiedlichsten Franchisesysteme. Wenn man den diversen Berichten in den Zeitungen Glauben schenken darf oder sich auf Homepages zahlreicher Franchisegeber informiert, werden diese Konzepte als Erfolgsgaranten und „Gelddruckmaschinen" beschrieben – als ob es das Einfachste der Welt wäre, ein Franchisesystem zu betreiben. Aber: Das trifft nur in Ausnahmefällen zu. Doch was steckt eigentlich hinter dem Begriff „Franchise"?

Was heißt Franchise überhaupt?

Geschäftskonzept gegen Gebühr

Beim Franchising stellt ein Franchisegeber einem Franchisenehmer die Nutzung eines Geschäftskonzepts gegen eine Gebühr zur Verfügung. Die Nutzung ist meist regional beschränkt. Der Franchisegeber hat ein eigenes, skalierbares Geschäftsmodell und expandiert somit indirekt, ohne die neue Filiale selbst zu führen. Mit dem Erwerb der Lizenz sind auch die Nutzungsrechte an der Marke Bestandteil des Franchisevertrags. Der Franchisenehmer kann also die Marke und das Know-how des Franchisegebers nutzen und hat damit bereits den sonst mühseligen Markteintritt hinter sich. Der Franchisenehmer erhält Unterstützung vom Franchisegeber beim Aufbau sowie der laufenden Führung des Betriebs. Der Deutsche Franchise-Verband e. V. definiert Franchise wie folgt:

Definition von „Franchising"

„Franchising ist ein vertikal-kooperativ organisiertes Absatzsystem rechtlich selbstständiger Unternehmer auf der Basis eines vertraglichen Dauerschuldverhältnisses. Dieses System tritt auf dem Markt einheitlich auf und wird geprägt durch das arbeitsteilige Leistungsprogramm der Systempartner sowie durch ein Weisungs- und Kontrollsystem zur Sicherstellung eines systemkonformen Verhaltens. Das Leistungsprogramm des Franchise-Gebers besteht aus einem Beschaffungs-, Absatz- und Organisationskonzept, dem Nutzungsrecht an Schutzrechten, der Ausbildung des Franchise-Nehmers und der Verpflichtung des Franchise-Gebers, den Franchise-Nehmer laufend und aktiv zu unterstützen und das Konzept ständig weiterzuentwickeln. Der Franchise-Nehmer ist im eigenen Namen und auf eigene Rechnung tätig; er hat das Recht und die Pflicht, das Franchise-Paket gegen Entgelt zu nutzen. Als Leistungsbeitrag liefert er Arbeit, Kapital und Information."

(Quelle: Deutscher Franchiseverband)

Vor- und Nachteile eines Franchisesystems

Die Vor- und Nachteile des Franchisings müssen immer aus Sicht des Franchisenehmers und aus Sicht des Franchisegebers betrachtet werden.

Vorteile für den Franchisenehmer

Hier zunächst die Vorteile für den Franchisenehmer:

- Der Franchisenehmer kann auf ein bestehendes erfolgreiches System zurückgreifen, ohne selbst für teures Geld Aufmerksamkeit erzielen zu müssen.
- In der Regel genießt der Franchisenehmer Gebietsschutz, damit kein Wettbewerb innerhalb bestimmter Grenzen entsteht.
- Der Franchisenehmer kann ein langjährig bewährtes Marketingkonzept nutzen – die Kinderkrankheiten innerhalb der Werbung wurden beseitigt.
- Nutzung des Know-hows des Franchisegebers
- Vermeidung von Fehlinvestitionen
- Finanzierungsvorteile durch ein erprobtes Konzept, höhere Kreditwürdigkeit bei Banken
- Reduzierung des unternehmerischen Risikos durch ein erfolgreiches Konzept
- Verbesserte Einkaufskonditionen durch höhere Einkaufsvolumina
- Selbstständigkeit mit professioneller Unterstützung
- Die Marke besteht bereits – kein Markenaufbau notwendig
- Höhere Transparenz durch Informationsaustausch mit anderen Franchisenehmern und Vergleich betriebswirtschaftlicher Zahlen
- Strukturierte und klar abgegrenzte Prozesse sind vorhanden und müssen in der Praxis nicht auf „Herz und Nieren“ getestet werden, was in der Regel einem hohen finanziellen Aufwand entspricht.
- Nutzung zahlreicher Weiterbildungs- und Ausbildungsmaßnahmen
- Nutzung des Kontrollsystems des Franchisegebers

Vorteile für den Franchisegeber

Neben den Vorteilen für den Franchisenehmer ergibt sich auch eine Fülle von Vorteilen für den Franchisegeber:

- Expansion mit gemildertem Risiko durch Selbstständigkeit des Franchisenehmers
- Lizenzgebühren für die Nutzung des Konzepts
- Bessere Einkaufskonditionen durch erhöhtes Volumen – höhere Rückvergütungsboni
- Verteilung der Werbekosten auf die einzelnen Franchisenehmer
- Erhöhung des Bekanntheitsgrades durch das unternehmerische Handeln der Franchisenehmer

- Verbreitung der Marke
- Geringes wirtschaftliches Risiko

Der großen Anzahl der Vorteile stehen auch zahlreiche Nachteile und Risiken des Franchisesystems gegenüber. Nachteile für den Franchisenehmer sind:

Nachteile für den Franchisenehmer

- Abhängigkeit vom Franchisesystem
- Meist lange vertragliche Bindungen
- Eingeschränktes unternehmerisches Handeln durch starre Vorschriften des Franchisegebers
- Imageverlust durch ein negatives Image des Franchisegebers
- Unternehmerisches Risiko bleibt fast komplett beim Franchisenehmer
- Keine Umsetzung eigener Werbeideen

Nachteile für den Franchisegeber ergeben sich hauptsächlich durch:

Nachteile für den Fanchisegeber

- Imageverlust durch schwache unternehmerische Leistung des Franchisenehmers
- Bei eigenem Betreiben würden die gesamten Erträge dem Franchisegeber zustehen.
- Großer regionaler Kontrollaufwand
- Eventueller Verlust der Kundennähe und damit Verlust des Bezuges zur Realität, was sich in falschen Werbemaßnahmen niederschlagen würde
- Auswahl der Franchisenehmer stößt oft auf Schwierigkeiten.
- Verträge wegen Fehlverhalten zu kündigen ist nicht einfach und bringt hohe Gerichtskosten mit sich.

Sicherlich gibt es noch zahlreiche Vor- und Nachteile des Franchisesystems für Franchisegebers und -nehmers. Wichtig ist, falls Sie sich mit dem Franchisesystem beschäftigen, dass das Franchisekonzept auch zu Ihnen passt. Hier stellt sich oft genug erst später – meist zu spät – heraus, dass die Konzeption nichts für Sie ist. Leider ist es dann meistens zu spät und mit sehr hohen Kosten verbunden, wieder aus dem Vertrag herauszukommen. Der Satz „Drum prüfe, wer sich ewig bindet" bekommt in diesem Fall eine zentrale Bedeutung.

Welches Franchisesystem passt zu Ihnen?

Zur Einschätzung der bevorzugten Franchiseform müssen Sie sich vorher ein paar Fragen stellen und diese für sich ehrlich und realistisch beantworten.

Zunächst sollten Sie sich aus dem Angebot der verschiedensten Franchisegeber in der Gastronomie den Bereich auswählen, der Ihnen von

Genau recherchieren

der Art der Ware entgegenkommt: Pizza oder Gesundheitsprodukte, Schnitzel oder Eis. Schauen Sie sich die einzelnen Franchisesysteme genau an, studieren Sie die Geschäfte und Abläufe innerhalb der einzelnen Franchise-Gastronomiebetriebe, stellen Sie Fragen und beobachten Sie die Prozesse im Detail. Hier lohnt es sich, viel Zeit in den einzelnen Gastronomiebetrieben zu verbringen. Vielleicht besteht sogar die Möglichkeit, als Mitarbeiter für eine gewisse Zeit hinter die Kulissen zu blicken, damit Sie Ihre Entscheidung auf eine feste Basis stellen können. Haben Sie sich einmal entschieden, ist ein Zurück nur noch unter großen Anstrengungen und mit hohen Kosten möglich.

Welcher Führungstyp sind Sie?

Außerdem müssen Sie sich fragen, welcher Führungstyp Sie sind. Sind Sie in der Lage, größere Gastronomiebetriebe zu führen? Wie viele Mitarbeiter haben Sie vorher schon geführt? Sind Sie der „Frontmann" und können auf Leute zugehen, um Kunden zu akquirieren, oder sind Sie eher der Chef, der im Hintergrund die Fäden zieht? Sind Sie eher in der Küche aktiv oder liegt Ihr Schwerpunkt hauptsächlich im Service? Je nachdem passt das ein oder andere Franchisesystem besser oder weniger gut zu Ihnen.

Egal, wie Sie die Fragen beantworten, Sie müssen lediglich ehrlich sein und sich selbst richtig einschätzen. Natürlich kann man alles lernen, allerdings wird Unerfahrenheit Sie eine Menge Nerven und eventuell auch sehr viel Geld kosten. Wenden Sie sich in Fragen der Existenzgründung an Experten, die Ihnen Zuschüsse und Finanzierungen besorgen und Sie im Bereich der Personalführung professionell unterstützen.

Praxistipps zur Unternehmensgründung

„Wir sind gleichsam Zwerge, die auf den Schultern von Riesen sitzen, um mehr und Entfernteres als diese sehen zu können – freilich nicht dank eigener scharfer Sehkraft oder Körpergröße, sondern weil die Größe der Riesen uns zur Hilfe kommt und uns emporhebt."

Bernhard von Chartres, Philosoph

Beratung im Gründungsprozess

Beratungsleistungen können in allen Entwicklungsstufen eines Unternehmens sinnvoll und wertstiftend sein. Besonders in der Gründungs- und Aufbauphase eines gastronomischen Betriebes können diese wettbewerbsentscheidende Faktoren sein. Gründer brauchen spezifische Beratung. Hierbei sind bestimmte Kenntnisse und Kompetenzen erforderlich, die nicht jeder Berater mitbringt. Die verschiedenen Beratungsarten sind im Folgenden mit den notwendigen Kompetenzen dargestellt.

Allgemeine Gründungsberatung

General-Management-Beratung

Unter der „allgemeinen Gründungsberatung" versteht man eine Art „General-Management-Beratung" für die Gründungsphase. Dies impliziert Beratungsthemen insbesondere zu Formalien, Rechtsform, Finanzierung und Marketing. Je nach Berater liegen die Schwerpunkte unterschiedlich. Hier kann es auch sinnvoll sein, sich mit unterschiedlichen Personen zu den Problemen im Gründungsprozess zu unterhalten. Ein guter Gründungsberater bzw. Gründercoach wird auch mit Kollegen aus anderen Bereichen kooperieren bzw. zusammenarbeiten, um evtl. eigene Schwächen kompensieren zu können.

Steuerberatung

Die Existenzgründung ist steuerlich gesehen eine Art Grundsteinlegung für die Zukunft. Das Steuerrecht ist mittlerweile als komplexer, vielschichtiger Rechtsbereich jedes Unternehmens zu sehen. Wer in den letzten Jahren die zahlreichen Neuerungen des deutschen Steuerrechts mitverfolgt hat, wird feststellen, dass die Änderungen zunehmend schneller umgesetzt werden und jede Reform und jedes Gesetz tendenziell eher komplexer und undurchsichtiger wird. Grundsätzlich sollte man überlegen, ob man der Buchhaltung gewachsen ist. Eine fehlerhafte Buchhaltung kann bei einer Prüfung schnell zu einem hohen Kostenfaktor werden.

Um Ihnen einen Überblick über die Komplexität des Steuersystems zu geben, werden im Folgenden die wichtigsten Steuern aufgelistet und erklärt.

Einkommen-/Körperschaftsteuer

- Einkommen-/Körperschaftsteuer: Orientiert sich grundsätzlich an der Höhe des Einkommens. Körperschaftsteuersatz aktuell: 15 % auf den Unternehmensgewinn; Einkommensteuer-Grundfreibetrag aktuell 8.004,00 € (16.008,00 € bei Zusammenveranlagung); wichtig: Hier werden persönliche Merkmale/Belastungen berücksichtigt (Nettoertragskraft).

Umsatzsteuer

- Umsatzsteuer: Auf beinahe jeden getätigten Umsatz wird hierzulande eine Steuer fällig: die Umsatzsteuer. Ausnahmen bestehen gemäß §4 UStG für bestimmte Berufsgruppen sowie Leistungen ins Ausland.

Gewerbesteuer

- Gewerbesteuer: Sie betrifft alle Gewerbebetriebe (GmbH immer kraft Rechtsform). Sie wird von den Kommunen auf alle Gewinne eines Unternehmens erhoben. Der errechnete Gewerbeertrag wird von den Gemeinden mit einem eigenen Prozentsatz (Hebesatz) multipliziert. Dieser variiert derzeit je nach Standort zwischen 200 % (Mindesthebesatz) und 500 %. Wichtig ist daher auch ein Blick auf den Hebesatz bei der Standortwahl. Durch eine pauschalierte Anrechnung der Gewerbesteuer auf die persönliche Einkommensteuerschuld wird diese teilweise oder sogar komplett wieder kompensiert (gilt nur bei Personengesellschaften oder Einzelunternehmen). Weiter ist zu beachten, dass es bei den Kapitalgesellschaften keinen Freibetrag gibt, d. h. ab dem ersten Euro muss versteuert werden.

Lohnsteuer

- Lohnsteuer ist abhängig von der Steuerklasse und evtl. vorhandenen Freibeträgen; die Zahl der Kinderfreibeträge dagegen wirkt sich nur auf die Zusatzabgaben Soli/KiSt aus.

Grunderwerbsteuer

- Grunderwerbsteuer: Der Steuersatz darf von den Bundesländern selbst festgelegt werden; die Steuersätze liegen hier aktuell zwischen 3,5 % und 5,0 %! Es ist zu erwarten, dass auch die übrigen Bundesländer mit Steuersätzen von derzeit unter 5,0 % in naher Zukunft mit Erhöhungen nachziehen.

Abgeltungsteuer

- Abgeltungsteuer: Sie ersetzt seit 01.01.2009 die Kapitalertragsteuer auf Zinsen, Dividenden und Kursgewinne. Statt wie früher progressiv – also mit steigenden Steuersätzen – werden Kapitaleinkünfte seit 2009 linear besteuert, und zwar mit einem konstanten Steuersatz von 25 %. Die Abgeltungsteuer ist keine Steuervorauszahlung, sondern hat, wie der Name schon sagt, abgeltende Wirkung. Von diesem Grundsatz gibt es jedoch laut Gesetz wiederum etliche Ausnahmen, z. B. für betriebliche Zinsen, bei Zinszahlungen unter Privatleuten, Verkauf von Lebens- und Rentenversicherungen etc. Hier wird wie bisher der persönliche Steuersatz angewandt.

- Das folgende Beispiel soll Ihnen den Vorsteuerabzug näherbringen:

Großhändler	**Zulieferer**	**Produzent**
Verkaufspreis 30 €	Verkaufspreis 10 €	Verkaufspreis 20 €
USt. 5,70 €	USt. 1,90 €	USt. 3,80 €
Vorsteuerabzug 3,80 €	Vorsteuerabzug 0 €	Vorsteuerabzug 1,90 €

Abbildung 26: Vorsteuerabzug

Wie in Abbildung 26 angenommen, wird eine Ware im Wert von 10 € erstellt und von einem Zulieferer (Obstlieferant) an einen Produzenten (Obstbauer) verkauft, so muss dieser 11,90 € bezahlen. Dieser Betrag setzt sich aus den 10 € Kaufpreis und den 1,90 € Steuerlast zusammen (19 %). Verkauft der Produzent nun die Ware weiter an einen Großhändler für einen Preis in Höhe von 20 €, so muss dieser 23,80 € bezahlen. Auch hier setzt sich der Betrag aus dem Kaufpreis in Höhe von 20 € und 19 % Umsatzsteuer zusammen. Eigentlich müsste der Produzent nun die Steuerlast in Höhe von 3,80 € an das Finanzamt abführen. Da diese jedoch vorsteuerabzugsberechtigt ist und bereits 1,90 € abgeführt hat, kann er den Betrag gegenrechnen. Das Gleiche gilt für den Großhändler (Obsthändler). Angenommen, dieser verkauft das Produkt für 30 € weiter an einen Einzelhändler, so muss der Einzelhändler einen Betrag in Höhe von 35,70 € bezahlen. Der Großhändler müsste somit die Umsatzsteuer in Höhe von 5,70 € abführen. Da jedoch auch dieser vorsteuerabzugsberechtigt ist, kann er die bereits entrichtete Umsatzsteuer abziehen und muss somit nur einen Betrag in Höhe von 1,90 € an das Finanzamt abführen. Dadurch wird in allen Berechnungsphasen gewährleistet, dass nur der entstandene Mehrwert (in diesem Beispiel jeweils 10 €) belastet wird.

Lohnsteuer

Wenn Ihr Betrieb über Angestellte verfügt, müssen Sie neben den bisher erwähnten Steuern auch Lohnsteuer an das Finanzamt abführen. Diese Steuer gehört zu den Einkommensteuern und wird auf Einkünfte nicht selbstständiger Arbeit erhoben. Die Höhe der zu entrichtenden Steuer ist abhängig von der jeweiligen Steuerklasse, in der sich der Angestellte befindet.

Allein anhand dieser kurzen Übersicht lässt sich die Komplexität der Steuerthematik erahnen. Eine gründliche Analyse vor oder kurz nach der Gründung kann den Gründern viel Ärger und bürokratische Hemmnisse ersparen. Einige Steuerberater sind speziell auf Gründer spezialisiert und können auch Hilfestellung zu angrenzenden Themen wie Fördermittelbeschaffung oder Finanzierungsthemen geben.

Rechtsberatung

Eine Rechtsberatung ist bereits bei der Auswahl der Rechtsform sinnvoll, damit alle Haftungsrisiken berücksichtigt werden und die Finanzierungsmöglichkeiten sinnvoll ausgelotet werden können. Außerdem ist die richtige Wahl der Rechtsform auch bei der Weiterentwicklung der Finanzierung entscheidend. Damit zusammenhängende steuerliche Aspekte werden meist vom Steuerberater betrachtet, was einen Austausch zwischen Rechtsanwalt und Steuerberater notwendig macht. Oft kann ein unbürokratischer Start in Form eines Einzelunternehmens sinnvoll sein, um den Gastwirt nicht mit gesetzlichen Regularien zu überlasten. Ein kompetenter Rechtsberater wird die verschiedenen Einflüsse entsprechend zu gewichten wissen, damit so eine adäquate Auswahl getroffen werden kann.

Finanzberatung

Junge Unternehmen haben fast immer einen negativen Cashflow. Dieser hat einen signifikanten Kapitalbedarf zur Folge. Da Gründer bzw. junge Gastronomiebetriebe meist keine (ausreichenden) Sicherheiten haben und auch auf keine Historie des Unternehmens verweisen können, sind herkömmliche Kredite bei Banken nur schwer zu bekommen. Bei der entsprechenden Strukturierung einer geeigneten Finanzierung kann hier ein Finanzierungsberater im Gründungsbereich behilflich sein. Welche → **Fördermittel** und sonstige Hilfen hierbei infrage kommen, wird im Kapitel „Förderprogramme" dargestellt.

Fördermittel

- Bei Fördermitteln handelt es sich in der Regel um finanzielle Mittel, die verwendet werden, um in einen Markt einzugreifen.
- In der Regel verfolgt eine finanzielle Förderung wirtschaftspolitische oder politische Ziele.

Gründerberater – wie Sie den richtigen Berater und Coach finden

Bei der Suche bzw. der Auswahl des Coachs stellt sich vorab die Frage der notwendigen Anforderungen an einen Berater bzw. Coach. Gleichzeitig unterscheidet man im Rahmen einer gründungsbegleitenden Tätigkeit zwischen einer → **Beratung** und einem → **Coaching**.

Beratung

- Unter einer „Beratung" versteht man, jemandem durch ein strukturiertes Gespräch mit helfender Absicht Ratschläge zu erteilen.
- Oft wird auch eine praktische Anleitung geliefert, wie der zu Beratende ein Problem lösen kann.

Coaching

- Im Gegensatz zur Beratung wird beim Coaching die Selbstreflexion durch eine lösungs- und zielorientierte Begleitung gefördert.
- Der Coach hilft seinem Schützling bei der Lösung von Problemen.

Während der Begriff „Beratung" allgemeiner und übergreifend benutzt wird, versteht man unter „Coaching" eine spezielle Beratungsform, die eine Kombination aus individueller, unterstützender Problembewältigung und persönlicher Beratung im Rahmen unterschiedlicher Prozesse darstellt.

Berater und Coachs sollten einige grundsätzliche Anforderungen erfüllen, um eine entsprechende Eignung für die Begleitung des Gründungsprozesses mitzubringen. Hierzu zählen neben

Anforderungen

- psychosozialen Kompetenzen (organisationspsychologische Kenntnisse, diagnostisches Wissen, Erfahrungen im Umgang mit verschiedenen Kommunikationstechniken, soziale Kompetenz, realistische Selbsteinschätzung) sowie
- Fach- und Methodenkompetenz (betriebswirtschaftliche Kenntnisse, Kenntnis unterschiedlicher Führungskonzepte, Kenntnisse und Erfahrungen im betrieblichen Umfeld) auch
- Erfahrungskompetenz und
- Persönlichkeit (Selbst- und Lebenserfahrung, Berufs-/Beratungserfahrung, Glaubwürdigkeit und Standfestigkeit, Empathie, Verschwiegenheit).[43]

Wie aber findet man als Gründer einen guten Berater oder Coach? Hier gibt es mehrere Möglichkeiten:

Empfehlungen von anderen Gründern

Als angehender Gastwirt kennen Sie bestimmt auch andere, die sich gerade selbstständig gemacht haben, und können sich informell mit ihnen austauschen. Dies kann um einiges wertvoller sein als Redaktionsberichte in Zeitschriften oder Zeitungsanzeigen. Wenn Sie den Empfehlungen Ihrer „Kollegen" folgen, umgehen Sie mit Sicherheit auch unseriöse Beratungsangebote. Gründerkollegen werden sich im persönlichen Vier-Augen-Gespräch i. d. R. mit einer unzensierten Beurteilung weniger zurückhalten wie bei einer öffentlichen Einschätzung und/oder Beurteilung. Sollten Sie schon einen Berater oder Coach im Auge haben, lassen Sie sich Referenzen geben und prüfen Sie diese Referenzen am besten in einem persönlichen Gespräch nach.

Verzeichnisse von Beratern und Coachs

Sie können „Ihren" Berater oder Coach auch über Datenbanken finden, die zuverlässig und kostenfrei seriöse Informationen zur Verfügung stellen.

Datenbanken

[43] Vgl. hierzu u. a. Koch, Zacharias: Gründungsmanagement mit Aufgaben und Lösungen; Oldenbourg Verlag, München, Wien, 2001, S. 412 f.

KfW-Beraterbörse

An erster Stelle soll hierbei die Kreditanstalt für Wiederaufbau (KfW) genannt werden, die über eine eigene Plattform mit registrierten Beratern verfügt. Bei der KfW-Beraterbörse (www.kfw-beraterboerse.de) können Sie Berater und Coachs finden, die die entsprechenden Anforderungen erfüllen. Dies mussten die Berater durch hinreichende Referenzen belegen, um überhaupt in die Datenbank aufgenommen zu werden.

Auf Hinweise auf andere Plattformen soll an dieser Stelle verzichtet werden, da diese meist erheblich weniger Berater aufweisen.

Öffentliche Anlaufstellen

Schließlich bieten sich noch öffentliche und halböffentliche Stellen an, die ggf. auch den Kontakt zu Beratern herstellen können. Hierzu zählen beispielsweise Hochschulen und IHKs.

Förderprogramme

Neben Tipps und Tricks sind angehende Gastronomen auch auf finanzielle Unterstützung angewiesen. Besonders öffentliche Fördermittel stellen hierbei oft eine nicht zu unterschätzende Komponente dar. Der angehende Gastwirt kann mithilfe öffentlicher finanzieller Unterstützung nicht nur sein Budget in Bezug auf Beratungskosten schonen, sondern ist sogar in der Lage, gerade in der am Anfang besonders kostenintensiven und umsatzschwachen Zeit finanzielle Unterstützung in Form eines Gründungs- und Einstellungszuschusses zu erhalten. Dabei erhält der Gastronom einerseits direkte finanzielle Unterstützung durch den Gründerzuschuss und andererseits kann er seine anfänglichen Lohnkosten durch den Einstellungszuschuss senken.

Beratungs- und Coachingzuschüsse bei Neugründung

Existenzgründer in der Gastronomie können sich in Form von Beratung und Coaching bei (fast) allen Themenbereichen unterstützen lassen. Hierbei stehen EU-, Bundes- und Landesmittel zur Verfügung. Exemplarisch sollen folgende Anlaufstellen genannt werden:

Anlaufstellen

- Industrie- und Handelskammer (IHK)
- Institut für freie Berufe (IfB)
- Handwerkskammer (HWK)
- Bundesamt für Wirtschaft und Ausfuhrkontrolle (BAFA)

Aufgrund der Tatsache, dass es je nach Region unterschiedliche Fördermöglichkeiten gibt, werden nun exemplarisch einige herausgegriffen.

Die IHK München bietet beispielsweise folgende Förderprogramme für Coachings an:

Vorgründungs- und Nachfolgecoaching

Das Vorgründungscoaching bzw. Nachfolgecoaching kann jeder, der in Bayern wohnt und ein Gewerbe in Bayern im Vollerwerb gründen oder übernehmen möchte, in Anspruch nehmen.

Förderhöhe

Durch die Förderung werden 70 % des Beratungshonorars (Netto) des Coachs übernommen. Der Zuschuss darf jedoch 560 € pro Tag nicht überschreiten. Bei einem Tagessatz eines Beraters in Höhe von 1.000 € werden somit nicht 700 € (70 % von 1.000 €), sondern nur 560 € übernommen. Auch die Anzahl der förderfähigen Tage ist auf zehn begrenzt.

Antrag

Um diesen Zuschuss zu bekommen, muss zunächst Kontakt mit der IHK aufgenommen werden. Nach anschließender Auswahl des Coachs muss ein Antrag mit Lebenslauf, Businessplan und einer genauen Beschreibung der Coachingmaßnahme(n) bei der IHK gestellt werden. Nach positiver Prüfung durch die IHK erhält der Gründer einen Genehmigungsbescheid mit genauer Angabe, wie viele Tage förderfähig sind. Erst dann darf das Coaching begonnen werden, andernfalls entfällt der Anspruch auf einen Coachingzuschuss. Nachdem die Beratung vom Gründer vorfinanziert wurde, kann die Kostenerstattung mithilfe der Originalrechnung, dem Original des Kontoauszuges und den Abschlussberichten beantragt werden. Kein Anspruch auf Förderung besteht allerdings, wenn der Gründer bisher schon im Haupterwerb selbstständig ist. Zusätzlich darf der Gründer zum Zeitpunkt der Antragstellung noch kein Gewerbe angemeldet haben und ein Gesellschaftervertrag darf noch nicht abgeschlossen sein. Zu beachten ist auch, dass Coachings, die sich auf die Einarbeitung von EDV-Software sowie überwiegend auf Rechts-, Versicherungs- und Steuerfragen oder gutachterliche Stellungnahmen beziehen, nicht förderfähig sind.[44]

Gründercoaching aus der Arbeitslosigkeit (90 %)

Im Gegensatz zum Vorgründungscoaching kann das Gründungscoaching aus der Arbeitslosigkeit, wie der Name schon sagt, nur von Existenzgründern, die zum Gründungszeitpunkt arbeitslos gemeldet sind, in Anspruch genommen werden. Dafür erhöht sich der förderfähige Betrag von 70 % (Vorgründungscoaching) auf 90 %. Dies ermöglicht dem angehenden Firmenchef, trotz geringem Budget, eine intensive Betreuung zu betriebswirtschaftlichen Themen zu erhalten. Beim Gründungscoaching aus der Arbeitslosigkeit muss das Coaching zwölf Monate nach Gründung des Unternehmens absolviert werden, sonst verfällt die Fördermöglichkeit. Ausschlaggebend für den Gründungszeitpunkt ist die Gewerbeanmeldung, der Handelsregistereintrag bzw. der Bescheid zum Gründungszuschuss, Einstiegsgeld etc. Außerdem muss das Unterneh-

---

[44] Vgl. http://www.muenchen.ihk.de/mike/ihk_geschaeftsfelder/starthilfe/Anhaenge/Merkblatt-Vorgruendungscoaching.pdf, abgerufen am 07.03.2012.

men die europäische Definition für kleine und mittelständische Unternehmen erfüllen. Der Firmensitz muss sich in Deutschland befinden und die Tätigkeit muss auf eine Vollexistenz ausgerichtet sein. Auch muss der Gründer eine der folgenden Leistungen bewilligt bekommen haben:

Voraussetzungen

- Gründerzuschuss (§57 SGB III)
- Einstiegsgeld (§16b SGB II und §29 SGB II)
- Regelleistungen zur Sicherung des Lebensunterhalts (§20 SGB II)
- Leistungen zur Eingliederung von Selbstständigen (§16c SGB II)
- Sonstige weitere Leistungen zur Aufnahme einer selbstständigen Tätigkeit (§16 Abs. 2 Satz 1 SGB II)

Förderhöhe

Die Förderhöhe beträgt, wie bereits erwähnt, 90 % des Beratungshonorars des Coachs. Auch hier liegt der maximal förderfähige Betrag bei 800 € netto pro Tagwerk (8 Stunden pro Tag). Insgesamt darf eine Bemessungsgrundlage von 4.000 € nicht überschritten werden. Dadurch ergeben sich bei einem Beratungshonorar in Höhe von 800 € netto pro Tagwerk eine maximal förderfähige Anzahl von fünf Tagen. Bei einem Beratungshonorar in Höhe von 400 € netto hingegen können bis zu 10 Tage bezuschusst werden.

Förderziele

Ziel dieser Förderung ist es, dem Existenzgründer durch Beratungsleistungen im Bereich aller wirtschaftlichen, finanziellen und organisatorischen Fragen zur Steigerung der Wettbewerbsfähigkeit zur Seite zu stehen. Förderfähig sind alle Bereiche der gewerblichen Wirtschaft, also auch der Bereich Gastronomie. Die Beratungsleistung darf jedoch nicht die Vorgründung des Unternehmens betreffen. Auch überwiegende Rechts-, Versicherungs- und Steuerfragen sowie die Ausarbeitung von Verträgen und die Aufstellung von Jahresabschlüssen sind nicht förderfähig. Zusätzlich dürfen Buchführungsarbeiten, das Erarbeiten von EDV-Software und das Erstellen von Gutachten und Stellungnahmen nicht Gegenstand der Beratung sein.

Antrag

Um diese Art der Förderung zu erhalten, muss der Existenzgründer bei der IHK einen Antrag stellen. Diesen findet er unter www.muenchen.ihk.de. Zusätzlich sollte dem Antrag ein aktueller und vollständiger Lebenslauf, ein Businessplan, eine Kopie der Gewerbeanmeldung sowie der Bewilligungsbescheid über die Leistungen nach SGB II/III (Gründerzuschuss, Eingliederungsgeld etc.) beigelegt werden. Wie beim Gründungscoaching Deutschland (s. u.) findet ein anschließendes persönliches Kontaktgespräch mit der IHK statt. Danach wird von der IHK eine Förderempfehlung an die KfW abgegeben. Nachdem diese den Förderantrag bewilligt hat, wählt man einen Berater aus. Dieser muss von der KfW freigeschaltet sein und kann unter www.kfw-beraterbörse.de ausgewählt werden. Ab dem Zeitpunkt der Förderbewilligung hat man zwölf Monate Zeit, die Coachingmaßnahme durchzuführen. Ein von beiden Parteien unterschriebener Coachingvertrag muss der IHK, in doppelter Ausführung, jedoch bereits acht Wochen nach dem Ausstellungsdatum der KfW vorliegen. Nach ausgiebiger Prüfung des Coachingvertrags und nach Erhalt des schriftlichen Prüfungsergebnisses kann schließlich mit dem Coaching begonnen werden. Die Bezahlung erfolgt nach abgeschlossener Beratung durch den Gründer. Da dieser in der Regel aufgrund der Arbeitslosigkeit nicht in der Lage ist, den gesamten Betrag vorzustrecken, kann in dem Coachingvertrag eine Abtretung vereinbart werden. Dies erlaubt der KfW, den Förderbetrag direkt an den Coach zu überweisen. Um die Zahlung der Fördermittel zu veranlassen, müssen die Gesamtrechnung des Beraters und der Coachingbericht von beiden Seiten unterzeichnet sowie ein Kontoauszug als Beleg für den geleisteten Eigenanteil eingereicht werden.[45]

Gründercoaching Deutschland (50 %)

Auch das Gründercoaching Deutschland fördert die Beratungsleistung im Bereich betriebswirtschaftlicher Themen. Dieses kann in den ersten fünf Jahren nach der Gründung bzw. Firmenübernahme in Anspruch genommen werden. Das Gewerbe muss sich jedoch in Bayern befinden und es muss auf eine Vollexistenz ausgerichtet sein.

Förderhöhe

Wie der Name schon sagt, werden 50 % des Beratungshonorars eines Coachs übernommen. Das maximale förderfähige Beraterhonorar liegt dabei bei 800 € netto pro Tagwerk und darf insgesamt die Bemessungsgrundlage von maximal 6.000 € nicht überschreiten. Das Tagwerk eines Beraters umfasst 8 Stunden. Geht man beispielhaft von einem Beraterhonorar in Höhe von 400 € pro Tag aus, ist es möglich, 15 Tage bezuschusst zu bekommen. Bei einem Tagessatz in Höhe von 800 € netto hingegen sind maximal 7,5 Tage förderfähig. Sollte das Beraterhonorar über 800 € netto pro Tag liegen, so muss die Differenz aus eigener Tasche beglichen werden.

Antrag

Genau wie bei den bereits beschriebenen Coachings muss man auch beim Gründercoaching Deutschland einen schriftlichen Antrag an die IHK stellen. Diesen findet man unter www.ihk-niederbayern.de. Der Antrag sollte zusätzlich einen Lebenslauf, eine Kopie der Gewerbeanmeldung, einen Businessplan sowie eine Beschreibung der gewünschten Beratungsleistung beinhalten. Nachdem ein Beratungsgespräch mit der IHK geführt und wesentlicher Förderungsbedarf abgeklärt wurde, erhält man eine Empfehlung der IHK für eine Förderung über die KfW. Jedoch kann die KfW trotz Empfehlung der IHK die Förderung untersagen. Ein Rechtsanspruch auf einen Zuschuss besteht nicht. Nach Erhalt der KfW-Förderzusage kann schließlich ein Coach ausgewählt werden. Dieser muss jedoch von der KfW für ein Gründercoaching freigeschaltet sein. Entsprechende Berater finden Sie auf der Internetseite www.

---

45 Vgl. http://www.muenchen.ihk.de/mike/ihk_geschaeftsfelder/starthilfe/Anhaenge/Merkblatt-Gruendercoaching-Arbeitslosigkeit.pdf, abgerufen am 29.07.2009.

kfw-beraterboerse.de. Wurde ein Coach ausgewählt, hat man maximal zwölf Monate Zeit, ab Erteilung der Förderzusage, um das entsprechende Coaching durchzuführen. Ein unterschriebener Coachingvertrag muss der IHK jedoch innerhalb von acht Wochen nach Erhalt der Zusage vorliegen. Nachdem die IHK diesen Vertrag bezüglich der Vorgaben geprüft hat, kann das Coaching schließlich gestartet werden. Genau wie beim Vorgründungs- und Nachfolgecoaching müssen auch beim Gründercoaching Deutschland die Beraterkosten aus Eigenmitteln vorfinanziert werden. Erst nachdem die Originalunterlagen (Rechnung des Beraters, der Coachingbericht, das statistische Beiblatt sowie ein Kontoauszug als Zahlungsbeleg) bei der IHK eingegangen sind, wird der Förderbetrag dem Gründer auf sein Konto überwiesen.[46]

Förderprogramm der BAFA (Bundesamt für Wirtschaft und Ausfuhrkontrolle)

Die Förderung der BAFA umfasst neben der allgemeinen Beratung und der speziellen Beratung zu Technologie und Innovation, Außenwirtschaft und Qualitätsmanagement auch die Beratung bei Kooperation und Mitarbeiterbeteiligungen. Zusätzlich kann man die Beratung im Vorfeld eines Ratings fördern lassen. Antragsberechtigt sind nur kleine und mittlere Unternehmen der gewerblichen Wirtschaft (Gastronomie inklusive), die bereits seit einem Jahr am Markt aktiv sind. Diese dürfen eine Mitarbeiterzahl von 250 Personen nicht überschreiten und keinen Jahresumsatz besitzen, der mehr als 50 Millionen Euro beträgt. Alternativ darf die Jahresbilanzsumme eine Größenordnung von 43 Millionen Euro nicht überschreiten. Zusätzlich dürfen die Stimmrechte/das Kapital nicht zu 25 % oder mehr im Besitz anderer Firmen sein. Als Bemessungsgrundlage dient der zuletzt durchgeführte Jahresabschluss, wobei die letzten beiden Jahre als Berechnungsgrundlage herangezogen werden. Die Zahl der Mitarbeiter bezieht sich grundlegend auf die während des Jahres beschäftigten Vollzeitarbeitnehmer. Besonders zu beachten ist hierbei, dass bei verbundenen Unternehmen (Beteiligungen über 25 %) die Umsätze und Mitarbeiter kumuliert werden müssen.

Förderhöhe

Die Beratungskosten können in den alten Bundesländern in Höhe von 50 % und in den neuen Bundesländern einschließlich des Regierungsbezirks Lüneburg in Höhe von 75 % des Beratungshonorars gefördert werden. In beiden Fällen ist der absolute Förderbetrag jedoch auf 1.500 € beschränkt. „Bei allgemeinen Beratungen und speziellen Beratungen hat jedes Unternehmen ein Beratungskontingent von jeweils insgesamt 3.000 Euro im Rahmen der Laufzeit der Richtlinien. Allgemeine und spezielle Beratungen werden also mit Zuschüssen von zusammen maximal

[46] Vgl. http://www.ihk-niederbayern.de/uploads/media/Merkblatt_logo.pdf, abgerufen am 07.03.2012.

6.000 Euro gefördert. Diese Beschränkung gilt nicht für Umweltschutz- und Arbeitsschutzberatungen, Beratungen von Unternehmerinnen oder Migranten/-innen zur Unternehmensführung sowie Beratungen zur besseren Vereinbarkeit von Familie und Beruf."[47]

Antrag

Der Antrag für eine Bezuschussung der Kosten muss spätestens drei Monate nach Abschluss der Beratung und Zahlung der zuständigen Stelle vorliegen. Dem Antrag muss neben dem Antragsformular auch der Beratungsbericht, die Beraterrechnung, der Kontoauszug als Zahlungsnachweis und auch die bereits erhaltenen „Deminis"-Bescheinigungen des Antragstellers beigefügt werden.[48] „Deminis" ist eine Bescheinigung über eine staatliche Vergünstigung.

Einstellungszuschuss bei Neugründung

Voraussetzungen

Arbeitgeber können einen Zuschuss zum Arbeitsentgelt gemäß § 226 SGB III erhalten, wenn der Arbeitnehmer

- unmittelbar vor der Einstellung insgesamt drei Monate Arbeitslosengeld oder Transferkurzarbeitergeld bezogen hat,
- eine Beschäftigung ausgeübt hat, die als Arbeitsbeschaffungsmaßnahme gefördert worden ist,
- an einer nach dem SGB III geförderten Maßnahme der beruflichen Weiterbildung teilgenommen hat oder
- die Voraussetzungen erfüllt, um Entgeltersatzleistungen bei beruflicher Weiterbildung oder bei Leistungen zur Teilhabe am Arbeitsleben (Übergangsgeld oder Ausbildungsgeld) zu erhalten und ohne die Leistung nicht oder nicht dauerhaft in den Arbeitsmarkt eingegliedert werden kann.

Der Einstellungszuschuss kann höchstens für zwei Arbeitnehmer gleichzeitig bezahlt werden.[49]

Der Einstellungszuschuss bei Neugründungen kann gemäß § 227 SGB III für höchstens zwölf Monate in Höhe von 50 % des berücksichtigungsfähigen Arbeitsentgelts geleistet werden.[50]

Arbeitgeber, die vor nicht mehr als zwei Jahren eine selbstständige Tätigkeit aufgenommen haben und höchstens fünf Arbeitnehmer beschäftigen, können für die unbefristete Beschäftigung eines zuvor arbeitslosen förderungsbedürftigen Arbeitnehmers auf einem neu geschaffenen Arbeitsplatz einen Zuschuss zum Arbeitsentgelt erhalten.

---

47 http://www.bafa.de/bafa/de/wirtschaftsfoerderung/unternehmensberatungen/index.html, abgerufen am 26.08.2011.

48 Vgl. http://www.bafa.de/bafa/de/wirtschaftsfoerderung/unternehmensberatungen/index.html, abgerufen am 26.08.2011.

49 Der genaue Wortlaut des § 226 SGB III kann dem Anhang entnommen werden.

50 Der genaue Wortlaut des § 227 SGB III kann dem Anhang entnommen werden.

Einstellungszuschuss bei Neugründungen

Anstellung eines Mitarbeiters, monatliches Bruttoeinkommen 2000 Euro zzgl. Lohnnebenkosten

Bruttogehalt:	2000 EUR
Lohnnebenkosten (ca. 30 %) :	600 EUR
Summe Lohnkosten:	2600 EUR
50 % Zuschuss:	1300 EUR
verbleibende Arbeitgeberkosten:	1300 EUR

Gründerzuschuss

Arbeitnehmer, die eine selbstständige Tätigkeit aufnehmen und dadurch die Arbeitslosigkeit beenden, haben zur Sicherung des Lebensunterhalts und zur sozialen Sicherung in der Zeit nach der Existenzgründung Anspruch auf einen → Gründungszuschuss.

Gründungszuschuss

Beim Gründungszuschuss handelt es sich um eine steuerfreie Förderung, die jedem zusteht, der innerhalb von zwei Jahren mindestens zwölf Monate in die gesetzliche oder freiwillige Arbeitslosenversicherung eingezahlt hat und zum Zeitpunkt der Antragstellung arbeitslos gemeldet ist. Der Gründungszuschuss wird für bis zu 15 Monate gewährt und besteht aus zwei Phasen.

- Die erste Phase wird als „Gründungsforderung" bezeichnet und beläuft sich auf sechs Monate (seit Neuregelung ab 28.12.2011).
- Als zweite Phase folgt die Aufbauförderung. Diese ermöglicht es, den Förderzeitraum um weitere neun Monate zu verlängern (seit Neuregelung ab 28.12.2011).

Förderhöhe

Sie erhalten den Gründungszuschuss in Höhe des zuletzt bezogenen Arbeitslosengeldes I (gesetzl. Anspruch) zzgl. eines monatlichen Betrags von 300 Euro für die soziale Absicherung. Für die Aufbauförderung können 300 Euro monatlich zur sozialen Absicherung gewährt werden, wenn eine intensive Geschäftstätigkeit und hauptberufliche unternehmerische Aktivitäten dargelegt werden. Ein Gründungszuschuss wird ggf. gezahlt, wenn der Existenzgründer bis zur Aufnahme der selbstständigen Tätigkeit einen Anspruch auf Entgeltleistungen nach dem SGB III bezogen hat oder in einer Arbeitsbeschaffungsmaßnahme nach dem SGB III beschäftigt war.

Wichtig ist hierbei, dass der Existenzgründer der Agentur für Arbeit eine positive Stellungnahme von einer fachkundigen Stelle über die Tragfähigkeit der Existenzgründung vorlegen muss. Fachkundige Stellen sind insbesondere Industrie- und Handelskammern, Handwerkskammern, berufsständische Kammern, Fachverbände, Kreditinstitute und zugelassene Unternehmensberater.

Die Rechtsgrundlage können Sie im Sozialgesetzbuch Drittes Buch (SGB III) vom 24.03.1997, § 57 in der jeweils geltenden Fassung nachlesen. Eine Regelung bezüglich der Höhe des Förderbetrags entnehmen Sie dem nachfolgenden § 58 SGB III.[51]

Rechtsgrundlage

Beispiel Gründungszuschuss

Ein verheirateter Mann lebt mit einem Kind (inkl. einem Freibetrag) im Bundesland Hessen. Er ist nicht kirchensteuerpflichtig und sein Krankenkassenbeitrag beträgt 15,5 %. Er verfügte über ein Jahreseinkommen in Höhe von 60.000 €.

Phase 1:

67 % vom Nettogehalt (ca.):	1.789,80 EUR
Sozialversicherungspauschale:	300,00 EUR
Summe der monatlichen Leistung:	2.089,80 EUR

Aufbauphase:

Sozialversicherungspauschale:	300,00 EUR
Summe der monatlichen Leistung:	300,00 EUR

Gesamtleistung Gründungszuschuss:

2.089,80 Euro × Anzahl Monate + 300 Euro × Anzahl Monate

Subventionierte Darlehen, Bürgschaften und Beteiligungen

Existenzgründer in der Gastronomie (i. d. R. in den ersten drei Jahren nach Gründung) können auf unterschiedliche Weise an subventioniertes Kapital gelangen. Dieses ist meist entweder zinsvergünstigt, haftungsfreigestellt für die beantragende Hausbank oder über einen längeren Zeitraum tilgungsfrei. Dabei steht Ihnen eine Reihe an Möglichkeiten offen.

Grundsätzlich können Sie sich Fremdkapital in Form von Darlehen bei jeder Bank besorgen. Gerade im Gründungsbereich bieten viele Banken oft spezielle Gründungsdarlehen an. Diese Darlehen weisen die gleichen Eigenschaften wie normale Bankkredite auf, haben aber eine niedrigere Verzinsung. Meist liegt sie zwischen 2 % und 8 %. Außerdem sind Gründungsdarlehen anfangs mit einem tilgungsfreien Zeitraum ausgestattet. Dadurch werden Ihre finanziellen Mittel geschont und Sie können in dieser schwierigen Zeit Ihre Liquidität bewahren. Prinzipiell müssen Sie für Darlehen Sicherheiten vorweisen können.[52] Diese können neben einer Immobilie auch ein Bankguthaben oder sonstige Vermögenswerte sein.

Günstige Kredite

Auch Bürgschaften stellen eine Möglichkeit dar, Kredite zu sichern. „Die Bürgschaft ist ein einseitig verpflichtender Vertrag, durch den sich der

Bürgschaften

[51] Der genaue Wortlaut des § 57 und des § 58 SGB III kann dem Anhang entnommen werden.

[52] Vgl. http://www.ingruendung.de/info/einmaleins.htm, abgerufen am 26.08.2011.

Bürge gegenüber dem Gläubiger eines Dritten (des sogenannten Hauptschuldners) verpflichtet, für die Erfüllung der Verbindlichkeiten des Dritten einzustehen. Der Gläubiger will sich durch die Bürgschaft im Falle einer Zahlungsunfähigkeit seines Schuldners absichern. Meistens handelt es sich bei dem Dritten um einen Darlehensnehmer und bei dem Gläubiger um eine Bank, die das Darlehen gewährt."[53]

Bürgschaften werden oft von Förderanstalten des Landes oder Bundes übernommen, um jungen Unternehmen Möglichkeiten zur Finanzierung des eigenen Wachstums zu schaffen, ohne dass diese dafür überproportional viele Unternehmensanteile abgeben müssen. Die jeweiligen Förderanstalten können Banken des Landes oder Bundes sein, wie z. B. die LfA Bayern oder die Kreditanstalt für Wiederaufbau (KfW).

KfW-Startgeld/ Gründerkredit

Haben Sie nur einen geringen Kapitalbedarf, können Sie auf das KfW-Startgeld bzw. den Gründerkredit zurückgreifen. Dabei handelt es sich um einen Kleinkredit von bis zu 100.000 Euro, der eine niedrige Verzinsung aufweist und meist auch bei geringen Sicherheiten gewährt wird. Voraussetzung ist, dass Sie Ihre Geschäftstätigkeit nicht länger als drei Jahre ausüben und einen Hauptwohnsitz im Inland vorweisen können. Darunter fallen neben deutschen Staatsbürgern auch Personen aus Mitgliedstaaten der Europäischen Union und der European Free Trade Association sowie Personen, die eine Aufenthaltserlaubnis gemäß § 21 Aufenthaltsgesetz haben. Des Weiteren muss der Antragsteller über fachliche und kaufmännische Kenntnisse verfügen. Auch benötigt er eine unternehmerische Entscheidungsfreiheit von mindesten 10 % der Gesellschaftsanteile. Ausführliche Informationen über das KfW-Startgeld können im Internet unter http://www.kfw.de/kfw/de/KfW-Konzern/Medien/Aktuelles/Pressearchiv/PDF/2007/100_D_KfW-Startgeld.pdf abgerufen werden.[54]

Neben den gängigen Bankkrediten haben Sie besonders bei Gründung die Möglichkeit, unterschiedliche Förderangebote zu nutzen. Hier bietet der Bundesverband Deutscher Kapitalbeteiligungsgesellschaften (BVK) einen guten Überblick über Ihre Möglichkeiten. Besonders die Zuteilung der verschiedenen Angebote zu den Entwicklungsphasen Ihrer Unternehmung ermöglicht es Ihnen, je nach Bedarf den richtigen Ansprechpartner zu finden.

Bayern Kapital

Als Beispiel für einen regionalen Seedfonds soll die Bayern Kapital (Venture Capital für Bayern) herausgegriffen werden. Auch hier stehen junge Unternehmen – also auch junge Gastronomiebetriebe – im Mittelpunkt. Haben diese ihren Firmensitz in Bayern, besteht die Möglichkeit, Beteiligungskapital zu erhalten. Dadurch soll zusätzlich die Basis für

---

53 Vgl. http://de.wikipedia.org/wiki/B%C3%BCrgschaft, abgerufen am 07.03.2012.

54 Vgl. http://www.kfw-mittelstandsbank.de/DE_Home/Service/Kreditantrag_und_Formulare/Merkblaetter/Kredite/Merkblatt_-_.jsp, abgerufen am 29.04.2009.

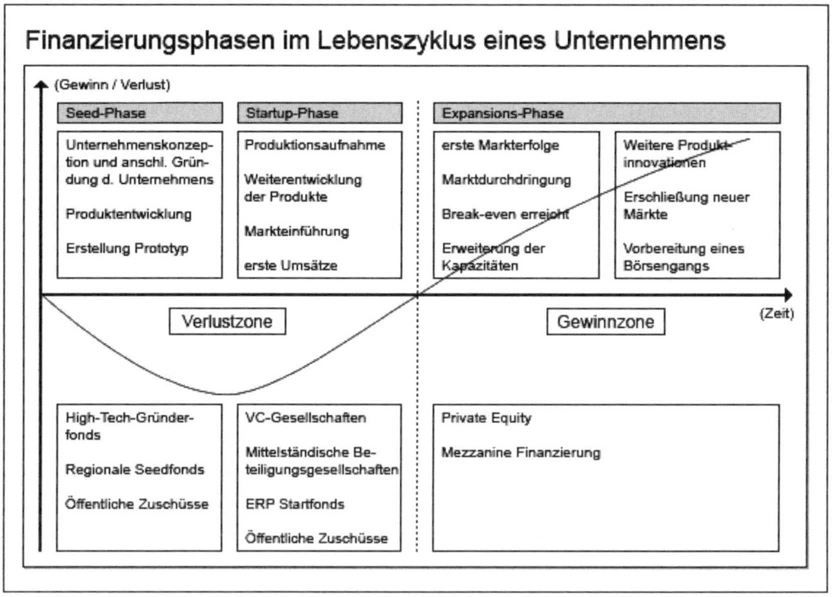

Abbildung 27: Den Finanzierungsphasen zugeordnete Förderprogramme[55]

eine anschließende Finanzierung durch Business Angels, Kapitalbeteiligungsgesellschaften oder Venture-Capital-Gesellschaften geschaffen werden.[56] In der Regel wird die Finanzierung durch Bayern Kapital meist in Kombination mit dem High-Tech-Günderfonds angeboten, da dieser auf einer gemeinsamen Initiative „der Bundesregierung, der Industrieunternehmen BASF, Deutsche Telekom und Siemens sowie der KfW Mittelstandsbank im Rahmen von ‚Partner für Innovation' gegründet wurde."[57] Jedoch ist im Einzelfall auch eine ausschließliche Finanzierung durch den Seedfonds Bayern möglich. Maximal werden dann jedoch 250.000 Euro zur Verfügung gestellt. Zusätzlich bieten der Seedfonds Bayern und der High-Tech-Gründerfonds eine Anschlussfinanzierung in Höhe von bis zu 900.000 Euro an.[58] Die genauen Anforderungen für eine Finanzierung und weiterführende Informationen können auch hier auf der Homepage des Seedfonds Bayern unter www.bayernkapital.de eingesehen werden.

---

55 Vgl. http://www.bvkap.de/privateequity.php/cat/79/aid/131/title/OEffentliche_Foerderangebote_fuer_Beteiligungskapital_in_Deutschland, abgerufen am 02.05.2012

56 Vgl. http://www.bayernkapital.de/finanzierung/seedfonds, abgerufen am 29.04.2009.

57 http://www.bayernkapital.de/finanzierung/seedfonds/angebote, abgerufen am 29.04.2009.

58 Vgl. http://www.bayernkapital.de/finanzierung/seedfonds/angebote, abgerufen am 29.04.2009.

FIRST VALUE AG

Als weiterer Seedinvestor kann an dieser Stelle noch die FIRST VALUE AG erwähnt werden, welche sich vor oder innerhalb der ersten Jahre nach der Gründung an jungen Unternehmen beteiligt. Infos zu den Voraussetzungen können unter www.FIRST-VALUE.de nachgelesen werden.

Wirtschaftsministerium

Als letzte hilfreiche Anlaufstelle soll nun noch das Bundesministerium für Wirtschaft und Technologie genannt werden. Auf der Internetseite www.foerderdatenbank.de besteht für Sie als Gründer in der Gastronomie die Möglichkeit, nach Förderprogrammen zu suchen. Hierbei können Sie folgende Kriterien auswählen:

- Fördergebiet
- Förderberechtigte
- Förderbereich
- Förderart

Als Suchergebnis erhalten Sie einen aktuellen Überblick über Förderprogramme des Bundes, der Länder und der Europäischen Union. Auch können Sie durch den Förderassistenten Schritt für Schritt zum richtigen Förderprogramm geführt werden.[59]

Venture-Capital-Gesellschaften

Befindet sich Ihr Gastronomiebetrieb bereits in der Start-up-Phase, d. h. Sie befinden sich bereits bei der Produktionsaufnahme und erzielen mit den vor Kurzem auf den Markt gebrachten Produkten/Serviceleistungen einen ersten Umsatz, haben Sie vor allem die Möglichkeit, Kapital über VC-Gesellschaften, mittelständische Beteiligungsgesellschaften (MBGen), ERP Startfonds oder öffentliche Zuschüsse zu erhalten. Beispiele für VC-Gesellschaften sind neben der Allianz Capital Partners GmbH auch die AS Venture GmbH sowie die German Capital GmbH und die IBB Beteiligungsgesellschaft mbH. Einen ausführlichen Überblick mit den jeweiligen Homepageverweisen der VC-Gesellschaften finden Sie unter http://www.bvkap.de/privateequity.php/cat/81/letter/A.

Start der Selbstständigkeit aus der Arbeitslosigkeit

Falls Sie aus der Arbeitslosigkeit heraus ein Café, eine Gaststätte oder eine Kneipe eröffnen möchten, erfahren Sie hier, welche Förderprogramme speziell für diesen Fall angeboten werden.

Wann ist man arbeitslos (nach Arbeitsagentur)?

Arbeitslos

Nach deutschem Gesetz gilt man als arbeitslos, wenn man weniger als 15 Stunden pro Woche arbeitet, bei der Arbeitsagentur als arbeitslos gemeldet ist und einen Job sucht.[60] Leistungen von der Arbeitsagentur erhalten Sie erst, wenn Sie sich persönlich bei der Agentur für Arbeit

---

[59] Vgl. http://www.foerderdatenbank.de/, abgerufen am 29.04.2009.
[60] Vgl. http://www.focus.de/finanzen/news/arbeitsmarkt/tid-15005/arbeitslose-arbeitslos-per-definition_aid_421181.html, abgerufen am 24.08.2011.

arbeitslos gemeldet haben. Daher ist es wichtig, dass die Arbeitslosenmeldung spätestens zum ersten Tag Ihrer Arbeitslosigkeit erfolgt. Nur so haben Sie Anspruch auf Leistungen und Unterstützungen.[61]

Arbeitsuchend

Sie sind nicht arbeitslos, wenn Sie die Bedingungen nicht erfüllen, sich aber dennoch von der Bundesagentur vermitteln lassen. Dazu zählen insbesondere auch Angestellte mit befristeten Verträgen, die sich bereits nach einer neuen Stelle umsehen und sich bei der Arbeitsagentur als „arbeitsuchend" gemeldet haben. Auch Menschen, die mindestens 15 Stunden pro Woche tätig sind, aber nicht von ihrem Lohn leben können und deshalb Arbeitslosengeld II (ALG II) beziehen, fallen in die Kategorie „arbeitsuchend" (aber nicht arbeitslos).[62]

Welche Förderungen kann man beanspruchen?

Es gibt eine Vielzahl von Fördermöglichkeiten und Unterstützungen, die Sie beanspruchen können. Jedes Förderprogramm hat jedoch seine spezifischen Voraussetzungen, die für eine Bewilligung der Fördermaßnahme erfüllt sein müssen. Somit besteht die Garantie, dass nur förderwürdige Projekte unterstützt und eventuelle Mitnahmeeffekte unterbunden werden.[63] Fördermittel, die den Weg aus der Arbeitslosigkeit in die Selbstständigkeit ebnen sollen, sind unter anderem der Gründungszuschuss (siehe oben) und das Einstiegsgeld der Bundesagentur für Arbeit.

Einstiegsgeld für ALG-II Empfänger

Finanzhilfe bei Existenzgründung

Das „Einstiegsgeld" können Arbeitssuchende, die Arbeitslosengeld II nach SGB II beziehen, beanspruchen. Das Einstiegsgeld kann als Finanzierungshilfe bei der Existenzgründung beantragt werden. Die Höhe des Zuschusses orientiert sich an der Dauer der Beschäftigungslosigkeit und der Größe der Bedarfsgemeinschaft (Familie) des Beschäftigungslosen. Dieser Zuschuss kann sich auf bis zu 24 Monate erstrecken. Allerdings kann auch ein Zuschuss auf den Erwerb von Sachgütern von bis zu 5.000 Euro beantragt werden. Der Arbeitsuchende darf bei Inanspruchnahme des Förderprogramms keine weiteren staatlichen Unterstützungen beziehen und muss hauptberuflich selbstständig sein. Beim Einstiegsgeld handelt es sich um eine sogenannte Ermessensleistung der Arbeitsagentur, d.h. es besteht kein Rechtsanspruch auf die Förderung.[64]

---

[61] Vgl. http://www.arbeitsagentur.de/zentraler-Content/Veroeffentlichungen/Merkblatt-Sammlung/MB-f-Arbeitslose.pdf, abgerufen am 24.08.2011.

[62] Vgl. http://www.focus.de/finanzen/news/arbeitsmarkt/arbeitslosigkeit/tid-8427/arbeitslosenzahlen_aid_231191.html, abgerufen am 18.11.2011

[63] Vgl. nwb-Beitrag, Dr. Bernd Fischl und Marion Rau, Beitrag vom November 2011.

[64] Vgl. Fördermittel in Form von Zuschüssen, Dr. Bernd Fischl und Marion Rau, nwb-Beitrag vom November 2011.

Trainings- und Weiterbildungsmaßnahmen

Eine weitere Maßnahme wäre, Trainings- und Weiterbildungsseminare zu besuchen. Diese werden deutschlandweit angeboten. Ziel solcher Seminare ist es, den Gründern in Sachen

- Buchhaltung,
- Markt- und Standortanalysen,
- Unternehmenssteuerrecht,
- Finanzierungsmöglichkeiten oder
- Produktplatzierung

Kenntnisse zu vermitteln. So können teilweise Wissenslücken geschlossen werden und der Gründer bekommt einen Blick auf die wesentlichen Dinge seiner Unternehmung.

In solchen Seminaren wird besonders darauf geachtet, dass das neu erworbene Wissen auch praktisch umgesetzt werden kann, damit sich der Existenzgründer auf dem Markt etablieren kann.

Trainingsmaßnahmen

Teilweise können Trainingsmaßnahmen für Existenzgründer finanziell durch die Arbeitsagentur gefördert werden. Hier gibt es allerdings auch wieder erforderliche Voraussetzungen, die Sie bei Ihrer Arbeitsagentur erfahren können. Der Nachteil dieser Förderung ist, dass die Bewilligung im Ermessen der Arbeitsagentur liegt und Sie keinen rechtlichen Anspruch haben.

Weiterbildungsmaßnahmen

Außerdem besteht die Möglichkeit einer Weiterbildungsförderung nach §§77ff. SGB II. Diese Förderung umfasst die Übernahme von Weiterbildungskosten, wie zum Beispiel Lehrgangs-, Fahr- und Kinderbetreuungskosten oder die Zahlung von Unterhaltsgeld. Die Lehrgänge und die Bildungsanbieter müssen allerdings nach dem SGB II zugelassen sein, nur so kann eine Förderung bewilligt und bezuschusst werden.

Beratungsförderung

Zur Unterstützung Ihres Gründungsvorhabens können Sie auch einen Unternehmens- bzw. Existenzgründerberater engagieren. Diese Beratungsleistungen sind allerdings kostenpflichtig. Daher bietet eine Reihe von Bundesländern einen Zuschuss zu den Beratungskosten an. Weiter Informationen finden Sie unter http://www.existenzgruender.de/beratung_und_adressen/foerderung_exgr/index.php (abgerufen am 18.11.2011).

Mikrofinanzierung für Kleingründungen

Eine weitere Möglichkeit der Finanzierung von Kleingründungen ist die sog. Mikrofinanzierung. Diese Idee entstand dadurch, dass immer mehr Banken Kleinkreditnehmer vernachlässigen und es somit für diese Gründer unmöglich erscheint, ein Unternehmen ohne Eigenkapital oder mit nur sehr wenig Eigenkapital zu gründen. In Deutschland wurde dafür von der Bundesregierung ein Fonds mit einem Umfang von 100 Millionen Euro (Jahr 2010) bereitgestellt.

Um so einen Mikrokredit beantragen zu können, müssen einige Voraussetzungen erfüllt sein – und es sollte zuallererst geprüft werden, ob es überhaupt notwendig ist, Fremdkapital aufzunehmen. Diese Finanzierungsart bietet zwar eine Finanzierung ohne Sicherheiten, stellt aber auch eine finanzielle Belastung besonders in der Gründungsphase Ihres Gastronomiebetriebes dar. Folgende Voraussetzungen sind wichtig:

Ablauf

- **Beantragung einer Mikrofinanzierung** bei einem akkreditierten Mikrofinanzierer oder einem zugelassenen Gründungsberater. (Informationen finden Sie auf www.mikrofinanz.net[65]). Hier wird zuerst der Ablauf der Mikrofinanzierung (Antrag, Bewilligung, ...) bei einem Gründungsberater dargestellt.
- **Begutachtung des Kreditantrags durch den Berater:** Besonderer Wert wird darauf gelegt, dass der Antragsteller in der Lage ist, den Kredit fristgerecht zu tilgen – zumeist wird hier auch ein Businessplan verlangt. Dieser sollte eine realistische Finanzplanung für die kommenden drei bis vier Jahre umfassen. Um einen Mikrokredit zu bekommen, zählen nicht die Sicherheiten der Person oder des Unternehmens, sondern die Geschäftsidee, der Grund der Investition und die Persönlichkeit des Antragstellers. Der Berater achtet besonders darauf, ob der Antragsteller die Entwicklung des Unternehmens, die erwarteten Umsätze und die Rückzahlung der Finanzierung richtig einschätzen kann und ob er sich der finanziellen Belastung bewusst ist.
- **Prüfung der vom Antragsteller angebotenen Sicherheiten:** Bei den Sicherheiten kann es sich um verwertbare Vermögensgegenstände oder andere Sicherheiten handeln. Da banküblich Sicherheiten jedoch selten bis nie bei Mikrokreditantragstellern zur Verfügung stehen, wird größtenteils auf Bürgschaften vor allem aus dem privaten Umfeld zurückgegriffen. Die Erfahrungen mit Bürgschaften aus dem privaten Umfeld sind meist positiv. Einerseits können Personen aus dem näheren Umfeld die Motivation und die Fähigkeiten des Kreditnehmers viel besser einschätzen und somit beurteilen, ob er den Kredit wieder zurückzahlen kann, andererseits fällt es dem Kreditnehmer schwerer, sich seiner Zahlungspflicht zu entziehen, wenn er weiß, dass sein unmittelbares Umfeld davon betroffen ist. Außerdem stellen Bürgschaften aus dem privaten Umfeld sicher, dass der Kreditnehmer bei seinem Vorhaben unterstützt wird.
- Nach Bewilligung des Mikrokredits versendet die GLS Bank den Kreditvertrag. Nachdem der Kreditnehmer den unterschriebenen Kreditvertrag zurückgesandt hat, zahlt die GLS Bank den Kredit aus.

[65] Abgerufen am 18.11.2011.

Für die komplette weitere Betreuung des Mikrokredits ist das Mikrofinanzinstitut zuständig. Die GLS Bank übernimmt lediglich die Kreditverwaltung.

Mikrofonds Deutschland

Alternativ kann einen Mikrokredit auch direkt beim Mikrofonds Deutschland beantragt werden. Dazu müssten sich die Kreditnehmer/Antragsteller an einen akkreditierten Mikrofinanzierer oder einen entsprechenden Partner dieses Mikrofinanzinstituts wenden. Derzeit sind beim Mikrokreditfonds Deutschland über 30 Unternehmensberatungen, Wirtschaftsförderer, Genossenschaften und Vereine aufgelistet. Eine Übersicht über alle derzeit akkreditierten Mikrofinanzierer stellt der Mikrofinanzfonds Deutschland im Internet unter folgendem Link zur Verfügung: http://www.mikrokreditfonds.de/de/mikrokredit-erhalten/mikrofinanzinstitute.html[66]

Der Ablauf ähnelt den oben aufgezeigten Verfahren.

Die Konditionen für Mikrokredite schwanken in der Regel je nach Institut leicht. Die Beantragung, Prüfung, Bearbeitung und Betreuung sind zum Teil kostenfrei. Grundsätzlich kann man sich an folgenden Eckdaten orientieren:

- Finanzierungsvolumen: 1.000 € bis 10.000 € (später aufstockbar bis 20.000 €)
- günstiger Zinssatz über die gesamte Kreditlaufzeit (aktuell 8,9 % Effektivzins)
- Laufzeit ist flexibel von 3 bis maximal 36 Monaten
- Rückzahlung erfolgt normalerweise monatlich in festgelegten Raten
- kostenfreie Sondertilgung bzw. Kreditablösung jederzeit möglich

Ein fachkundiger Gründungsberater kann hier die einzelnen Punkte erläutern.

Geringe Ausfallquote

Beim Mikrokredit wird, wie erwähnt, auf die banküblichen Sicherheiten verzichtet. Und dennoch zeichnen diese sich besonders durch ihre geringen Ausfallquoten (4 % seit 2006) aus. Ein weiterer Vorteil ist die schnelle und einfache Vergabe eines Mikrokredits. Der Kreditnehmer erhält nach Bewilligung seines Kredits innerhalb von circa zwei bis drei Wochen den Kreditbetrag. Die geringen Ausfallquoten resultieren auch aus einigen Besonderheiten von Mikrokrediten. Je nach Institut lassen sich manche Mikrofinanzinstitute jeden Monat drei Fragen von ihren Kreditnehmern zu ihrer Situation per E-Mail beantworten, um die finanzielle Situation des Kreditnehmers einschätzen zu können und möglichen Ratenausfällen vorzubeugen.

Hier spielt auch der persönliche Kontakt zum Kreditnehmer durchaus eine wichtige Rolle. So erkundigen sich akkreditierte Mikrofinanzierer und zugelassene Gründungsberater teilweise persönlich, wie die Situa-

[66] Abgerufen am 17.11.2011

tion des Kreditnehmers ist und wie er mit der monatlichen finanziellen Belastung zurechtkommt. Um die Ausfallhäufigkeit noch einmal zu reduzieren, wird die Mikrofinanzierung häufig durch ein Gründercoaching begleitet. Das Gründercoaching unterstützt den angehenden Gastwirt auch in anderen Bereichen und ermöglicht einen neutralen Blick von außen auf das Gründungsgeschehen.

Weitere Leistungen von Mikrofinanzierern

Viele Mikrofinanzinstitute stellen auch weitere Leistungen gegen Entgelt zur Verfügung:

- Erstellung von Unterlagen für Finanzierungsanfragen bei Mikrofinanzinstituten und Banken
- laufende Unternehmensberatung
- Erstellung von Geschäftsplänen
- Coaching
- Möglichkeiten beim Ausfall von Raten (Rückstufung auf geringere Raten)

Durch die größere Erfahrung der Mikrofinanzinstitute mit Existenzgründern und Kleinunternehmern stellt die Beratung über Kreditrisiken einen entscheidenden Vorteil dar.

Was ist bei den Sozialversicherungen zu beachten?

Jeder, der sich selbstständig macht oder einen Betrieb übernimmt, muss sich auch mit Versicherungen und anderen Sonderthemen befassen.

Welche Versicherungen sind für selbstständige Gastronomen relevant?

Rentenversicherung

Ein Teil der Selbstständigen, sind in der gesetzlichen Rentenversicherung versicherungspflichtig. Ob Sie unter die Versicherungspflichtigen fallen, können Sie bei der Deutschen Rentenversicherung erfahren. Im Gastronomiebereich ist es üblich, privat versichert zu sein. Alle Selbstständigen, die nicht versicherungspflichtig sind, haben die Möglichkeit, auf Antrag rentenversicherungspflichtig zu werden oder freiwillige Beiträge in die gesetzliche Rentenversicherung einzuzahlen.

Arbeitslose, die den Gründungszuschuss erhalten, sind dann in der gesetzlichen Rentenversicherung versicherungspflichtig, wenn sie bestimmten Berufsgruppen angehören (s. o.). Alle anderen können sich von der Rentenversicherung befreien lassen oder freiwillige Beiträge einzahlen. Die bisher erworbenen Rentenansprüche bleiben erhalten.

Krankenversicherung

Grundsätzlich können Existenzgründer ihre Absicherung in der Krankenversicherung frei wählen. Sie sind nicht verpflichtet, in der gesetzlichen Krankenversicherung versichert zu sein. Bei Erfüllung von Vorversicherungszeiten ist aber eine freiwillige Versicherung bei einer gesetzlichen Krankenversicherung möglich. Als Alternative steht die private Krankenversicherung zur Auswahl. Hier sollten Sie sich im Vorfeld beraten lassen, welche für Sie die passende Variante ist. Arbeitslose, die den Gründungszuschuss erhalten, müssen sich selbst krankenversichern. Wählen Sie weiterhin die gesetzliche Krankenversicherung, können Sie günstige Konditionen erhalten. Sie können sich auch privat versichern.

Arbeitslose, die ALG II beziehen, sind in der Regel über die ARGE renten- und krankenversichert. Bei geringem Einkommen prüft die Krankenkasse, ob eine Familienversicherung in Betracht kommt.[67]

Arbeitslosenversicherung

Alle Personen, die Arbeitslosengeld beziehen oder eine geringfügige Tätigkeit ausüben (Verdienst unter 400 Euro pro Monat), sind über die Arbeitsagentur renten- und krankenversichert. Diejenigen, die sich als Selbstständige arbeitslosenversichern wollen, müssen vor der Aufnahme der Selbstständigkeit in einem Versicherungsverhältnis (Beschäftigungsverhältnis) gestanden haben. Wenn Sie dies nicht nachweisen können, reicht auch der Bezug einer Entgeltersatzleistung (Arbeitslosengeld) aus. Wichtig ist, dass der Antrag auf Weiterversicherung bei der örtlichen Arbeitsagentur innerhalb des ersten Monats der Selbstständigkeit erfolgen muss.

Angestellte, Studenten, Saisonarbeiter, Minijobber – worauf müssen Sie achten?

Sobald Ihr Unternehmen eine gewisse Größe erreicht hat, werden Sie Ihren ersten Mitarbeiter anstellen. Vorab sollten Sie eine solche „Mehrbelastung" an Kosten gut durchkalkulieren, um den Arbeitsplatz längerfristig gewährleisten zu können. Mit einem neuen Mitarbeiter werden Ihre Verpflichtungen größer. Dieses Kapitel soll Ihnen einen ersten Überblick über wichtige Termine und Abläufe geben.

Arbeitsvertrag

Der erste Schritt zu einem Angestellten ist der Arbeitsvertrag. Grundsätzlich reicht vorab ein mündlicher Vertrag, allerdings sollten Sie das Arbeitsverhältnis nach einem Monat schriftlich besiegeln. So ersparen Sie sich und dem Angestellten unnötigen Ärger. Der Arbeitsvertrag sollte beinhalten:

- Angaben zu beiden Parteien (also Ihre Anschrift und die Anschrift des zukünftigen Angestellten),
- den Ort des Beschäftigungsverhältnisses,
- die Arbeitszeit,
- den jährlichen Urlaub,

[67] http://www.existenzgruender.de/imperia/md/content/pdf/publikationen/gruenderzeiten/gz_16.pdf, abgerufen am 18.11.2011.

- das Arbeitsentgelt,
- die Auszahlungstermine (z. B. spätestens am 15. des Folgemonats) und
- Hinweise zu Kündigungsfristen.

Vorsicht bei Musterverträgen

Seien Sie vorsichtig mit Musterverträgen aus dem Internet! Diese sind zum Teil nicht auf dem aktuellen Rechtsstand und können Sie bei einem möglichen Rechtsstreit zwischen den Parteien belasten. Um die rechtliche Grundlage des Arbeitsvertrags optimal zu schaffen, sollten Sie einen Rechtsanwalt hinzuziehen.

Sie haben eine Fürsorge-, eine Beschäftigungspflicht und eine Pflicht zur Urlaubsgewährung gegenüber Ihrem Angestellten.

Fürsorgepflicht

Fürsorgepflicht bedeutet, dass Sie als Arbeitgeber den Schutz Ihres Mitarbeiters gewährleisten müssen. Zum Beispiel dürfen Sie einem Koch nur ein ordentliches Messer und kein kaputtes Messer zur Verfügung stellen, da er sich sonst verletzen kann. Unter die Fürsorgepflicht fallen außerdem auch Sachverhalte wie die richtige Berechnung des Lohns und dessen Nebenkosten.

Beschäftigungspflicht

Sie sind außerdem verpflichtet, den Arbeitnehmer zu beschäftigen, d. h. Sie haben auch das Recht, dem Arbeitnehmer Weisungen in Ihrem Unternehmen zu erteilen (ein sog. Direktionsrecht). Dies beinhaltet auch, dass Sie bestimmen dürfen, wann, wo und wie der Arbeitnehmer seine Arbeit verrichtet. Hier sollten Sie beachten, dass z. B. Jugendliche je nach Alter nach einer bestimmten Uhrzeit nicht mehr arbeiten dürfen (Jugendschutzgesetz). Eine Einsicht in die Personalakte, das Ausstellen eines Arbeitszeugnisses nach Beendigung des Beschäftigungsverhältnisses und der Anspruch auf Entgeltfortzahlung während des Urlaubs oder bei Krankheit müssen Sie immer sicherstellen.

Einstellungsprozess

Teilen Sie der Bundesagentur für Arbeit mit, sobald Sie Ihren ersten Mitarbeiter anstellen. Diese registriert dann Ihren Gastronomiebetrieb und teilt Ihnen eine sogenannte Betriebsnummer zu. Diese Betriebsnummer benötigen Sie, um Ihren Arbeitnehmer bei der Sozialversicherung anmelden zu können.

Sofortmeldung

Ein wichtiger Schritt ist das Übermitteln einer Sofortmeldung. Seit 01.01.2009 sind Gaststättengewerbe verpflichtet, bei Beginn des Beschäftigungsverhältnisses (Achtung: Hier ist der erste Tag der Aufnahme der Arbeit gemeint!) eine sogenannte Sofortmeldung abzugeben. Die Abgabe erfolgt elektronisch direkt an die Datenstelle der Deutschen Rentenversicherung (DSRV). Die Übermittlung der Daten (Namen der Person, falls vorhanden die Versicherungsnummer, ansonsten Anschrift, Tag und Ort der Geburt, die Betriebsnummer des Arbeitgebers sowie Beschäftigungsbeginn) erfolgt meistens über das DEÜV-Meldeverfahren (Datenerfassungs- und -übermittlungsverordnung, kurz DEÜV). Dieses Meldeverfahren (Abgabegrund 20) ist entweder in Ihrer Buchhaltung integriert oder Ihr Steuerberater übernimmt diesen Vorgang für Sie. Hier ist zu beachten, dass Meldungen per Mail, Fax oder Post nicht gültig sind.

Die Nichtabgabe dieser Sofortmeldung kann mit einer Geldbuße von bis zu 25.000 Euro geahndet werden.

Berufsgenossenschaft

In der ersten Woche müssen Sie Ihren Arbeitnehmer bei der Berufsgenossenschaft melden. Diese ist für den gesetzlich vorgeschriebenen Unfallschutz zuständig. Die Beiträge zur Berufsgenossenschaft müssen Sie als zukünftiger Arbeitnehmer vollständig tragen.

Meldung bei der Sozialversicherung

Nun haben Sie Ihren Angestellten vorab sachgerecht gemeldet. Allerdings müssen Sie Ihren Arbeitnehmer elektronisch auch bei der Sozialversicherung anmelden. Diese Anmeldung erfolgt über die Krankenkasse, die Sie dann an die entsprechenden Stellen (andere Träger) weiterleitet. Für diese Meldung haben Sie bis zur ersten Lohn- oder Gehaltszahlung, jedoch maximal sechs Wochen nach Beginn des Beschäftigungsverhältnisses Zeit. Die entsprechenden Formulare finden Sie im Versicherungsnachweisheft, das Sie von Ihrem Mitarbeiter mit dem Sozialversicherungsnachweis bekommen.

Sozialversicherungspflicht

Sozialversicherungspflicht bedeutet für Sie, dass Sie die Hälfte der Beiträge für die Renten- und Arbeitslosenversicherung übernehmen. Bei der Pflege- und Krankenversicherung sind die Anteile teilweise etwas höher. Die Krankenversicherung unterscheidet sich von Träger zu Träger, da hier kein einheitlicher Satz festgelegt wurde. Grundsätzlich behalten Sie als Arbeitnehmer beide Teile (Ihren Beitragsteil und den Ihres Mitarbeiters) ein, um ihn an die Einzugsstellen der Krankenkassen gleich direkt weiterzuleiten. Sie leiten außerdem die Lohnsteuer, obwohl ihr Mitarbeiter zu 100 % dafür aufkommt, an das zuständige Finanzamt weiter. Als Arbeitgeber ist dieser Vorgang Pflicht und Sie sind dafür verantwortlich, dass diese Zahlung erfolgt.

Kurzer Ausblick zum Thema Kündigung

Grundsätzlich sollte eine Kündigung schriftlich erfolgen – damit ersparen Sie sich Ärger und Kosten bei einem möglichen Gerichtsverfahren. Am besten lassen Sie sich den Erhalt der Kündigung von Ihrem ehemaligen Arbeitnehmer bestätigen. Je mehr Nachweise Sie über eine sachgerechte Kündigung haben, umso besser. Die Kündigungsfrist wurde entweder im Arbeitsvertrag geregelt oder es gelten die Bestimmungen des Bürgerlichen Rechts. Wenn Sie weniger als zehn Arbeitnehmer beschäftigen, entfällt der Kündigungsschutz.[68]

Studenten

Grundsätzlich sind Studenten im Arbeitsrecht ein Sonderfall. In Gastronomiebetrieben sind Sie als Aushilfskräfte aber sehr beliebt. Diese Jobs sind alle steuerpflichtig. Die Besteuerung kann entweder durch die

---

[68] In Anlehnung an http://www.manager-magazin.de/unternehmen/karriere/0,2828,555460-2,00.html, abgerufen am 08.05.2012.

Lohnsteuerkarte oder durch eine pauschale Besteuerung der Einkünfte erfolgen. Die wichtigste Differenzierung, die Sie hier treffen müssen, ist, ob der Student während der Vorlesungszeit (in der der Student aktiv an den Vorlesungen an der Uni oder FH teilnimmt) oder in den Semesterferien (vorlesungsfreie Zeit) für Sie arbeitet.

Vorlesungszeit

Studenten sind von der Kranken-, Pflege- und Arbeitslosenversicherung befreit, wenn sie nicht mehr als 20 Stunden in der Woche in Ihrem Betrieb arbeiten. Die Höhe des Entgelts spielt dabei keine Rolle. Wenn der Student vor allem nachts, am Wochenende (auch mehr als 20 Stunden) arbeitet, sind diese Leistungen von den Versicherungsleistungen befreit, da davon ausgegangen wird, dass der Student den Hauptteil seiner Zeit mit dem Studium verbringt. Es besteht auch für solche Studenten, die während der Vorlesungszeit mehr als 20 Stunden wöchentlich arbeiten, eine Befreiung, wenn das Beschäftigungsverhältnis nicht länger als zwei Monate andauert oder die Beschäftigung nicht mehr als 50 Tage im Jahre umfasst.

Semesterferien (vorlesungsfreie Zeit)

In den Semesterferien sind Studenten von der Kranken-, Pflege- und Arbeitslosenversicherung komplett befreit, wenn die Tätigkeit eine wöchentliche Arbeitszeit von 20 Stunden nicht überschreitet.

In beiden Fällen (Vorlesungszeit oder Semesterferien) erfolgt eine Befreiung von der Rentenversicherungspflicht nur, wenn die Beschäftigung kurzfristig oder geringfügig (400 Euro) ist.[69]

Saisonarbeiter

In der Gastronomie werden Saisonarbeiter häufig bei Saisongeschäften gebraucht – wenn Sie zum Beispiel eine Gastwirtschaft mit anliegendem Skiliftbetrieb betreiben. Hier bietet es sich an, in den Stoßzeiten Saisonarbeiter zu beschäftigen. Bei der Saisonarbeit ist es besonders wichtig, dass Sie das Sozialversicherungsgesetz beachten.

> Sie suchen einen Saisonarbeiter für Ihre Sommerrodelbahn. Diese ist nur von Mai bis August (also vier Monate im Jahr) geöffnet. Bei Ihnen meldet sich ein Saisonarbeiter aus der Ukraine, der seinen Jahresurlaub (Voraussetzung: bezahlter Urlaub) nehmen will, um bei Ihnen in Deutschland zu arbeiten.

Im Heimatland versichert?

In diesem Fall muss der Saisonarbeiter Ihnen einen Nachweis mitbringen, dass er in seinem Heimatland bereits sozialversichert ist (Zweitbeschäftigung in Deutschland). Das bedeutet, dass Sie die Sozialversicherung an das Heimatland Ihres Saisonarbeiters abführen müssen. Sie sollten sich ggf. mit den Behörden im Land des Arbeiters in Verbindung setzen, um mögliche nachträgliche Forderungen zu vermeiden.

Nicht im Heimatland versichert?

Ist der ausgewählte Saisonarbeiter allerdings nicht in seinem Heimatland versichert, müssen Sie Ihn sozialversichern und es gelten die normalen

---

[69] Vgl. http://www.frankfurt-main.ihk.de/recht/themen/arbeitsrecht/studentenjobs/index.html, abgerufen am 09.05.2012.

Bestimmungen wie bei einem inländischen Angestellten. Hier sollten Sie kalkulieren, ob für Sie ein ausländischer Saisonarbeiter noch rentabel ist. Wenn Sie den Saisonarbeiter geringfügig (also für max. 400 Euro pro Monat) beschäftigen wollen, besteht im Allgemeinen Versicherungsfreiheit. Es empfiehlt sich aber, für die Dauer des Aufenthalts des Arbeiters eine private Krankenversicherung abzuschließen, wenn der Saisonarbeiter in Deutschland keinen Versicherungsschutz besitzt.[70]

Minijobber

Meldung bei der Minijob-Zentrale

Alle sogenannten Minijobber müssen bei der Minijob-Zentrale gemeldet werden. Diese Meldung erfolgt analog zum Angestellten (DEVÜ-Verfahren, siehe oben).

Als „Minijobber“ bezeichnet man die Personen, die im Monat nicht mehr als 400 Euro verdienen, also in geringfügiger Beschäftigung arbeiten. Der Maximalbetrag von 400 Euro monatlich wird direkt an den Arbeitnehmer ausgezahlt, d. h. er zahlt keine weiteren Beiträge – für ihn ist brutto gleich netto. Außerdem sind Minijobs sozialversicherungsfrei, d. h. der Arbeitnehmer entrichtet nur den Pauschalbetrag zur Rentenversicherung. Auf diese Versicherungsfreiheit kann der Arbeitnehmer verzichten und so die Beiträge zur Rentenversicherung aufstocken. Bitte beachten Sie, dass ein Minijob als Teilzeitbeschäftigung gilt und damit die gleichen Rechte wie für einen Vollzeitbeschäftigten einhergehen.[71]

Jugendschutzgesetz beachten

Bitte achten Sie darauf, dass Sie bei Beschäftigung von Minderjährigen das Jugendschutzgesetz nicht verletzen. In bestimmten Fällen (z. B. bei Ausbildung eines Kellners oder Kochs) gibt es hier Sonderregelungen, um das Jugendschutzgesetz nicht zu verletzen.

Betriebsprüfungen – seien Sie vorbereitet!

Finanzamt

Gerade in der Gastronomie gibt es immer wieder Anlass zu Diskussionen mit dem Finanzamt. Da die täglichen Geschäftsvorfälle noch zu einem Großteil als Bargeschäfte abgewickelt werden und Unterschiede in der Besteuerung vorliegen, wird oft eine regelrechte Schwarzgeld-Oase unterstellt. Somit liegt es auf der Hand, dass hier der Fokus bei Betriebsprüfungen liegt. Seit Jahren kommt es so zu erheblichen Steuerausfällen. In einer internen Mitteilung spricht das Finanzministerium von einem jährlichen Steuerschaden in zweistelliger Millionenhöhe. Verantwortlich für den Missstand ist nach Einschätzung der Finanzprüfer die derzeit geltende gesetzliche Regelung, die Steuerhinterziehung ermögliche und diese sogar recht einfach und attraktiv mache. Die Ermittlungen erweisen

---

[70] Vgl. http://www.lsv.de/mod/000_mitgliedschaft/lbg002/index.html, abgerufen am 09.05.2012.

[71] Vgl. http://www.minijob-zentrale.de/nn_10788/DE/2__AG/navNode.html?__nnn=true, abgerufen am 09.05.2012.

sich aber oft als langwierig und die Beweisführung als äußerst kompliziert. Trotzdem werden immer wieder Verfahren mit hohen Geldstrafen und immensen Steuernachzahlungen abgeschlossen.

Nachfolgend zwei konkrete Beispiele aus der Praxis:

Verkauf von Nahrungsmitteln

Der Verkauf von Nahrungsmitteln allein unterliegt dem ermäßigten Umsatzsteuersatz von 7 % (sog. Außer-Haus-Speisen). Der Verzehr im Restaurant dagegen wird mit 19 % besteuert. Doch dazwischen liegt eine regelrechte Grauzone, denn die Grenzen sind nicht eindeutig. Sobald der Unternehmer im Zusammenhang mit dem Verkauf z. B. Tische und Stühle oder Geschirr zur Verfügung stellt, handelt es sich nicht mehr um einen reinen Lebensmittelverkauf. Überwiegt der Dienstleistungscharakter, unterliegt der Umsatz insgesamt dem Steuersatz von 19 %. Und da zwischen dem ermäßigten und dem Regelsteuersatz immerhin 12 Prozentpunkte liegen, kann das für den Gastronom jedes Jahr viele Tausend Euro Unterschied bedeuten.

Er selbst kann dabei jedes Mal entscheiden, ob er den Verkauf als „Straßenverkauf" oder „Verzehr an Ort und Stelle" deklariert. Das geschieht in der Regel allein durch den entsprechenden Tastendruck auf der Registrierkasse. Von dem ermäßigten Steuersatz hat der Verbraucher nichts, denn dieser zahlt immer den gleichen Preis, egal ob er etwa seine Pizza im Restaurant oder zu Hause verzehrt.

Es ist nicht verwunderlich, dass zu diesem Thema immer wieder Verfahren vor dem Bundesfinanzhof anhängig sind, die zur Klärung offenstehen. Unternehmer sollten hier die laufenden Entscheidungen genau verfolgen.

Hotelübernachtungen

Seit dem 01.01.2010 werden Übernachtungen in Hotels und Pensionen mit dem ermäßigten Umsatzsteuersatz von derzeit 7 % besteuert. Das Leistungsangebot besteht heute aber aus weitaus mehr als der bloßen Übernachtungsmöglichkeit. Zusatzleistungen wie z. B. Frühstück, Telefon, Fernsehen, Internet sind üblich, aber aus umsatzsteuerlicher Sicht eigenständige Leistungen, die mit dem Regelsteuersatz von 19 % zu versteuern sind. Die neue gesetzliche Regelung bedeutet daher auch einen erheblichen Mehraufwand. In der Rechnung sind die verschiedenen Leistungen detailliert aufzuteilen und dem richtigen Steuersatz zu unterwerfen. Da der Unternehmer deshalb daran interessiert sein wird, den Preis der Übernachtung möglichst hoch anzusetzen, sind Konflikte mit dem Finanzamt oft vorprogrammiert. Da aus den Übernachtungsleistungen weniger Umsatzsteuer herauszurechnen und an das Finanzamt abzuführen ist, erhöht sich selbst bei konstanten Preisen sein Gewinn.

Schankerlaubnissteuer

Das Gastronomiegewerbe kennt aber noch eine weitere Steuer: Die Schankerlaubnissteuer gehört zu den örtlichen Steuern, die in der Regel von den Gemeinden erhoben wird. Steuergegenstand ist die Erlangung der Erlaubnis zum Betrieb einer Gastwirtschaft. Für den Betrieb einer Gastwirtschaft bestehen besondere Vorschriften, deren Einhaltung überwacht werden muss. Außerdem stehen dem Alkoholkonsum erhebliche, vor allem gesundheitspolitische Interessen der Allgemeinheit entgegen. Aus diesen Sachverhalten wird die Rechtfertigung der Schankerlaubnissteuer als einer Ordnungsteuer abgeleitet. Die Schankerlaubnissteuer soll neben gewerbepolizeilichen und sozialpolitischen Erwägungen auch dem

Ausgleich der mit der Schankerlaubnis verbundenen besonderen Vorteile dienen. Die Steuer wird von den Betreibern der Gastwirtschaft bezahlt. Als Steuermaßstab sind der Umsatz, der Jahresertrag, das Betriebskapital, die Betriebsfläche oder eine Kombination dieser Maßstäbe gebräuchlich. Maßgebend ist der Umsatz des Eröffnungsjahres oder des darauf folgenden Kalenderjahres, von dem ein bestimmter Prozentsatz (in der Regel zwischen 2 bis 30 Prozent) abzuführen ist.

Ordnungsgemäße Kassenführung

Ein anderer Streitpunkt, der oft in der Gastronomie auftaucht, ist die Ordnungsmäßigkeit der Kassenführung. Grobe Verstöße wie z. B. keine zeitnahe Führung oder das Fehlen einer Kasse überhaupt, ermöglichen es der Finanzverwaltung unter Umständen, die Besteuerungsgrundlagen zu schätzen. Im Bargewerbe beeinflusst eine nicht ordnungsgemäße Kassenführung die Glaubwürdigkeit der gesamten Finanzbuchhaltung. Besonderes Augenmerk wird hier auf die zeitnahe Führung gelegt und ob nur grobe Schätzungen der Tageseinnahmen eingetragen wurden.

Wer nach HGB verpflichtet ist, Bücher zu führen, ist grundsätzlich auch zur Kassenführung verpflichtet. Aber auch die Einnahmen-Ausgaben-Rechnung erfordert lückenlose Aufzeichnungen. Die wichtigsten allgemeinen Anforderungen sind:

- Vollständigkeit und Richtigkeit
- tägliche Aufzeichnungen
- keine Fehlbeträge, auch bei taggenauer Betrachtung
- keine Rundungen, auch nicht nach der Kommastelle
- Tageseinnahmen im Bargewerbe durch Kassenbericht , der über eine Registrierkasse gesondert zu führen ist; ratsam ist aber, sämtliche Kassenstreifen, Bons etc. aufzubewahren

Nicht auf Steuerberater verlassen

Die meisten Gastronomiebetriebe werden für die Themen Buchführung, Jahresabschluss und Steuern die Hilfe eines Steuerberaters in Anspruch nehmen. Aber verlassen Sie sich bitte nicht darauf, dass er Sie vor allen Problemen im täglichen Geschäftsleben rechtzeitig warnt. Er ist schließlich Steuerberater und kein Unternehmensberater. Wenn Sie Ihre Tätigkeit aufgeben müssen, verliert er einen Mandanten. Sie als Unternehmer haben in der Regel einen viel höheren Schaden. Schenken Sie deshalb auch den meist ungeliebten Bereichen Buchhaltung und Abrechnung ein Mindestmaß an Aufmerksamkeit, um spätere Unannehmlichkeiten zu vermeiden.

Die Übernahme eines Gastronomiebetriebes

Viele angehende Gastronomen wollen das Unternehmen der Eltern weiterführen oder übernehmen einen bereits laufenden Betrieb. Worauf Sie achten sollten, wird in den folgenden Kapiteln dargestellt.

Vor- und Nachteile einer Unternehmensübernahme

Immer mehr Unternehmensgründungen entstehen durch eine Unternehmensübernahme heraus. Viele Gründer meinen, dass es leichter sei, sich mit einem alteingesessenen Unternehmen am Markt zu etablieren. Oft trifft diese Annahme auch zu. Die Gastwirtschaft oder das Hotel ist bereits im Ort und in der näheren Umgebung bekannt, die nötigen Genehmigungen sind bereits eingeholt und der Start in die Selbstständigkeit scheint ein leichtes Spiel zu sein.

Der Ruf ist entscheidend

Aber ist das auch immer so? Bei einem positiven Ruf des Unternehmens wird Ihnen sicher jeder zustimmen, aber was ist, wenn die Gastwirtschaft wegen schlechter Küche oder unfreundlichem Service in der Umgebung bekannt ist? Hier stellt sich die Frage, ob es wirklich sinnvoll ist, ein solches Unternehmen zu übernehmen. Die verschiedenen Komponenten sollten im Vorfeld abgeklärt und abgewogen werden. Vielleicht hilft es Ihnen bei Ihrer Entscheidung, wenn Sie sich im Dorf umhören und sich nach dem Ruf des Gastronomiebetriebes erkundigen. Bei einer Übernahme von den Eltern sollten Sie Gäste oder Personen befragen, die ihren Hintergrund nicht kennen. Besonders hilfreich ist es, eine kleine Umfrage in der Bevölkerung zu starten, welche Ansprüche sie an diesen Gastronomiebetrieb hat.

Schnell in die Selbstständigkeit

Wenn Sie schnell in die Selbstständigkeit wollen, hat es Vorteile, einen bestehenden Betrieb zu übernehmen, da bereits Strukturen und notwendige Vorkehrungen vorhanden sind. So spart man sich die Suche nach Lieferanten und Personal. Mit einem eingespielten Team in Service und Küche hat man meistens einen klaren Vorteil auf dem harten Markt in der Gastronomie. Die Abläufe sind bekannt und erleichtern Ihnen die Planung und die Einarbeitungszeit. Ein weiterer Vorteil besteht darin, dass das Team den bestehenden Kundenstamm bereits kennt und eventuelle Extrawünsche oder Vorlieben an Sie weitergeben kann. Dies erfreut den Gast und Sie profitieren. Allerdings muss man erst das Vertrauen der Mitarbeiter und Kunden gewinnen. Das erschwert bei mittelständischen Unternehmen, die teilweise stark von ihren Vorgängern geprägt wurden, die Übergabe.

Vorsicht bei Umstrukturierungswünschen

Wenn Sie ein Unternehmen übernehmen wollen, um dies dann komplett umzustrukturieren, wird man Ihnen in den meisten Fällen von einer Unternehmensübernahme abraten. Sie haben zwar ein eingespieltes Team und Produkte und Dienstleistungen, die bereits im bestehenden Markt eingeführt sind, aber es wird Sie mehr Zeit kosten, in einem „eingefahrenen" Team neue Strukturen und Vorgaben zu etablieren. Hier hat der Spruch „Es war immer schon so und so wird es auch immer bleiben" meist ganz zentrale Bedeutung. Sie können zwar auf den vorgegebenen Vorgaben aufbauen, aber eine komplette Umstrukturierung gelingt nur in den seltensten Fällen. Außerdem wird von Ihnen von Beginn der Übernahme erwartet, dass Sie sich in allen Geschäftsfeldern auskennen und die Leistungen Ihres Vorgängers übertreffen oder zumindest einen gleichwertigen Standard bieten können.

Man sollte zu Beginn der Gründung bereits überdenken, welche Komponenten für die von Ihnen angestrebten Ziele wichtig sind und mit welchen Nachteilen Sie leben können.

Wie finden Sie das richtige Unternehmen?

Das richtige Unternehmen zu finden gestaltet sich meist als schwierig. Jede Person steckt sich andere Ziele und Wünsche für ihr zukünftiges Unternehmen. Für den einen ist es wichtig, in der Nähe des Betriebes zu wohnen und so Wohnen und Arbeiten zu verbinden, und für den anderen ist es wichtig, dass bereits ein bestimmter Kundenstamm vorhanden ist. Sie sollten Ihr Unternehmen so auswählen, dass möglichst viele für Sie wichtige Faktoren abgedeckt sind.

Fragen, die Sie sich stellen sollten

Vor allem wenn Sie ein bestehendes Unternehmen übernehmen, sollten Sie sich im Vorfeld im Klaren sein, was Sie konkret suchen. Dabei können Ihnen einige Fragen helfen:

- Welche Arbeitszeiten kommen für Sie infrage?
- Welche Unternehmensgröße stellen Sie sich vor?
- Soll es ein neues oder bereits bestehendes Unternehmen sein?
- Wo soll sich das Unternehmen befinden?
- Haben Sie alle Voraussetzungen erfüllt (Meisterbrief, ...)?
- Um welche Art von Unternehmen soll es sich handeln (Kleinbetrieb, mittelständisches Unternehmen, ...)?
- Wie hoch darf der Kaufpreis sein?[72]

Wichtig ist es, offene Fragen im Vorfeld zu klären, um unnötige Kosten und Ärger zu vermeiden.

[72] In Anlehnung an: http://www.service-bw.de/zfinder-bw-web/lifesituations.do?llid=1083939&llmid=0, abgerufen am 06.09.2011.

Informelle Aspekte der Unternehmensnachfolge

Eine Unternehmensnachfolge muss vom scheidenden Inhaber wie auch von seinem Nachfolger gut vorbereitet sein, damit der Fortbestand des Unternehmens gewährleistet ist. Dieses Kapitel soll nur einen kurzen Einblick in die Thematik gewähren.

Frühzeitige Planung

Deshalb ist eine frühzeitige Planung der Unternehmensnachfolge notwendig und stellt häufig eine unterschätzte unternehmerische Aufgabe dar. Wer es jedoch versäumt, die Nachfolge rechtzeitig zu planen und umzusetzen, riskiert den Verlust seines eigenen Lebenswerks.

Übernahme der operativen Führung

Deshalb ist es wichtig, dass der potenzielle Nachfolger die operative Führung des Unternehmens frühzeitig übernimmt, damit er sich an die neuen Aufgaben gewöhnen kann und sicher in seinem Tun und Handeln wird. Meistens erfolgt eine Unternehmensübergabe von den Eltern an die Kinder bzw. ein Kind. Hier sollten Sie darauf achten, dass der Übergang reibungslos verläuft. Kommunikation und Kooperation sind wichtige Bausteine zwischen den beiden Parteien, sowohl zwischen Eltern und Kindern, als auch zwischen Mitarbeitern und potenziellem Nachfolger.

Langfristig sollten Sie sich Gedanken machen, wie Sie die Erbschaft, die steuerlichen Belastungen, die finanzielle Versorgung des Ruheständlers, die Übertragung langfristiger Verträge und die in Jahren gewachsenen Vertrauensbeziehungen zu Kunden und Lieferanten regeln.[73]

Wie bewerte ich einen Gastronomiebetrieb?

Vor allem bei einer Unternehmensübernahme ist es wichtig zu wissen, was der gastronomische Betrieb tatsächlich wert ist. Ist die Höhe des Kaufpreises angemessen oder will der Vorbesitzer die Immobilie überteuert loswerden? Grundsätzlich sollten Sie eine kritische Haltung bzgl. des Kaufpreises haben.

Auch hier heißt es immer: „Der erste Eindruck zählt!“ Sind die Räumlichkeiten gepflegt, sind die Vorbesitzer kooperativ usw.?

Oftmals ist es so, dass die Altinhaber höhere Preise ansetzen, da sie in den letzten Jahren viel Arbeit und Mühe in ihr Unternehmen gesteckt haben. Die potenziellen Käufer hingegen wollen einen möglichst niedrigen Preis erzielen.

In diesem Kapitel bekommen Sie einen groben Überblick, wie Sie den Gastronomiebetrieb am besten einschätzen und sich so eine schnelle Übersicht über die Lage des Unternehmens verschaffen können.

---

[73] Vgl. http://www.leipzig.ihk.de/inhalt/geschaeftsfeld/Starthilfe-und-Unternehmensfoerderung/Unternehmensnachfolge/Welche-Aspekte-sind-zu-beruecksichtigen.aspx, abgerufen am 22.11.2011.

Vergleichswertverfahren

Die einfachste Methode der Unternehmensbewertung ist das Vergleichswertverfahren. Bei dieser Methode vergleichen Sie Ihren gastronomischen Betrieb bzw. den Betrieb, den Sie erwerben wollen, mit einem vergleichbaren Objekt. Größe, Kundenstamm, Zimmeranzahl oder Lage sind nur einige Beispiele für Kennziffern, die Sie heranziehen können. Die Daten können Sie auch von Verbänden, Kammern oder spezialisierten Unternehmensberatern ermitteln lassen. Allerdings sollten Sie sich im Vorfeld fragen, ob die Ermittlung der Daten von einem Experten für Sie rentabel ist oder nicht. Diese Methode wird vor allem bei kleineren Unternehmen, Praxen und Büros als „Faustregel“ verwendet.

Substanzwertmethode

Eine beliebte Methode ist auch die Substanzwertmethode. Diese orientiert sich am Wert einzelner Vermögensgegenstände wie z. B. Grundstücke, Maschinen und Vorräte. Allerdings spielt diese Methode nur eine untergeordnete Rolle, da das Ergebnis nichts über die zukünftigen Erträge aussagt. Sie können damit nur erkennen, ob z. B. der Kaufpreis zu hoch oder zu niedrig angesetzt wurde. Deshalb wird die Substanzwertmethode gerne in Kombination mit der Ertragswertmethode angewendet.

Ertragswertmethode

Bei der Ertragswertmethode steht die zukünftige Ertragskraft des Betriebes an erster Stelle. Dabei wird eine „Verzinsung“ des Kaufpreises in Form zukünftiger Unternehmergewinne angenommen. Diese soll sicherstellen, dass ein aufgenommenes Darlehen inklusive Zinsen auch zurückgezahlt werden kann.[74] Eine Kombination aus beiden Verfahren ergibt ein realistisches Bild des Betriebes.

Fazit: Die Übernahme eines Gastronomiebetriebes entweder von den Eltern oder die Übernahme eines bestehenden Betriebes unterscheidet sich kaum. Bei beiden Sachverhalten müssen die Unterlagen auf den zukünftigen Besitzer umgeschrieben und der Inhaberwechsel bekannt gemacht werden. Die Unterschiede beziehen sich eher auf die Zusammenarbeit mit dem bestehenden Personal und den bestehenden Abläufen. Bei der Übernahme von den Eltern sind das Personal und die Abläufe bereits bekannt. Trotz allem unterscheidet sich der Aufwand einer Unternehmensnachfolge von einer Übernahme eines Betriebes unwesentlich.

Erfolgsfaktoren aus Sicht der Kapitalgeber

Bei der Betrachtung der erfolgsrelevanten Faktoren legen Investoren bzw. Kapitalgeber besonderen Wert auf einige Aspekte, die den größten Einfluss auf den Erfolg eines neu gegründeten Unternehmens – also Ihres Gastronomiebetriebes – erwarten lassen. Hierbei handelt es sich um

- den oder die Gründer des Unternehmens,

[74] Vgl. http://www.nexxt.org/themenundtexte/unternehmenswert/00049/index.php, abgerufen am 20.11.2011.

- das Alleinstellungsmerkmal des Unternehmens bzw. des Geschäftsmodells (→ Unique Selling Proposition (USP)) sowie
- die erwartete Entwicklung des angestrebten Marktes.

Da die Person des Gründers bereits ausgiebig im Kapitel „Gründer – Personen wie du und ich" behandelt wurden, werden im nachfolgenden Kapitel nur die Faktoren USP und Marktentwicklung dargestellt.

USP der Geschäftsidee und Wachstumsmarkt

Neue Geschäftsmodelle sollten im Idealfall einen Wettbewerbsvorteil (Competitive Advantage) gegenüber anderen (potenziellen) Wettbewerbern haben, damit sie sich mittelfristig am Markt etablieren können. Neben dem bereits erwähnten USP entscheiden auch Markteintritt und Marktbeschaffenheit über den Erfolg eines Unternehmens.

Zeitpunkt kann entscheidend sein

Gerade die Zeitkomponente wird neben der Produktkomponente (Produkteigenschaft) immer wichtiger. Ein Unternehmer, der als Erster einen Markt betritt, wird oft als „First Mover" oder „Pionierunternehmer" bezeichnet. Unternehmen, die anschließend in diesen Markt eintreten, werden entweder als „Frühe Folger" oder als „Späte Folger" bezeichnet. In der Regel besitzt der First Mover durch seine Pionierleistung einen Innovationsvorteil, der ihm erhöhte Renditen ermöglicht. Kann sich der Pionierunternehmer nicht durch eine Patentanmeldung bzw. durch Markteintrittsbarrieren gegen Nachahmer abschotten, wird er diesen Vorteil relativ schnell wieder verlieren. Als weiterer Vorteil des First Movers wird auch die Schaffung eines Marktstandards gesehen. Ein gutes Beispiel hierfür sind McDonald's oder Burger King.

> Jeder, der „schnell" was essen will, wird zuerst an McDonald's oder Burger King denken, obwohl bereits Konkurrenten wie z. B. Subway auf dem Markt sind.

Wachstumsmarkt

Für Investoren bzw. Kapitalgeber ist es wichtig, dass das geplante Geschäftsfeld in einem Wachstumsmarkt liegt, da sich mittel- bis langfristig kein Unternehmen permanent gegen den Trend stemmen kann. Unternehmen können langfristig nur in Wachstumsmärkten stärker wachsen. Als wachstumsstark definiert hierbei das „Kaufmann Center for Entrepreneurial Leadership" Unternehmen mit „mehr als 30 % Umsatzwachstum und mehr als 20 % Beschäftigungszuwachs in jedem der vorangegangenen drei Jahre [...]".[75]

Beispiel für einen Wachstumsmarkt in der Gastronomie wäre ein Betrieb, der ausschließlich Bioprodukte verarbeitet und anbietet.

[75] Dowling, Michael; Drumm, Hans-Jürgen (Hrsg.): Gründungsmanagement; Springer-Verlag, Berlin, Heidelberg, New York, 2002, S. 316.

Checklisten für den Gastronomiebetrieb

Die folgenden Checklisten sollen Ihnen helfen, an die vielfältigsten Sachverhalte, die bei einer Unternehmensgründung anfallen, zu denken. Die verschiedenen Listen geben Ihnen Hinweise zu unterschiedlichen Themen, erheben aber keinen Anspruch auf Vollständigkeit.

Checkliste Businessplan

- Übersicht über einen Businessplan – wie sieht Ihr Businessplan aus?
- Executive Summary – das Wesentliche auf wenigen Seiten
- Produkt und Dienstleistung – was haben Sie zu bieten?
- Markt und Wettbewerb – Konkurrenzanalyse und Marktvolumen
- Marketing und Vertrieb – verkaufsfördernde Maßnahmen
- Personalplanung, effizienter Einsatz der Mitarbeiter
- Finanzplanung, Investitionsplanung, Liquiditätsplanung
- Beschreibung der Struktur Ihres Unternehmens
- Gründer – welche Köpfe stehen hinter der Idee?

Checkliste Personal

- Wöchentliche Schulung zu wichtigen Themen
- Urlaubsplanung am Anfang des Jahres festlegen
- Probezeit beachten
- Einstellungsgespräch, klare Anforderungsliste erstellen
- Organigramm – wer hat wem was zu sagen?

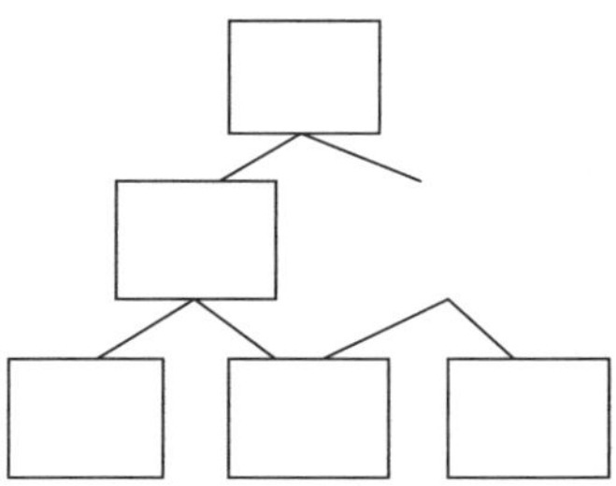

- Einarbeitung neuer Mitarbeiter festlegen
- Personalbeschaffungsmöglichkeiten festlegen
- Personalbeurteilung einmal im Jahr (siehe Anhang)

Checkliste Sauberkeit im Gastraum

- Sind die Tische gesäubert?
- Weist das Besteck Wasserflecken auf?
- Ist die Tischdecke ohne Flecken und Löcher?
- Ist der Bereich unter dem Tisch sauber (heruntergefallene Essensreste entfernen)?
- Sind die Gewürze verklebt?
- Ist die Speisekarte sauber?
- Ist die Toilettenanlagen in Ordnung?
- Wurde Garderobe und Schirmständer geprüft?
- Sind die Mülleimer gesäubert?
- Ist der Weg zur Toilette in Ordnung und sauber?

Checkliste Dienstplanerstellung

- Wurden die Mitarbeiter auf die Öffnungstage verteilt?
- Wurden die Schichten eingeteilt?
- Ist die Abdeckung der Spitzenzeiten gewährleistet?
- Wer ist Springer in dieser Woche (bei unvorhersehbaren Ereignissen)?
- Wer übernimmt welche Aufgaben?
- Ist der Dienstplan im 14-tägigen Zyklus erstellt?

Checkliste rechtliche Rahmenbedingungen

- Hausordnung und Notfallplan beachten (gibt es vom Vermieter oder Gewerbeaufsichtsamt; Hausordnung und Notfallplan sind in den Bundesländern teilweise unterschiedlich)
- Unfallanzeigen vorrätig haben
- Bio-Zertifizierung (falls vorhanden) aushängen
- Berufsgenossenschaft – Gesetze beachten
- Infektionsschutz – Richtlinien einhalten
- Gaststätten- und Arbeitsstättenverordnung einhalten
- Jugendschutzgesetz beachten und Tafel aushängen
- Sicherheitsstandards einhalten und überprüfen
- Gewerbeordnung kennen und beachten

Checkliste Wettbewerb/Werbung

- Konkurrenzanalyse – was kann der Wettbewerb?
- Benchmark – von den Besten lernen

- Kooperation mit dem Wettbewerb
- Verkaufsförderung – welche Maßnahmen sind geplant?
- Saisonkalender (saisonale Gerichte) aufstellen und umsetzen
- Werbemaßnahmen festgelegt?
- Erstellung eines Mediaplans
- USP – Alleinstellungsmerkmal noch vorhanden?
- Werbeaussagen müssen einprägsam und wahr sein
- Analyse und Optimierung des Werbebudgets

Checkliste Saisonkalender (Vorschläge für besondere Aktionen)

- Januar: Vitamine, Gemüse
- Februar: Kartoffel-/Nudelaufläufe
- März: Fit für den Sommer
- April: Schnitzelwochen
- Mai: Spargelwochen
- Juni: Pastawochen
- Juli: Salate der Saison
- August: Sommer-Salate
- September: Pilzwochen
- Oktober: Gänse, Pute
- November: Wild
- Dezember: Fisch, Fleisch

Checkliste Technik/Inventar

- Check Küchenanlagen – Einhaltung der Kühlkette
- Jahreswartung (Schankanlagen, technische Geräte in der Küche)
- Instandhaltung – alte und defekte Teile ersetzen
- Kontrolle der Lampen und Leuchtmittel
- Energiesparmaßnahmen (Welche Geräte müssen mit Nachtstrom versorgt werden? Optimale Einstellung der Heizung in Spitzenzeiten)
- Effizienz der Inneneinrichtung – sind die Möbel effizient?
- Fassade und Eingang kontrollieren
- Thekentauglichkeit prüfen, Wasseranschlüsse etc. prüfen
- Musikanlage und TV-Bild – technische Voraussetzungen prüfen
- Bauleistungsverzeichnis lesen und auf Umsetzung überprüfen

Checkliste Ware/Lieferant/Einkauf

- Lieferantenliste – Unterteilung in A-/B-/C-Lieferanten
- Lieferantenvergleich vierteljährlich durchführen
- WKZ-Beträge (finanzielle Unterstützung) der Lieferanten
- Jahresrückvergütungsbonus beachten
- Trends erkennen
- Bevorratung – ist ausreichend Ware vorhanden?
- Einkaufskooperationen – bei teuren Artikeln
- Verhandlungstaktiken zurechtlegen

Checkliste Wareneingang

- Temperaturkontrolle bei gekühlter Ware
- Einhaltung der Kühlkette
- Frischekontrolle bei Obst und Gemüse
- Kontrolle der Konsistenz von Saisonartikeln (Spargel, Erdbeeren)
- Sauberkeits-Check
- Trennung von Süßwaren und Fleisch
- Trennung von Fisch und Geflügel
- Kontrolle des Lieferscheins und der eingetroffenen Ware

Checkliste betriebswirtschaftliche Kennzahlen

- Kalkulation – Gerichte und Getränke
- Umsatzstatistik – tägliche Analyse der Zahlen
- BWA – monatliche Übersicht über Einnahmen/Ausgaben
- Deckungsbeitragsrechnung zur Deckung der variablen Kosten
- Jahresplanung aufstellen bzw. Soll-Ist-Vergleich durchführen
- Liquiditätsplanung überprüfen – Soll-Ist-Vergleich
- Aufstellung eines Investitionsplans – was muss neu gekauft werden?
- Finanzierungsplan erstellen und kontrollieren
- Kontrolle der Kassenabschlüsse
- Analyse der Gewinn-und-Verlust-Rechnung

Checkliste Kunde

- Kundenorientierung – der Kunde im Mittelpunkt
- Kundenwünsche – welche Wünsche hat der Gast?
- Synergieeffekte – was führt zu mehr Kundennutzen?
- Adresskartei – Stammkundenliste führen und aktualisieren

- Grußkarten mit Gutscheinen zu Geburtstagen versenden
- Kundenbindungsmaßnahmen entwickeln

Checkliste Bewertungsbogen (Skala: + O –) für Kunden (Zufriedenheitscheck)

- Sind Sie mit der Qualität der Speisen zufrieden?
- Wie zufrieden sind Sie mit der Bandbreite der Gerichte?
- Sind Sie mit der Größe der Portionen zufrieden?
- Sind Sie mit dem Service zufrieden?
- Sind Sie mit der Freundlichkeit der Bedienung zufrieden?
- Gefällt Ihnen das Ambiente in unserem Gastronomiebetrieb?
- Sind Sie mit der Lage Ihres Tisches zufrieden?
- War die Wartezeit erträglich?
- Sind Sie mit der Sauberkeit zufrieden?
- Sind Sie mit dem Preis-Leistungs-Verhältnis zufrieden?
- Würden Sie unser Restaurant/unsere Kneipe/unser Café weiterempfehlen?

Checkliste HACCP

- Mitarbeiterschulung durchführen, Mitarbeiter unterschreiben lassen
- lückenloses Schulungskonzept erstellen
- Wareneingangserfassung kontrollieren
- Kontrolle Temperatur Kühlraum
- Kontrolle Temperatur Ware
- Definition der Aufgabenbereiche HACCP
- Lagerkontrolle – auf Abläufe, Ordnung und Sauberkeit prüfen
- Schädlingsbekämpfung
- HACCP-Verantwortlichen festlegen

1. Wareneingang
Datum: Geprüft: Lieferant: Festgestellte Mängel: Maßnahme: Sonstiges: Prüfer:
2. Kühlmessungen
Datum: Geprüft: Festgestellte Mängel: Maßnahme: Sonstiges: Prüfer:
3. Erhitzung
Datum: Speise: Erhitzungsdauer: Innere Konsistenz: Abweichung zwischen Soll- und Ist-Temperatur: Festgestellte Mängel: Maßnahme: Sonstiges: Prüfer:
4. Temperatur vor dem Servieren (Ausgabe)
Datum: Speise: Temperatur: Innere Konsistenz: Abweichung zwischen Soll- und Ist-Temperatur: Festgestellte Mängel: Maßnahme: Sonstiges: Prüfer:

5. Reinigung
Datum: Geprüfte Bereiche: Uhrzeit: Wer hat gereinigt? Festgestellte Mängel: Maßnahme: Sonstiges: Prüfer:
6. Kontrolle, ob Schädlingsbefall vorliegt
Datum: Geprüfte Räumlichkeiten: Uhrzeit: Festgestellte Mängel: Maßnahme: Sonstiges: Prüfer:
7. Schulung des Personals
Datum: Teilnehmer: Uhrzeit: Inhalt: Sonstiges: Prüfer: Unterschrift der Teilnehmer:

Anhang

§ 57 SGB
Gründungszuschuss

(1) Arbeitnehmer, die durch Aufnahme einer selbstständigen, hauptberuflichen Tätigkeit die Arbeitslosigkeit beenden, können zur Sicherung des Lebensunterhalts und zur sozialen Sicherung in der Zeit nach der Existenzgründung einen Gründungszuschuss erhalten.

(2) Ein Gründungszuschuss kann geleistet werden, wenn der Arbeitnehmer

1. bis zur Aufnahme der selbstständigen Tätigkeit
   a) einen Anspruch auf Entgeltersatzleistungen nach diesem Buch hat oder
   b) eine Beschäftigung ausgeübt hat, die als Arbeitsbeschaffungsmaßnahme nach diesem Buche gefördert worden ist,
2. bei Aufnahme der selbstständigen Tätigkeit noch über einen Anspruch auf Arbeitslosengeld, dessen Dauer nicht allein auf § 127 Absatz 3 beruht, von mindestens 150 Tagen verfügt,
3. der Agentur für Arbeit die Tragfähigkeit der Existenzgründung nachweist und
4. seine Kenntnisse und Fähigkeiten zur Ausübung der selbstständigen Tätigkeit darlegt.

Zum Nachweis der Tragfähigkeit der Existenzgründung ist der Agentur für Arbeit die Stellungnahme einer fachkundigen Stelle vorzulegen; fachkundige Stellen sind insbesondere die Industrie- und Handelskammern, Handwerkskammern, berufsständische Kammern, Fachverbände und Kreditinstitute.

(3) Der Gründungszuschuss wird nicht geleistet, solange Ruhenstatbestände nach den §§ 142 bis 144 vorliegen oder vorgelegen hätten.

(4) Die Förderung ist ausgeschlossen, wenn nach Beendigung einer Förderung der Aufnahme einer selbständigen Tätigkeit nach diesem Buch noch nicht 24 Monate vergangen sind; von dieser Frist kann wegen besonderer in der Person des Arbeitnehmers liegender Gründe abgesehen werden.

(5) Geförderte Personen haben ab dem Monat, in dem sie das Lebensjahr für den Anspruch auf Regelaltersrente im Sinne des Sechsten Buches vollenden, keinen Anspruch auf einen Gründungszuschuss.

(Quelle: http://dejure.org/gesetze/SGB_III/57.html, abgerufen am 24.01.2012)

§ 58 SGB
Dauer und Höhe der Förderung

(1) Als Gründungszuschuss wird für die Dauer von sechs Monaten der Betrag geleistet, den der Arbeitnehmer als Arbeitslosengeld zuletzt bezogen hat, zuzüglich monatlich 300 Euro.

(2) Der Gründungszuschuss kann für weitere neun Monate in Höhe von monatlich 300 Euro geleistet werden, wenn die geförderte Person ihre Geschäftstätigkeit anhand geeigneter Unterlagen darlegt. Bestehen begründete Zweifel, kann die Agentur für Arbeit die erneute Vorlage einer Stellungnahme einer fachkundigen Stelle verlangen.

(Quelle: http://dejure.org/gesetze/SGB_III/58.html, abgerufen am 24.01.2012)

§ 226 SGB III
Einstellungszuschuss bei Neugründungen

(1) Ein Einstellungszuschuss bei Neugründungen kann erbracht werden, wenn

der Arbeitnehmer unmittelbar vor der Einstellung insgesamt mindestens drei Monate

a) Arbeitslosengeld oder Transferkurzarbeitergeld bezogen hat,
b) eine Beschäftigung ausgeübt hat, die als Arbeitsbeschaffungsmaßnahme gefördert worden ist,
c) an einer nach diesem Buch geförderten Maßnahme der beruflichen Weiterbildung teilgenommen hat oder
d) die Voraussetzungen erfüllt, um Entgeltersatzleistungen bei beruflicher Weiterbildung oder bei Leistungen zur Teilhabe am Arbeitsleben zu erhalten und ohne die Leistung nicht oder nicht dauerhaft in den Arbeitsmarkt eingegliedert werden kann,

(e) der Arbeitgeber nicht mehr als fünf Arbeitnehmer beschäftigt.

(2) Der Einstellungszuschuss kann höchstens für zwei Arbeitnehmer gleichzeitig geleistet werden.

(3) [1]Ein Einstellungszuschuss bei Neugründungen kann neben einem anderen Lohnkostenzuschuss auf Grund dieses Gesetzes für denselben Arbeitnehmer nicht geleistet werden.

[2]Die Vorschriften über den Förderungsausschluss bei Eingliederungszuschüssen sind anzuwenden.

(4) Bei der Feststellung der Zahl der förderbaren und der beschäftigten Arbeitnehmer sind teilzeitbeschäftigte Arbeitnehmer mit einer regelmäßigen wöchentlichen Arbeitszeit von nicht mehr als 10 Stunden mit 0,25, nicht mehr als 20 Stunden mit 0,5 und nicht mehr als 30 Stunden mit 0,75 zu berücksichtigen.

(Quelle: http://www.sadaba.de/GSBT_SGB_III_209_239.html, abgerufen am 01.05.2009.)

§ 227 SGB III
Umfang der Förderung

(1) Der Einstellungszuschuss bei Neugründungen kann für höchstens zwölf Monate in Höhe von 50 Prozent des berücksichtigungsfähigen Arbeitsentgelts geleistet werden.

Die Vorschriften über das berücksichtigungsfähige Arbeitsentgelt und über Festbeträge bei Eingliederungszuschüssen sind anzuwenden.

(2) Wird dem Arbeitgeber auf Grund eines Ausgleichssystems Arbeitsentgelt erstattet, ist für den Zeitraum der Erstattung der Zuschuss entsprechend zu mindern.

(Quelle: http://www.sadaba.de/GSBT_SGB_III_209_239.html, abgerufen am 01.05.2009.)
Der § 226 SGB III wurde mit Wirkung zum 01.01.2009 aufgehoben.

Muster eines Jahresgesprächsbogens

Name des Mitarbeiters/der Mitarbeiterin:		Name der Führungskraft:

____
Datum des Gesprächs

1. Ziele aus dem letzten Jahresgespräch
Folgende Ziele wurden übertroffen: 1. 2. 3.
Folgende Ziele wurden erreicht: 1. 2. 3.
Folgende Ziele wurden teilweise erreicht: 1. 2. 3.
Stellungnahme des Mitarbeiters:

Stellungnahme der Führungskraft:

Falls Ziele nur teilweise erreicht wurden, werden **gemeinsam** folgende Maßnahmen vorgeschlagen, die dazu führen sollen, die gesteckten Ziele zu erreichen:

1.
2.
3.

2. Aufgaben und Ziele für das kommende Jahr

Folgende Ziele werden für das nächste Geschäftsjahr festgelegt:

1.
2.
3.
4.
5.

Folgende Ziele werden vom Mitarbeiter als besonders wichtig eingestuft:

1.
2.
3.

Folgenden Zielen wird aus Sicht der Führungskraft besondere Bedeutung beigemessen:

1.
2.
3.

Stellungnahme des Mitarbeiters:

Stellungnahme der Führungskraft:

3. Analyse vorhandener Entwicklungspotenziale
Stellungnahme des Mitarbeiters:
Stellungnahme der Führungskraft:

4. Personalentwicklungsmaßnahmen
Stellungnahme des Mitarbeiters:
Stellungnahme der Führungskraft:

5. Sonstige Wünsche des Mitarbeiters/der Mitarbeiterin
Stellungnahme des Mitarbeiters:
Stellungnahme der Führungskraft:

6. Beurteilung der Leistung durch den Vorgesetzten
Stellungnahme der Führungskraft:

7. Sonstige Vereinbarungen aus dem Gespräch
Stellungnahme des Mitarbeiters:
Stellungnahme der Führungskraft:

8. Wertung der Zusammenarbeit zwischen Mitarbeiter und Führungskraft
Stellungnahme des Mitarbeiters:
Stellungnahme der Führungskraft:

Der Dokumentationsbogen wird in zweifacher Ausführung angefertigt. Jeweils ein Exemplar geht an die Führungskraft und an den/die Mitarbeiter/in

Unterschrift Mitarbeiter/in Unterschrift Führungskraft

Stichwortverzeichnis